汉代城市治安研究

The Study
of Urban Security in
the Han Dynasty

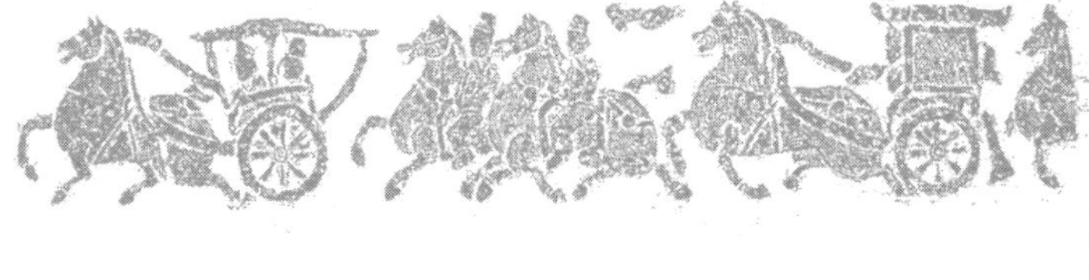

关荣波 著

中国财经出版传媒集团

经济科学出版社
Economic Science Press

图书在版编目（CIP）数据

汉代城市治安研究/关荣波著．—北京：经济科学出版社，2019.6

ISBN 978 -7 -5218 -0651 -9

Ⅰ.①汉… Ⅱ.①关… Ⅲ.①治安管理 - 研究 - 中国 - 汉代 Ⅳ.①D691.6

中国版本图书馆 CIP 数据核字（2019）第 127892 号

责任编辑：张立莉
责任校对：郑淑艳
责任印制：邱　天

汉代城市治安研究
关荣波　著
经济科学出版社出版、发行　新华书店经销
社址：北京市海淀区阜成路甲 28 号　邮编：100142
总编部电话：010 -88191217　发行部电话：010 -88191522
网址：www. esp. com. cn
电子邮件：esp@ esp. com. cn
天猫网店：经济科学出版社旗舰店
网址：http：//jjkxcbs. tmall. com
北京季蜂印刷有限公司印装
710×1000　16 开　15 印张　290000 字
2019 年 6 月第 1 版　2019 年 6 月第 1 次印刷
ISBN 978 -7 -5218 -0651 -9　定价：68.00 元
（图书出现印装问题，本社负责调换。电话：010 -88191510）

前　　言

汉代是中国古代史上重要的朝代之一，在诸多制度上具有承前启后的作用，城市治安管理与维护就是其中之一。

国运长久需要一个和平稳定的社会环境，否则，不仅百姓的日常生活无法保障，而且整个社会的稳定及国家的长治久安都是无法实现的，所以社会治安管理的维护问题就成为历史上不同时期高度重视的大事。

在中国古代社会中，虽然属于阶级社会，存在阶级对立的情况，在治安管理的维护过程中也不可避免地出现以维护统治阶级统治为目的，对百姓进行统治和压制的一面，但是我们不能因此忽视其在治安管理与维护过程中所具有的优点、长处和可资借鉴的地方，我们要以史为鉴，为建设富强、民主、文明、和谐、自由、平等、公正、法治的国家服务，为早日实现中华民族伟大复兴的“中国梦”服务。

在中国古代，对“治安”一词的具体含义所指是相当宽泛的，历史上最早使用“治安”一词的是管子，《管子·形势解第六十四》中曾提道：“地生养万物，地之则也。治安百姓，主之则也。”而对“治安”进行详细解释的则是法家集大成者韩非子，韩非子在《韩非子·显学》中讲道：“今上急耕田垦草以厚民产也，而以上为酷；修刑重罚以为禁邪也，而以上为严；征赋钱粟以实仓库、且以救饥馑备军旅也，而以上为贪；境内必知介，而无私解，并力疾斗所以禽虏也，而以上为暴。此四者所以治安也，而民不知悦也。”而本书所要论述的“治安”，将在第一章的绪论中进行专门的分析与解释。

“治安学”研究起步较晚，最早开始于20世纪80年代，之后，学术界开始对这一领域展开了研究，并取得了诸多的研究成果，但是在这些研究中，往往都是通史性的研究，对于一个朝代的治安研究较少，而且专门在对一个朝代的研究中，对于城市治安的关注和研究也不够全面，有些问题没有涉及，抑或是没有深入展开论述。于是本书重点对汉代时期的城市社会治安进行全面细致的研究，不仅研究治安事件的事后处理，而且对治安的预防也给予了研究，希望能够勾画出汉代城市治安的全貌与脉络，这样对于我们全面了解、研究汉代历史必将大有裨益。

本书共十章，第一章为绪论，主要讨论了选题的缘起、选题的意义、国内外学术史、选题的研究方法等。第二章为汉代城市概况，从汉代城市分布、汉代城市结构两个层面对汉代城市进行了简单的概述。第三章为汉代治安指导思想，重点分析了汉代不同历史时期的治安指导思想。第四章为汉代城市治安机构设置，这部分从京城治安机构、三辅地区治安机构、刺史州部治安机构、各地郡县治安机构四个方面进行分析，分析了不同地区具体治安机构设置的具体情况。第五章为汉代城市治安案件类型，这部分对汉代治安的案件类型进行了高度概括，将其总结为两大方面，一是经济上的犯罪行为，二是对人体侵害上的犯罪行为等。第六章为影响汉代城市治安的因素，主要详细分析了影响汉代城市治安的不利因素，如豪强、游侠、恶少年等。第七章为汉代城市治安措施，重点介绍了汉代城市社会在治理和维护治安中所实施的一些相关的法律、法规，如户籍制度、传舍制度、关津制度、缉捕制度、什伍制度、禁夜制度等。第八章为汉代的治安预防，主要从精神上道德教化和物质上富安天下两大方面进行了分析。第九章为汉代城市治安的特点，对汉代城市在维护社会治安中的特点进行了总结概括。第十章为汉代城市治安的得与失，对汉代城市治安中的成功经验和不足之处进行了分析总结。

本书得到了黑龙江省教育厅人文社科项目的支持：

项目名称：汉代社会治安研究，项目编号：12542285

目　　录

第一章　绪论 …… 1
第一节　选题的缘起 …… 1
第二节　选题的意义 …… 2
第三节　“治安”概念释义 …… 3
第四节　国内外学术史 …… 5
第五节　选题的研究方法 …… 11
第二章　汉代城市概况 …… 12
第一节　城市概念及汉代城市分布 …… 12
第二节　汉代城市结构 …… 13
第三章　汉代治安指导思想 …… 20
第一节　汉初期：无为而治的思想 …… 20
第二节　汉前期：刑德并举的思想 …… 23
第三节　汉中后期：德主刑辅的思想 …… 25
第四节　东汉时期：礼法统一的思想 …… 28
第四章　汉代城市治安机构设置 …… 31
第一节　京城治安机构 …… 31
第二节　三辅地区治安机构 …… 41
第三节　刺史州部治安机构 …… 45
第四节　各地郡县治安机构 …… 48
第五章　汉代城市治安案件类型 …… 73
第一节　经济上的犯罪行为 …… 73

第二节　对人体侵害上的犯罪行为 …… 82

第六章　影响汉代城市治安的因素 …… 88

第一节　豪强 …… 88
第二节　游侠 …… 98
第三节　恶少年 …… 105
第四节　复仇之风 …… 113
第五节　财富不均 …… 117
第六节　自然灾害 …… 119

第七章　汉代城市治安措施 …… 124

第一节　相关立法 …… 124
第二节　相关治安措施 …… 137

第八章　汉代的治安预防 …… 195

第一节　富安天下 …… 195
第二节　道德教化 …… 202

第九章　汉代城市治安的特点 …… 215

第一节　具有时代性 …… 215
第二节　全方位防控 …… 215
第三节　治安权与行政权交叉重叠严重 …… 216

第十章　汉代城市治安的得与失 …… 218

第一节　汉代城市治安的成功经验 …… 218
第二节　汉代城市治安不足之处 …… 219

参考文献 …… 224
后记 …… 231

第一章

绪论

第一节 选题的缘起

社会治安及社会秩序的稳定往往是一个国家得以国运长久的基础和实现长治久安的关键所在，在中国古代封建社会中，任何一个朝代的统治者都将社会秩序的稳定、构建一个良好的社会治安环境视为一项头等重要的事情来抓，对此项工作十分重视。

假设一个国家的社会治安及社会秩序不好，没有构建起一个完整的、有效的治安防控体系及一个稳定的社会秩序，首先百姓的日常生产、生活无法正常开展，甚至生命和财产都无法得到保护和保障，这样就会导致百姓的正常生活无法维持，整个社会的稳定秩序也就得不到正常的发展，在这种情况下，想要国家能够达到长治久安的目的，就会成为一种空中楼阁，无本之木、无源之水。

也正因为如此，古代封建社会的每一个朝代，对于社会治安秩序的管控都是不遗余力的，而汉朝在这方面就是其中的典型代表。

秦汉时期是我国统一的中央集权制国家的肇造之际，然而“汉承秦制”——汉朝在秦朝等前代经验的基础上，不仅有所继承，而且还更有创造，汉朝社会的统治者依据对当时生产力的发展水平和对历史经验的总结及其深刻的认识，或初创抑或改进了诸多的政治制度、经济制度、军事制度等诸多方面的制度。

这些制度不但影响了两千余年的封建社会，而且还在某些方面对我们今天的社会也有一定的影响，其中最为重要的表现之一就是城市治安制度的确立和维护。

汉代城市主要是相对于乡里基层社会而言的，其主要是指以汉代京师长安为代表的皇宫、皇城以及分布于当时汉朝全境之内的相对较大的都市而言的，这些相对较大的城市不但在政治、经济、文化等方面都是较为发达的，同时在这些城市中居住着大量的人口，而且这些城市人口成分极为复杂，不但有皇族、贵族、功臣，也有经济势力强大的富商大贾和“武断乡曲”的强宗豪右，同时也有对治安构成严重影响的“游侠”，甚至还有所谓的“恶少年”等黑恶势力组织团伙，因此，这些诸多的不利因素导致了汉代城市治安向来较为难治。

同时，也正是由于这些城市地位的重要性和其治安难理，导致汉朝政府力图对汉代城市的社会治安秩序进行全面、有效控制，汉朝的国运能够历时400余年，这与其有效的城市治安控制无疑是分不开的，这也从一个侧面充分说明了汉代对城市治安掌控在相当长的一段时期内是得到了实现的。

第二节　选题的意义

《周易·系辞下》中曾载：“君子安而不忘危，存而不忘亡，治而不忘乱。”社会秩序的有效防控是国家治理的重要组成部分，密切关系着一个国家的兴衰。我党在当今构建和谐社会也在密切关注社会秩序的问题，党的十八届五中全会，习总书记就曾深刻指出：“平安是老百姓解决温饱后的第一需求”,[①] 更是“十三五”期间实现“建设社会治安立体防控体系”，实现“平安中国”，构建21世纪中国乡村治理伟大的目标所在。

作为承上启下、大一统时期的汉代，能够存续400余年，这与有效的城市社会治安秩序防控是紧密关联的。汉代不仅是我国古代典章制度形成的重要时期，而且这一时期也是中国治安制度逐渐形成的重要阶段，对当时的社会组织产生了重要影响，并且对汉代社会治安秩序的稳定也产生了巨大的影响。

汉朝时期是我国古代封建专制主义国家体制逐渐完备的时期，城市治安的相关制度也随之日趋完善。随着近些年考古事业的发展，我们通过考古发现了大量的秦汉时期的资料，这些丰富的相关出土资料就为研究汉代的城市治安制度及其具体情况提供了坚实的基础和依据，有利于对这一时期的城市治安进行深入的研究。

李学勤先生曾经指出：“考古学能印证历史文献，更重要的是提供文献所没有的材料，使人们直接接触古代文明的遗存。例如东周时代周和各主要诸侯国的都城，古书有不少描写记述，现在这些城市遗址的发掘，不仅证实了文献记载，

---

① 人民网：http：//politics. people. com. cn/n/2015/0205/c1001 –26511244. html。

又告诉我们很多新知识。”① 这对于利用秦汉考古所获得的新的发现资料，去推动秦汉史领域的研究具有非常重要的意义，同时也对汉代社会治安秩序的研究特别是汉代城市治安中的成功经验和教训，具有极大的价值和意义。

这对于我们今天维护好社会治安秩序，构建和谐社会，实现富强、民主、文明、和谐、美丽的社会主义现代化强国，实现“平安中国”，实现伟大的民族复兴，伟大的“中国梦”具有重要的启示和借鉴作用。

第三节 “治安”概念释义

何为“治安”？其具体的含义是什么？这就需要我们从古汉语语意中对其进行详细分析，在古代汉语中，“治”与“安”分别是两个词，通常情况下，是“治”与“乱”相互对应，“治”一般主要指的是社会安定的秩序状态，如《周易·系辞下》载：“君子安而不忘危，存而不忘亡，治而不忘乱，是以身安而国家可保也。”认为君子在国家与社会安定的情景和状态下，千万不要忘记所存在的危险，国家存在的时候不要忘记丧乱败亡，在国家大治的时候不要忘记可能会出现各种变乱，强调作为统治者要时刻保持有忧患意识和清醒的头脑，对潜在的威胁国家存亡命运的困难和危险因素需要时时刻刻保持警惕性，只有平日中永不懈怠、居安思危，才能最终实现安身保国的根本目的。《荀子·君道篇第十二》中载：“法者，治之端也，君子者，法之原也。”认为法制是治理国家的开端；而所谓的“君子”则是法制的本原，文献中的“治”就是指的管理、统治的策略以及社会安定的秩序状态。古代由“治”又引申出“治化”的衍生含义，如《周易·系辞下》载：“黄帝、尧、舜垂衣裳而天下治，盖取诸乾、坤。”中的“治”就属于这层含义。

“安”在古代汉语中的含义则主要是指安定、安全，与“危”是相互对应的，如《易·系辞》载：“是故君子安而不忘危。”

在中国古代，最早将“治”与“安”作为一个词整体使用的可追溯至先秦时期，韩非子在其《韩非子·显学》中曾提道：“今上急耕田垦草以厚民产也，而以上为酷；修刑重罚以为禁邪也，而以上为严；征赋钱粟以实仓库，且以救饥馑、备军旅也，而以上为贪；境内必知介而无私解，并力疾斗，所以禽虏也，而以上为暴。此四者所以治安也，而民不知悦也。”

在这之中，韩非子不仅使用了“治安”一词，还提出了发展农业生产、加强

① 李学勤：《东周与秦代文明》增订本，文物出版社 1991 年版，第 10 页。

法制、强化军事、征收赋税四点治安思想，并认为，只有在这四个方面完全实现之后，才能最终从根本上实现所谓的国家太平安定。《管子·形势解》中也曾提到该词："生养万物，地之则也；治安百姓，主之则也。"到了汉代，贾谊在其《陈政事疏》中曾向汉文帝"陈治安之策"时，其中就论述了影响汉代社会治安秩序的诸多问题与因素，如内有诸侯之忧、民间轻视农桑、奢靡的民风；外有匈奴侵扰的困扰等，《汉书·贾谊传》中载："此时而欲为治安，虽尧舜不治。"到了武帝时期的史学家司马迁也曾使用"治安"一词，《史记·孝文本纪》记载："古者殷周有国，治安皆千余岁。"这里的"治安"一词指的就是国家治理有序，社会安定。①

近代学者对"治安"一词也曾做过积极地探讨，如谢惠敏先生认为："什么是古代'治安'的确切含义，最明确也最能概括的表述就是——天下太平。"②认为古代社会中的"治安"其本质就是统治者利用各种手段和措施，以期达到天下太平的"大治"的理想状态。

陈鸿彝先生则把"治安"一词分析得更为细化，具体将其分为"大治安""中治安""小治安"三个不同的层次，陈先生认为："大治安指的是国家政治、经济、文化、军事、内政、外交的方针大计的制定、实施及其成效，是国家政治秩序、经济秩序、社会生活秩序的总和。……中治安则是指国家通过公安司法系统，对社会依法实施的行政管理，以及由此而建立起来的基层社会生活的有序状态。……小治安则仅指当今公安系统内治安业务部门的基层基础工作及其成效。"③ 由此可见，陈鸿彝先生对此问题有着深入的研究，而且还将中国古代封建社会中的所谓"治安"的概念界定在其三个不同层次中的"中治安"的界域之内。

万川先生在评陈鸿彝教授的《中国古代治安简史》一文中指出：中国古代社会的"治安"应包括三个方面：一是影响治安秩序的各种因素，包括人、物、自然地理环境等的产生、发展、演变的过程和规律。二是影响治安秩序的各种因素是如何制约国家警治禁卫安全力量的数量构成、质量规定和活动方式方法变迁的。三是国家警治禁卫安全力量又是如何按照统治阶级的意志，运用哪些方法和手段能动地认识和改造这些影响治安秩序的因素。④

学界对"治安"的概念作出了一定的分析与解释，但是有些总结概括还不是特别清晰，也不是十分准确。

---

① 张云霞、关荣波、綦中明：《汉代治安研究》，哈尔滨地图出版社 2013 年版，第 2 页。

② 谢惠敏：《对"治安"一词的再认识》，载《中国人民公安大学学报》1995 年第 1 期，第 78 页。

③ 陈鸿彝：《中国古代治安的历史分期》，载《江苏公安专科学校学报》1996 年第 6 期，第 107 ~ 108 页。

④ 万川：《评〈中国古代治安简史〉》，载《江苏公安专科学校学报》2001 年第 1 期，第 130 页。

社会治安问题从根本上来分析，我们认为是各种错综复杂的社会矛盾的集中反映，只要在社会上存在各种诸多的问题与矛盾，反映在社会层面上来就是“治安”问题。

纵观古今，人们对“治安”一词的概念，经历了一个由宽到窄的演变过程，即有所谓的“广义”和“狭义”区别，广义上的“治安”概念是指整个社会的有效治理和整体社会秩序的安宁；而狭义上的“治安”概念则是指一个国家和社会以相关治安人员为主体，对威胁社会稳定诸多因素进行管理与掌控，达到维护社会公共安全秩序的行政活动，本书所研究的“治安”主要是从“广义”的角度进行考察的，对威胁社会稳定，对社会治安构成影响的诸多因素均在考察的范围之内。

第四节 国内外学术史

学界对汉代社会治安的相关研究起步相对较晚，其研究肇始于20世纪80年代。

一、20世纪80~90年代的研究成果

（一）相关著作

朱绍侯先生的《中国古代治安制度史》① 为研究中国古代社会治安秩序的开山之作，朱先生从夏、商、周三代的治安研究着手，一直研究到清代，可以说是贯穿了中国五千年的历史长河，从治安研究的思想到治安的具体措施及手段，从乡里基层社会到城市等地区的治安都有所涉及，但该书属于通史性质。陈鸿彝先生的《中国古代治安简史》② 也是从先秦时期的社会秩序维护开始一直研究到清代，主要研究了各时期中央和地方治安机构的设置、相关人员的配备、法律法规的制定，等等，勾画出了中国古代社会秩序的整体脉络，与朱绍侯先生的《中国古代治安制度史》一样都是通史性著作。严耕望先生的《中国地方行政制度》③ 对汉代地方行政组织进行了详细的研究，资料翔实，上至郡县下至乡里，是研究

① 朱绍侯：《中国古代治安制度史》，河南大学出版社1994年版。
② 陈鸿彝：《中国古代治安简史》，群众出版社1998年版。
③ 严耕望：《中国地方行政制度》，中央研究院历史语言研究所1997年版。

汉代地方制度的力作。安作璋、熊铁基的《秦汉官制史稿》[①] 对秦汉之际各职官的设置、选用、考核及其具体的职能进行了分析，对研究城市治安中相关治安职官的设置具有一定的参考作用。陈谷嘉、朱汉民的《中国德育思想研究》[②] 一书在系统挖掘中国德育思想资源、构建真正意义上的德育理论系统具有重要的开拓性意义，对研究汉代城市治安的预防思想也有一定的借鉴作用。

（二）相关论文

这时期的相关研究文章多数是研究汉代乡里基层社会组织情况的，对社会治安秩序问题虽有所涉及，但不是很多，主要有张春树的《汉代边地上乡和里的结构——居延汉简集论之二》[③]、罗开玉的《秦国乡里亭新考》[④] 以及《秦汉时期的里》[⑤]。陈昌文先生的《汉代城市的治安与组织管理》[⑥] 认为，汉代是我国城市发展的一个重要阶段，无论在数量和整体的发展水平上均超过前代，并对汉代城市的社会治安进行了重点考察，从城市消防、城市组织管理等角度进行了阐述。陈鸿彝的《汉代京师的治安管理》[⑦] 分析了汉代政府对京师治安的重视原因，并从强化与改善治安网络、强有力的治安措施等角度方面展开了研究。向晋卫的《“以德治国”与汉代社会》[⑧] 认为，汉初统治者在吸取了秦败亡的教训之后，从社会舆论、教育、行政、法律等方面加强了“德治”的宣传和实践。“以德治国”虽然有其积极意义，但同时也存在内在的深层矛盾。“以德治国”在汉代的得失将给我们有益的启示。［日］东晋次《东汉的乡里社会及政治变迁》[⑨] 认为，东汉的乡里社会是豪族统治与父老秩序并存的。

对汉代社会治安研究的其他相关论文还有仝晰纲的《秦汉时期的乡里管理体制》[⑩]、陈鸿彝的《儒表法里的汉代治安术》[⑪]、孙筱的《孝的观念与汉代新的社会统治秩序》[⑫]、王子今的《中国古代的意识形态管理》[⑬]，等等，由于这时期是治安研究的起步阶段，所以这一时期的相关研究成果相对较少，有些问题的研究

---

① 安作璋、熊铁基：《秦汉官制史稿》，齐鲁书社 1985 年版。

② 陈谷嘉、朱汉民：《中国德育思想研究》，浙江教育出版社 1998 年版。

③ 张春树：《汉代边地上乡和里的结构——居延汉简集论之二》，载《大陆杂志》1966 年第 32 卷第 3 期。

④ 罗开玉：《秦国乡里亭新考》，载《考古与文物》1982 年第 5 期。

⑤ 罗开玉：《秦汉时期的里》，载《山东师范大学学报》1988 年第 3 期。

⑥ 陈昌文：《汉代城市的治安与组织管理》，载《安徽师大学报》1998 年第 3 期。

⑦ 陈鸿彝：《汉代京师的治安管理》，载《江苏公安专科学校学报》1995 年第 2 期。

⑧ 向晋卫：《“以德治国”与汉代社会》，载《西安建筑科技大学学报》1999 年第 2 期。

⑨ ［日］东晋次：《东汉的乡里社会及政治变迁》，载《南都学坛》1989 年第 2 期。

⑩ 仝晰纲：《秦汉时期的乡里管理体制》，载《东岳论丛》1999 年第 4 期。

⑪ 陈鸿彝：《儒表法里的汉代治安术》，载《江苏公安专科学校学报》1998 年第 1 期。

⑫ 孙筱：《孝的观念与汉代新的社会统治秩序》，载《中国史研究》1990 年第 3 期。

⑬ 王子今：《中国古代的意识形态管理》，载《政治学研究》1988 年第 4 期。

还不够深入。

二、21世纪初至今的研究成果

（一）相关著作

陈智勇的《中国古代社会治安管理史》[①] 是一部较为系统研究我国古代社会治安管理的专著，本书对我国不同历史时期的社会治安管理进行了系统的论述，本书研究了从原始社会到清代历代社会的治安管理机构、相关治安管理法规、道路交通管理、消防管理、社会治安秩序管理，等等，资料翔实，内容丰富。陈鸿彝先生的《中国治安史》[②]、陈智勇先生的《中国古代社会治安管理史》[③]这两部著作都是从先秦时期的社会秩序开始一直研究到清代，甚至是将研究的下限延伸到新民主主义革命时期，主要研究了各时期中央和地方治安机构的设置和法律法规的制定等，勾画出了中国古代社会治安秩序的整体脉络。相对于前几部著作来说，林永强的《汉代地方社会治安研究》[④] 一书的情况较前面情况有所改观，一改通史的研究体例，该书针对汉代社会治安秩序进行了专门研究，对汉代维护社会治安官吏的设置、汉代城乡社会中维护秩序中的典型案例进行了论述，同时还将汉代社会的民俗性问题纳入社会治安秩序考察范围中来，在学术上具有一定的创新性。张云霞、关荣波、綦中明的《汉代治安研究》[⑤] 对汉代城市治安和乡里社会治安进行了系统的研究。严耕望先生的《中国古代行政制度史——秦汉地方行政制度》[⑥] 认为，汉代通过彰表楷模，强调示范，树立榜样，提高百姓道德素质，这样不仅可以淳化社会风俗，以利民风，而且通过道德典范的影响和教育意义引导人们避恶向善。周振鹤的《中国地方行政制度史》[⑦] 系统地论述了2000多年来中国地方行政制度演变的具体过程，概括了地方行政制度的变迁特点，其中，对秦汉之际的郡县制度也进行了分析与论述。卜宪群的《秦汉官僚制度》[⑧] 对秦汉时期的官僚制度及其运作的基本形式进行了研究，其中涉及王畿的划分和统治，对研究汉代城市治安也具有一定的参考价值。杨建祥的《中国古代官德研究》[⑨] 主要探索了“德治”传统的起源与传承，阐明“德治”传统对中国古代官

①③ 陈智勇：《中国古代社会治安管理史》，郑州大学出版社2003年版。
② 陈鸿彝：《中国治安史》，中国人民公安大学出版社2002年版。
④ 林永强：《汉代地方社会治安研究》，社会科学文献出版社2012年版。
⑤ 张云霞、关荣波、綦中明：《汉代治安研究》，哈尔滨地图出版社2013年版。
⑥ 严耕望：《中国古代行政制度史——秦汉地方行政制度》，上海古籍出版社2007年版。
⑦ 周振鹤：《中国地方行政制度史》，上海人民出版社2005年版。
⑧ 卜宪群：《秦汉官僚制度》，社会科学文献出版社2002年版。
⑨ 杨建祥：《中国古代官德研究》，上海古籍出版社2004年版。

德所起的决定性作用，以及如何看待中国社会与“德治”内在的密切联系等一些关键性问题，官德对汉代城市社会治安中的相关治安人员有着一定的影响。刘厚琴的《儒学和汉代社会》[①] 分析了儒学对汉代治国方略、法律、社会日常生活、社会风尚的影响。刘厚琴先生的另一部著作《汉代伦理和制度关系研究》[②] 则从伦理道德和政治制度的层面对两汉城市等地方控制进行了详细的论述。赵秀玲的《中国乡里制度研究》[③] 对中国乡里组织的发展、变迁以及组织管理等方面进行了细致的研究。彭卫的《游侠与汉代社会》[④] 认为，游侠是汉代社会的一个特殊群体，对汉代社会的城市治安构成了巨大的潜在威胁，作者通过游侠群体透视汉代社会的总体风貌。王爱清的《秦汉乡里控制研究》[⑤] 主要分析了汉初乡里思想文化控制体系以及汉武帝以后乡里思想文化控制的日渐深入的具体情况，对研究治安防控思想有一定的借鉴作用。张德胜的《儒家伦理与社会秩序社会学的诠释》[⑥] 对儒家、法家、墨家等各派思想进行了分析研究，并在第四章对儒家思想与社会控制进行了分析与论述，主要是从意识形态层面上进行的分析。成云雷的《先秦儒家圣人与社会秩序建构》[⑦] 对先秦儒家圣人和秩序建构的内涵作了界定，并在此基础上探讨了先秦儒家圣人构建社会秩序的途径、条件和依据。王爱清的《秦汉乡里控制研究》[⑧]重点对秦汉时期基层社会的政治生态与社会控制关系进行了研究。邹水杰、李斯、陈克标合著的《国家与社会视角下的秦汉乡里秩序》[⑨]从国家与社会的视角对传统中国社会秩序进行了深入研究，关于从思想道德角度研究社会治安秩序的相关著作还有唐镜的《德治中国：中国古代德治思想论纲》[⑩]、张德胜的《儒家伦理与社会秩序》[⑪]、郭成伟的《社会控制：以礼为主导的综合治理》[⑫]、吴明凡的《从人伦秩序到法律秩序——孝道与汉代法制研究》[⑬]、苏志宏的《秦汉礼乐教化论》[⑭]、李世萍的《汉代教化多维研究》[⑮] 等诸多的著作。

---

① 刘厚琴：《儒学和汉代社会》，齐鲁书社 2002 年版。
② 刘厚琴：《汉代伦理和制度关系研究》，中国社会科学出版社 2008 年版。
③ 赵秀玲：《中国乡里制度研究》，社会科学文献出版社 2002 年版。
④ 彭卫：《游侠与汉代社会》，安徽人民出版社 2013 年版。
⑤⑧ 王爱清：《秦汉乡里控制研究》，山东大学出版社 2010 年版。
⑥ 张德胜：《儒家伦理与社会秩序社会学的诠释》，人民出版社 2008 年版。
⑦ 成云雷：《先秦儒家圣人与社会秩序建构》，古籍出版社 2007 年版。
⑨ 邹水杰、李斯、陈克标：《国家与社会视角下的秦汉乡里秩序》，湖南师范大学出版社 2014 年版。
⑩ 唐镜：《德治中国：中国古代德治思想论纲》，中国文史出版社 2007 年版。
⑪ 张德胜：《儒家伦理与社会秩序》，上海人民出版社 2008 年版。
⑫ 郭成伟：《社会控制：以礼为主导的综合治理》，中国政法大学出版社 2008 年版。
⑬ 吴明凡：《从人伦秩序到法律秩序——孝道与汉代法制研究》，吉林人民出版社 2008 年版。
⑭ 苏志宏：《秦汉礼乐教化论》，四川人民出版社 1991 年版。
⑮ 李世萍：《汉代教化多维研究》，知识产权出版社 2013 年版。

（二）相关论文

汤谷香、谢彦明的《西汉京师长安的社会治安问题》① 重点分析了汉代京师——长安在社会治安治理时所遇到的一些犯罪案件的类型，作者进行了分类整理，如刑事犯罪活动、经济犯罪案件，等等，并深入分析了汉代京师出现的影响社会治安的诸多因素的具体情况。张云霞的《汉代城市的治安管理制度》② 对汉代城市社会治安的具体制度及措施进行了阐述，如户籍管理制度、什伍连坐制度、舍匿法、禁夜制度等。张云霞的《汉代“市”的治安研究》③ 对汉代处于城市中的“市”的治安进行了专门的考察与研究，重点分析了相关官吏的设置、相关法律法规及具体的管理制度与措施等。林永强的《论汉代私兵器与社会治安》④ 对汉代民众持兵器权的法律依据进行了分析，在经过分析后，作者得出的结论是：“兵器的广泛存在并不是影响汉代社会治安稳定的主要原因”，对汉代社会治安稳定与否没有必然联系。仝晰纲的《道德教育与汉代乡治》⑤ 认为，汉代基层乡里社会道德构建主要通过乡官表率、乡里教育和彰表楷模三种途径来实现，对造就淳厚民风和加强乡里统治起到了较大的作用。刘厚琴的《东汉道德教化传统及其历史效应》⑥ 认为，东汉从中央到地方，在全社会范围之内建立起了严密的道德构建体系，并取得了良好的社会效应，它促进了儒学的社会化进程，使之内化为个体的自觉，养成道德习惯和稳定的道德心理，稳定了封建统治秩序，证明了道德构建与政治兴衰是互为因果的。吴凡明的《董仲舒孝治之思与汉代社会秩序建构的德化机制的确立》⑦ 论述了董仲舒以“孝道”为社会秩序建构的德化机制，主张把“孝道”推行到社会共同体之中，使“孝道”成为社会共同体成员普遍认同的核心价值，建构一种以“孝悌”为本源，以“仁义”为核心的德化之道，努力发挥“孝道”对于凝聚社会成员中的作用，展示了其社会秩序建构过程中重视道德力量的特点。贾艳红的《汉代民间信仰的社会功能探析》⑧ 一文中则认为，汉代民间信仰具有维护统一的巨大凝聚力，这也成为当时社会中一种客观强大的威慑力量，犹如道德和法律，能够起到规范人们行为、维持社会治安秩序的积极作用。汪荣、荣霞的《汉代礼法相融模式的社会控制与社

① 汤谷香、谢彦明：《西汉京师长安的社会治安问题》，载《唐山师范学院学报》2012 年第 1 期。
② 张云霞：《汉代城市的治安管理制度》，载《兰台世界》2010 年第 5 期。
③ 张云霞：《汉代“市”的治安研究》，载《边疆经济与文化》2008 年第 11 期。
④ 林永强：《论汉代私兵器与社会治安》，载《甘肃联合大学学报》（社会科学版）2008 年第 1 期。
⑤ 仝晰纲：《道德教育与汉代乡治》，载《学术论坛》2000 年第 5 期。
⑥ 刘厚琴：《东汉道德教化传统及其历史效应》，载《齐鲁学刊》2002 年第 1 期。
⑦ 吴凡明：《董仲舒孝治之思与汉代社会秩序建构的德化机制的确立》，载《求索》2008 年第 11 期。
⑧ 贾艳红：《汉代民间信仰的社会功能探析》，载《民俗研究》2009 年第 4 期。

会整合窥探》[①] 认为，汉代在思想文化、制度、国家的共同作用之下，社会形成了礼法结合的综合治理模式，这种礼法结合的模式对当时的汉代社会秩序的控制产生了重要作用，而且也深刻地影响了后世社会的政治法律运作模式。李耀的《先秦儒家礼学思想的社会控制与社会整合功能》[②] 主要对先秦儒家礼学的社会秩序控制思想进行了梳理，总结出先秦儒家礼学思想的控制核心是对百姓的内在控制和对社会的外在控制。

三、国外相关研究

国外对于中国秦汉时期的社会治安问题也进行了积极的探索与研究，而且研究起步较早，视域宽阔，成果丰厚，如日本学者对中国基层社会问题研究得较为深入，池田雄一的《中国古代的聚落与地方行政》[③] 将史料与考古学成果相互结合，不仅厘清了汉代聚落的真实面貌，还探讨了秦汉之际政府对居民的掌控及地方行政的发展情况，从县、乡、里、亭、社、伍等诸多方面详细地分析了秦汉时期基层社会的组织构造，该著作是研究早期中国基层行政法典范之作。其他的研究论述还很多，如日比野丈夫的《关于乡里亭的研究》[④]、宫崎市定的《关于中国聚落形体的变迁》[⑤]、大庭修的《汉代的啬夫》[⑥]、佐竹靖彦的《中国古代の田制と邑制》[⑦]、日本学者增渊龙夫的《中国古代国家的结构——以郡县制和官僚制社会基础的考察为中心》、松本善海的《论秦汉时代亭的变迁》[⑧] 等等；英国学者鲁唯一的《汉代的信仰、神话与理性》[⑨] 详细剖析了汉代中国人在政治、伦理、宗教等方面精神的嬗变，可以说是西方汉学界研究秦汉之际的思想道德的经典；韩国学者金秉骏的《汉代乡里统治之变迁》[⑩] 分析了东汉时期乡里共同体形态，由于当时乡里的全面动摇，东汉政府为了有效地进行统治，修正了西汉以来通过里社等组织进行统治的体系，为研究汉代城市治安起到了一定的借鉴作用。

综上，我们可以看出，中外学界在研究汉代社会秩序的维护中，学者们往往

---

① 汪荣、荣霞：《汉代礼法相融模式的社会控制与社会整合窥探》，载《社科纵横》2013 年第 3 期。
② 李耀：《先秦儒家礼学思想的社会控制与社会整合功能》，载《大众文艺》2013 年第 4 期。
③ ［日］池田雄一著，郑威译：《中国古代的聚落与地方行政》，复旦大学出版社 2017 年版。
④ ［日］日比野丈夫：《关于乡里亭的研究》，载《历史地理研究》东京同朋舍 1955 年。
⑤ ［日］宫崎市定：《关于中国聚落形体的变迁》（刘文俊主编：《日本学者研究中国史论著选译》第三卷），中华书局 1993 年版。
⑥ ［日］大庭修：《汉代的啬夫》（林剑鸣等译：《秦汉法制史研究》），上海人民出版社 1991 年版。
⑦ ［日］佐竹靖彦：《中国古代的田制和邑制》，岩波书店 2006 年版。
⑧ 松本善海：《秦汉时代亭的变迁》（《中国村落制度史研究》），岩波书店 1977 年版。
⑨ ［英］鲁唯一著，王浩译：《汉代的信仰、神话与理性》，北京大学出版社 2009 年版。
⑩ ［韩］金秉骏：《汉代乡里统治之变迁》，载《中华文化论坛》2004 年第 1 期。

重视对基层社会治安秩序的研究，对城市治安秩序的维护进行专门的研究相对较少，而且在研究社会秩序稳定的过程中，学界往往重视对治安事件发生后的处理，而对于事前预防则关注和研究的较少，有的甚至对此忽视，本书不但注重对事后的处理，更重视对社会秩序稳定构成影响的诸多因素的预防研究，防患于未然，以弥补学界对该领域研究的不足。

第五节 选题的研究方法

一、文献分析法

用于研究全程，相关的历史文献典籍及中外学界相关成果为本书的顺利展开提供了宝贵的文献准备与智力支持。

二、历史分析法

主要用于从整体上梳理汉代城市治安的演变及其形成过程；从历史角度分析了汉代在维护城市治安中的成功经验和不足之处。

三、规范分析法

用于研究全程，包括搭建研究的基础理论分析框架，汉代政府管理和防控城市治安的途径和手段分析等。

四、个案分析法

主要用于不同区域的城市治安，如长安城、京畿地区、全国各地区的城市，等等，分析不同地区的城市治安中的特点，由于地理位置的不同，在汉代社会，政治、经济、文化中的作用也不尽相同，这也会导致其在维护治安中的措施与手段不尽相同，这就需要运用个案分析法进行认真的分析与研究。

第二章

汉代城市概况

第一节　城市概念及汉代城市分布

由于本书主要研究的是汉代城市治安，那么首先要清楚什么是“城市”，其具体的含义是什么。

在古代，“城”与“市”是两个词，东汉时许慎在其《说文解字》中对其解释为：“城，所以盛民也。从土成，成亦声。”这里的“城”是形声字，从土，从成。“土”指阜堆，“成”的意思为“完全”。“土”与“成”联合起来表示“用土垒筑的墙圈”。

东汉时，许慎在其《说文解字》中对其解释为：“城，所以盛民也。”《左传·庄公二十八年》载：“邑曰筑，都曰城。”因此“城”是有许多人聚集的大都市，而且这些“城”的周围往往都修建围墙，即所谓的“城郭”。《孟子·公孙丑下》载：“三里之城，七里之郭，环而攻之而不胜。”这充分说明了“城”具有一定的据守防卫的功能，以便保护城中的居民，所以《墨子·七患》载：“城者，可以自守也”。《谷梁传·隐公七年》也认为：“城为保民为之也。”

“市”在中国古代则主要指市场，东汉许慎在《说文解字》中对其解释为：“市，买卖之所也。”后来则引申为交易场所。《易·系辞下》载：“日中为市，致天下之民，聚天下之货。”这里的“市”就是指市场而言的。《周礼·司市》载：“大市日昃而市，百族为主；朝市朝时而市，商贾为主；夕市夕时而市，贩夫贩妇为主。”古代的市场不仅开闭有时，而且针对的经营也有所区别，《公羊传·宣公十五年》对市又称为：“因井田以为市，故俗语曰市井。”

最早将“城”与“市”合称为“城市”的是韩非子，在《韩非子·爱臣》中记载：“是故大臣之禄虽大，不得藉威城市党与虽众，不得臣士卒。”[①] 这一词

① 陈奇猷：《韩非子集释》（上册），上海人民出版社1974年版，第60页。

最早出现在正史中则是在《后汉书·法雄传》中载："雄乃移书属县曰：'凡虎狼之在山林，犹人民之居城市。古者至化之世，猛兽不扰'"。

由于不同地域、不同时代、不同国家对城市均有着不同的定义，所以有学者认为："城市并不是商业发达的后果和动因，并不具备贸易中心的性质。"① 的结论，在本书中所探讨的城市主要是指在某一地区有大量人口聚集，在外围通常有城墙的修建，是作为某一地区的政治、经济、文化中心的聚落。

至于两汉时代具体有多少城市，据朱绍侯先生统计："西汉时商品经济比较发达的朝代，人口最多时有6000万，大小城市达到1500多个，东汉由于自然经济趋势的加强，人口虽有5000万，但城市数目周间，东汉初有400多座，后渐增至1100多。"② 由于汉代城市数目巨大，所以无法一一列出。

第二节　汉代城市结构

一、城墙

在古代，作为一个百姓聚居的城市，一般都在其周围设置围墙，以加强其对外的防御能力，汉代绝大多数城市也是如此，城市周围建筑的城墙一般呈现的是封闭的状态，形成一个对城市的防御圈。为了加强对城市的防护能力，往往还在城墙之外挖有护城河。从考古发现可知，一般的城墙宽10米，有的甚至宽20米以上，高度在11～18米。③

汉代的京师长安城，作为所有城市的中心城市，在其周围也修建了坚实的围墙，通过现今的汉长安城城墙遗址来看，北部城墙最高处有10米左右，城墙的基本宽度达16米，而南面的城墙则大体保持完好，其他两面的城墙保存着几段。

汉代长安城墙在建筑之时，其方式一般是采用版筑夯土的方法进行修筑的，断面呈现出的是梯形。城墙的表面上要涂上一层有麦秸的泥土，然后再在外面抹上一层朱红色的细沙泥。

东汉时期的京城洛阳城墙的建筑方法和风格几乎继承了西汉城墙建筑的方法和风格，通过考古我们发现，洛阳城市周围建筑的城墙也是全部采用夯土方式构

① 邵望平：《中国文明起源座谈纪要》，载《考古》1989年第12期，第1132页。
② 朱绍侯：《中国古代治安制度史》，河南大学出版社1994年版，第194～195页。
③ 张继海：《汉代城市社会》，社会科学出版社2006年版，第106～114页。

建而成的。

由于中国古代社会是等级森严的社会，《管子·立政》中对此则曰：

“度爵而制服，量禄而用财。饮食有量，衣服有制，宫室有度，六畜人徒有数，舟车陈器有禁。修生则有轩冕、服位、谷禄、田宅之分，死则有棺椁、绞衾、扩垄之度。虽有贤身贵体，毋其爵，不敢服其服；虽有富家多资，毋其禄，不敢用其财。天子服文有章，而夫人不敢以燕以飨庙，将军大夫以朝，官吏以命，士止于带缘，散民不敢服杂采，百工商贾不得服长鬈貂，刑余戮民不敢服绕，不敢畜连乘车。”

由此我们可以看出，在等级森严的社会中，对饮食、服饰、出行、宫室、丧葬都有具体的规定和限制，不可以逾越。

《汉书·货殖传》中记载：“各有差品，小不得僭大，贱不得逾贵。夫然，故上下序而民志定。”因此在修建城市的城墙上，也有着严格的规定，汉代时期也是如此。

汉代在修建城市城墙之时，同样要严格遵守“王制”，对城墙的高度以及厚度等有着具体明确的规定，丝毫不敢逾越。《汉书·贾谊传》中载：

“人主之尊譬如堂，群臣如陛，众庶如地。故陛九级上，廉远地，则堂高；陛亡级，廉近地，则堂卑。高者难攀，卑者易陵，理势然也。故古者圣王制为等列，内有公卿、大夫、士，外有公、侯、伯、子、男，然后有官师小吏，延及庶人，等级分明而天子加焉，故其尊不可及也。”

贾谊以“堂”“陛”“地”“廉”有着严格的等级，说明汉代在修筑城墙时同样也有着严格的等级规定。

这种等级规定首先是对城郭大小等级规模的限定，《左传·隐公元年》记载：“都城过百雉，国之害也。先王之制，大都不过参国之一，中五之一，小九之一。”孔疏云：“王城方九里，长五百四十雉；公城方七里，长四百二十雉；侯伯城方五里，长三百雉；子男城方三里，长一百八十雉。”

前面的史料说明了在春秋时期，城郭在修建之时则会依据不同等级而修建，其规模也有着严格的规定，其标准是不可以随意变动的，否则就是僭越，是要受到相应处罚的。由于古代的制度大多具有前后承袭性，所以汉代对于修建城郭规模的大小，也应当有着相似规定。

同时对城墙的高度、城门设置的具体数目同样也有着详细的规定，《初学

记·居处部》引《五经异义》曰："天子之城高九仞，公侯七仞，伯五仞，子男三仞。"《周官·考工记》载："匠人建国，方九里，旁三门。国中九经九纬，经涂九轨。王宫门阿之制五雉，宫隅之制七雉，城隅之制九雉。"这里所指的主要是王都，作为王都而言，一面城墙上设置三门之制的规定，至汉代也是被严格遵守的。

虽然说在汉代是等级社会，在各方面有着严格的等级规定与限制，但是这里需要说明的是汉代曾经实行的"郡国并行"的管理体制，被分封到各地区的诸侯王和贵族势力都存在着一定的僭越现象，如《史记·平准书》中记载："宗室有土，公卿大夫以下，争于奢侈，室庐舆服僭于上，无限度。物盛而衰，固其变也。"司马迁认为，贵族的奢侈僭越行为已经构成了对当时统治秩序的潜在威胁。

而这种僭越的行为在当时也被许多诸侯王效仿，这就导致了汉代的诸侯王所居住的一些城市在建筑上也往往出现破坏原有等级规定的束缚，如《史记·梁孝王世家》载："筑东苑方三百余里，广睢阳城七十里，大治宫室，为复道，自宫连属于平台三十余里。得赐天子旌旗，出从千乘万骑，东西驰猎，拟于天子。"这就是最好的说明。

这种情况到了汉成帝的时候，政府开始对待僭越逾制的现象给予一定的限制，《汉书·成帝纪》中记载：

> 成帝永始六年诏曰："'圣王明礼制以序尊卑，异车服以章有德，虽有其财，而无其尊，不得逾制，故民兴行，上义而下利。方今世俗奢僭罔极，靡有厌足。公卿列侯亲属近臣，四方所则，未闻修身遵礼，同心忧国者也。或乃奢侈逸豫，务广第宅，治园池，多畜奴婢，被服绮縠，设钟鼓，备女乐，车服嫁娶葬埋过制。吏民慕效，寖以成俗，而欲望百姓俭节，家给人足，岂不难哉！《诗》之。青绿民所常服，且勿止。列侯近臣，各自省改。司隶校尉察不变者。'"

二、城门

城门在维护城市治安秩序中具有极为重要的地位与作用，早在春秋时期，各国为了各自的安全，就在不断地完善城市的各项防卫设施与工作，其中城门就是其中一项，非常注重对城门的把守与警戒，在当时各国所在的都城城门就设有守卫进行监管，这种"守卫"通常被称为"门尹"或"监门"。

《国语·周语》中记载："敌国宾至，关尹以告，行理以节逆之，候人为导，卿出郊劳，门尹除门。”《荀子·荣辱》曰：“故或禄天下而不自以为多，或监门御旅抱关击柝而不自以为寡。”杨注云：“监门，主门也抱关，门卒也。”这种门卒就是平时对城门进行监管的专职人员。

而且在春秋时期，城门夜间是要关闭并且需要上锁的，《墨子·号令》载：

> “宿鼓在守大门中。莫令骑若使者操节闭城者，皆以执毚。昏鼓，鼓十，诸门亭皆闭之。行者断，必击问行故，乃行其罪。晨见，掌文鼓，纵行者，诸城门吏各入请籥，开门已，辄复上籥。有符节不用此令。”

由此可知，城门通常情况下是夜晚时要进行关闭的，早晨时再打开，以击鼓为启闭的号令，黄昏时则要击鼓十声，城门要一律关闭。春秋时期城门的这种管理制度也被后世所继承。

汉代在城市周围的城墙上开有数量不等的城门，以方便居民的出入依据不同地区城市规模的大小，也更是出于城市治安的防范需求及考虑，汉代城门数量的设置则通常会从一个到几个不等。

通过秦汉相关的考古发掘，我们会发现，汉代的长安城在每面城墙上均设置有三道城门，这样汉代长安城城门共计有十二座，《三辅黄图》引《汉旧仪》中载：“长安城中，经纬各长三十二里十八步，地九百七十三顷，八街九陌，三宫九府，三庙、十二门，九市，十六桥。”同书又引《三辅决录》中也有关于汉代长安城城门的记载：“长安城，面三门，四面十二门，皆通达九逵，以相经纬，衢路平正，可并列车轨。十二门三涂洞辟，隐以金椎，周以林木。左右出入，为往来之径，行者升降，有上下之别。”

汉代京师长安城的每面城垣上设置的三座城门，经考古发掘过的主要有“灞城门”“直城门”“西安门”“宣平门”等来看，各城门均有 3 个门洞，每个门洞宽 8 米左右，各门洞之间有 4 ~ 12 米厚的夯土隔墙。而且在经过考古发掘研究后，我们发现，城门上原来应当是建筑有以木结构为主的门楼，这种门楼便于瞭望和守备城门。

城洞中的宽度大约可以同时并行四辆马车通行，这与前文所提到的《三辅决录》中记载及张衡在《西京赋》中描写可以相互印证：“城郭之制，则旁开三门，三涂夷庭，方轨十二”。

到了东汉时期，刘秀在南阳豪强地主的支持拥立之下，推翻了新朝，于公元 25 年 6 月重新建立了东汉政权，并定都于洛阳，直至公元 220 年，曹丕代汉称帝，东汉政权共历十二帝，洛阳为东汉都约 195 年之久。

东汉时期的洛阳城有 24 条大街，长衢夹巷，交通发达，洛阳城中居住的居民众多，商业极为发达，《后汉书·王符传》中对此记载到："今察洛阳，资末业者什于农夫，虚伪游手什于末业。是则一夫耕，百人食之，一妇桑，百人衣之，以一奉百，孰能供之！"《后汉书·仲长统列传》中载："船车贾贩，周于四方，废聚积贮，满于都城。琦珞宝货，巨室不能容；马牛羊豕，山谷不能受。"

洛阳作为东汉京师所在地，人口众多，为了便于百姓的出行，洛阳也设置了十二座城门，具体的为：东三门，北起为上东门、中东门、耗门；南四门，东起为开阳门、平城门、小苑门、津门；西三门，南起为广阳门、雍门、上西门；北两门，西起为夏门、谷门。最长的街道达3千米，但两个路口之间的段落，一般长500米，最长的也不超过1.5千米。①

城门皆有亭的设置，每座城门均有3个门道以供洛阳城中的居民出入，其中中间的则为御道，供皇帝出行之用，《后汉书·五行志》中记载："灵帝光和元年，南宫平城门内屋、武库屋及外东垣屋前后顿坏。蔡邕对曰：'平城门正阳门内，与宫连，郊祀法驾所由从出，门之最尊者也。'"说明了东汉时期洛阳南面的"平城门"是东汉诸多城门中最为显赫者，其直达皇宫，皇帝每当有活动或需要至郊外祭祀之时，均经过此门出入。

关于城门的设置在古代通常有一定的规定，张衡在《西京赋》中曾说道："徒观其城郭之制，则旁开三门。叁涂夷庭，方轨十二街衢相经。廛里端直，甍宇齐平。北阙甲第，当道直启。"薛注云："一面门"。这主要是针对京师的帝都而言的，在汉代，有些城市的城门可能开设的会多一些，如汉代的五都，成都有十八门，临淄有十三门，等等②。

城门作为一个城市的门户，在维护城市的社会治安秩序中所发挥的作用是十分巨大的，因此，其治安地位也是十分重要的，为了加强对每座城门的把守，城门通常要修建有城楼，并且会派遣专门的士兵进行日夜把守，而且政府还派遣有专官对此项工作进行管理。《汉书·百官表》记载："城门校尉。掌京师城门屯兵。有司马、十二城门侯"。颜师古注曰："门各有候，萧望之署小苑东门候，亦其比也。"《后汉书·百官志四》载：

"城门校尉一人，比二千石。本注曰：掌雒阳城门十二所。司马一人，千石。本注曰：主兵。城门每门候一人，六百石。本注曰：雒阳城十二门，其正南一门曰平城门，北宫门，属卫尉。其余上西门、雍门、广阳门、津门，小苑门，开阳门，耗门、中东门、上东门、谷门、夏门、凡十二门。"

① 王仲殊：《中国古代都城概说》，载《考古》1982年第5期，第508页。
② 刘必忠：《临淄史话》，载《历史教学问题》1984年第2期，第56页。

注："《汉官仪》曰：平城门为宫门，不置候，置屯司马，秩千石。《古今注》曰：建武十四年九月开平城门。"

说明了汉代在除了八校尉之外，还设立"城门校尉"，具体负责统领城门士兵。

汉代在"城门校尉"之下，还隶属一支城门兵，与北军八校尉、执金吾等共同组成了汉代京师的警备力量。"城门校尉"所管理的京师城门地理位置非常重要，直接关系京师的安危，所以汉代皇帝通常会任命自己极为亲信的重臣来担任"城门校尉"一职，如《汉书·孔光传》中记载西汉太师孔光曾监"领城门兵。"

《后汉书·孝灵帝纪》中记载：

"孝灵皇帝讳宏，肃宗玄孙也。曾祖河间孝王开，祖淑，父苌。世封解渎亭侯，帝袭侯爵。母董夫人。桓帝崩，无子，皇太后与父城门校尉窦武定策禁中，使守光禄大夫刘倏持节，将左右羽林至河间奉迎。"

皇太后的父亲窦武能够担任"城门校尉"一职，就足以证明该职位的重要性和特殊性。

在"城门校尉"之下还设置"城门侯"，具体负责京师各个城门的管理与守卫，负责城门朝夕定时的具体启闭工作，《三辅黄图》中记载："汉城门皆有候，门候主候时，谨启闭也。"这就是最好的说明。

汉代政府为了维护京师的社会治安，防止黑夜之中有些不法之徒进入城中作案，抑或是在城中犯案后通过城门外逃，因此汉代政府规定了城门开启与关闭有时间限制，这对于加强城市治安无疑具有非常重要的作用，而且一旦在非常时期，政府还会增加门兵的数量以便加强戒备，《汉书·刘屈氂传》记载了汉武帝时太子叛逃，"诸太子宾客，尝出入宫门，皆坐诛。其随太子发兵，以反法族。吏士劫略者，皆徙敦煌郡。以太子在外，始置屯兵长安诸城门。"汉政府在面对太子出现的"叛逃"行为时，为了加强对京师长安地区的戒备，于是增派城门把守士兵数量，可以看出，城门对于城市社会治安的重要性。

东汉时期仍然设置"城门校尉"一职，除了正南门是属卫尉所属的"屯司马"掌控之外，其余十一座城门，每座城门均设置"城门侯"一人，《后汉书·致恽传》中记载了光武帝刘秀外出行猎，夜归时的情景：

"（致）恽遂客居江夏教授，郡举孝廉，为上东城门候。帝尝出猎，车驾夜还，恽拒关不开。帝令从者见面于门间。恽曰：'火明辽远'。遂不受

> 诏。帝乃回从东中门入。明日，恽上书谏曰：'昔文王不敢盘于游田，以万人惟忧。而陛下远猎山林，夜以继昼，其于社稷宗庙何？暴虎冯河，未至之戒，诚小臣所窃忧也。'书奏，赐布百匹，贬东中门候为参封尉。"

刘秀狩猎夜归时，欲从上洛阳的东城门进入洛阳，因为这时已经是晚间了，所以城门当时都已经处于关闭状态，而作为上东城门候的致恽却拒绝给其开门，刘秀没有办法最后从东中门进入，刘秀最后给予致恽拒绝开门的行为嘉奖，而给予东中门候的处罚是"贬东中门候为参封尉。"认为致恽是忠于职守的合格的官员。

这段史料中充分说明了东西两汉政府对城门启闭是有时间规定的，而作为城门管理者"城门侯"的权力之大，责任之重。

汉代为了加强对城门的管理，在"城门校尉"与"门候"之下还置有"城门令史"和"城门亭长"，《汉书·王莽传》中载："王兴者，故城门令史。王盛者，卖饼。莽按符命求得此姓名十余人。"王兴这个人就曾经担任过"城门令史"一职。

《后汉书·耿弇传》载：

> "弇道闻光武在卢奴，乃驰北上谒，光武留署门下吏。……光武官属腹心皆不肯，曰：'死尚南首，柰何北行入囊中？'光武指弇曰：'是我北道主人也。'会蓟中乱，光武遂南驰，官属各分散。弇走昌平就况，因说况使寇恂东约彭宠，各发突骑二千匹，步兵千人。"

注引《续汉书》曰：

> "弇归，主人食未已，蓟中扰乱，上驾出南城门，颇遮绝辎重，城中相掠。弇既与上相失，以马与城门亭长，乃得出"

这段史料中就明确提出了当时确有"城门亭长"一职，而且从"亭长"一名来看，应该是直接负责城门治安的属吏。

第三章

汉代治安指导思想

由于两汉历史400余年，在维护社会治安之时，其治安指导的思想也随着历史的发展，时代的变迁，具体社会环境的变化而发生变化，我们大体上可以将其粗略分为汉初期、汉前期、汉中后期、东汉时期等四个时期，而且在这四个时期，维护社会治安的主导思想也有所差异。

第一节　汉初期：无为而治的思想

秦王朝在社会治安思想上主要是以法家思想为社会治安的指导思想，信奉“依法为本”“专任刑罚”的治安思想，其思想主要来源于商鞅和韩非子两个人，在实施治理社会的办法时，通常采用行赏施罚，即用严刑峻法来制止人们从事非法的、违背统治集团利益的行为，达到杜绝不利于社会稳定的事情发生，并利用厚赏来诱导人们循规蹈矩，规范自己的行为，这正如韩非子所说：“法者，宪令著于官府，刑罚必于人心，赏存乎慎法，而罚加乎奸令者也。”①

如何推行赏罚，法家认为，要以法律为唯一准则，这就要求法必须不失疏远，不畏强大，赏不私亲近，为了能够有效地防控和减少社会治安的犯罪率，法家还特别强调重刑作用，以此在社会和百姓中产生强大的威慑效果，这样就会使得欲作出对社会治安威胁的事件时，不得不考虑犯罪的成本与代价。韩非子对此就持有该观点：“重一奸之罪而止境内之邪，此所以为治也。重罚者盗贼也，而悼惧者良民也。”②

秦帝国建立之后，重视法家的统治思想，因此以法家思想为治理社会的主导思想，在秦帝国全面推行，并深信刑罚会给人们带来各种痛苦，这是人们所不希望的；而赏赐则会给人们带来显荣逸乐，是百姓所希望和追求的，如果一个社会

① 陈奇猷：《韩非子新校注》，上海古籍出版社2000年版，第841页。
② 陈奇猷：《韩非子新校注》，上海古籍出版社2000年版，第1020页。

秩序要想稳定，就要充分发挥赏罚的功能作用。由于秦朝统治者对此想法是深信不疑的，所以严格执行法家的治安指导思想，《史记·秦始皇本纪》中记载秦始皇执政时："刚毅戾深，事皆决于法，刻削毋仁恩和义。于是急法，久者不赦。"而且这种情况最终导致了"上乐以刑杀为威，天下畏罪持禄，莫敢尽忠。上不闻过而日骄，下慑伏谩欺以取容。"[①] 的局面出现。

尽管秦国举国上下重法严刑，囹圄成市，但实际的效果却与统治的期望正好背道而驰，秦始皇本以为江山永固，传之万代，但是却万万没有想到偌大的秦帝国竟然出现二世而亡的命运。

秦帝国在农民的起义之中迅速灭亡，在实践上宣告了以法家思想为治安指导思想理论的破产，这就为代之而起的汉朝，提供了历史经验教训。

西汉在建立之初，就已经开始分析总结秦朝国运短促的原因，当时的谋士陆贾就曾经在其《新语·无为》[②] 中进行过认真地总结，认为秦"所以失天下"的原因是：

> "秦始皇帝设为车裂之诛以敛奸邪，筑长城于戎境以备胡越，征大吞小威震天下，将帅横行以服外国。蒙恬讨乱于外，李斯治法于内。事愈烦天下愈乱，法愈滋而奸愈炽，兵马益设而敌人愈多。秦非不欲为治，然失之者，乃举措暴众而用刑太极故也。"

我们从史料中可以看出，陆贾认为秦王朝灭亡的主要原因正是由于秦王朝不注意缓和社会的主要矛盾，过分相信法家学说中的依靠暴力和刑罚的思想，其政府的各种要求与行为已经远远超出了当时百姓所能承受的限度，超出了当时生产力的发展水平，将百姓推向了死亡的边缘，从而使天下越来越乱，最终过早地结束了秦国的国运，所以专任法家思想来进行统治，有时候收到的效果不是很理想的，正如晁错在《汉书·食货志》中所说的："民如鸟兽，虽有高城深池，严法重刑，犹不能禁也。"

陆贾在分析秦亡的原因时，也提出了自己理想的社会统治思想和治安理念，认为汉朝统治者在历史教训面前要转变统治方式和理念，最高统治者要行"仁义"来对百姓进行感化和教育，不能单靠法家露骨的刑与罚，而是要以道家思想作为施政和维护社会治安稳定的指导思想，实行所谓的"无为而治"，统治者要省刑安民，与民休息，他认为："怀德者众归之，恃刑者民畏之；归之则充其侧，

① 司马迁：《史记·秦始皇本纪》，中华书局1959年版，第258页。
② 陆贾：《新语·无为》，中华书局1986年版，第54页。

畏之则去其域。”[①] 所以统治者要尽量做到：

> “是以君子尚宽舒以其身，行身中和以致疏远；民畏其威而从其化，怀其德而归其境，美其治而不敢违其政。民不罚而畏，不赏而劝，渐渍于道德，而被服于中和之所致也。”[②]

这种思想具体到治安实践之上，其实质就是以“黄老思想”作为指导思想，进行“无为而治”的统治，所谓“无为”就是在封建法制已经确立的条件下，君臣上下省刑安民，与民休息，把剥削和压迫保持在一个相对合理的限度，从而达到安定社会的目的。

陆贾在《新语·至德》中认为，如果实行“无为”的统治，则社会呈现的状态将是：

> “官府若无吏，亭落若无民，闾里不讼于巷，老幼不愁于庭，近者无所议，远者无所听，邮无夜行之卒，乡无夜召之征，犬不夜吠，鸡不夜鸣，耆老甘味于堂，丁男耕耘于野，在朝者忠于君，在家者孝于亲；于是赏善罚恶而润色之，兴辟雍庠序而教诲之，然后贤愚异议，廉鄙异科，长幼异节，上下有差，强弱相扶，大小相怀，尊卑相承，雁行相随，不言而信，不怒而威。”

“这实际上是道法理论的结合，用道家之长以补法家之短。”[③]《史记·太史公自序》中认为：“道家，无为，又曰无不为，其实易行，其辞难知。其术以虚无为本，以因循为用。”认为只要统治者这样才能够“事少而功多”。

汉初在这种“无为而治”的道家思想指导之下，使得汉初在半个世纪中统治者能做到“守道任法”，一方面，由于秦末农民战争和四年楚汉之争，社会动荡不安，经济在多年战争的影响之下比较残破，《史记·平准书》中对此情况记载为：“自天子不能具钧驷，而将相或乘牛车，齐民无盖藏。”面对这种社会的现实状况，汉代统治者真正实行“无为”，即减轻百姓经济负担，轻徭薄赋，发展生产；另一方面，对秦代残酷的法律进行了修改，平狱缓刑，以便在最大程度上减少社会犯罪率，稳定汉初社会治安的统治秩序。

陆贾还认为，在实行“黄老无为”时，还要注重对百姓的教化，发挥教化在维护社会治安中的作用，《新语·无为》中载：

---

① 陆贾：《新语·至德》，中华书局 1986 年版，第 117 页。
② 陆贾：《新语·至德》，中华书局 1986 年版，第 118 页。
③ 朱绍侯：《中国古代治安制度史》，河南大学出版社 1994 年版，第 125 页。

“夫法令者，所以诛恶，非所以劝善，故曾闵之孝、夷齐之廉岂畏死而为之哉？教化之所致也。故尧、舜之民可比屋而封，桀、纣之民可比屋而诛，何者？化使其然也。”

通过发挥道德教化功能，使百姓具有良好的道德品质，同时也要求统治者注意自身的示范行为，这样就能：“故上之化下，犹风之靡草也。王者尚武于朝，则农夫缮甲兵于田。故君子之御下也，民奢应之以俭，骄淫者统之以理；未有上仁而下贼，让行而争路者也。”故孔子曰：“移风易俗。岂家令人视之哉？亦取之于身而已矣。”[①] 通过自身的表率作用，就能在社会上全面推行仁义、尚道德，实现移风易俗，并最终实现稳定社会治安秩序的目的。

汉代在实行上述社会治安指导思想之后，汉初的社会最初呈现出了《汉书·贾山传》中所描述的：“刑轻于它时而犯法者寡，衣食多于前年而盗贼少”少有的安定的社会局面。

第二节　汉前期：刑德并举的思想

西汉王朝在推行初期的“黄老无为”治国方略时，取得了较好的效果，但是随着时间的推移，社会各方面的情况也发生了诸多变化，前期奉行的“无为思想”也开始逐渐被“刑德并举”的治安思想所取代，主张推行这一思想的主要是贾谊。

贾谊是汉代新儒学的早期代表人物之一，是汉代较重要的思想家，在其思想中融合了儒、法、道三家的思想理论，他的思想主要集中在经后人整理而成的《新书》之中。

贾谊较注重总结历史经验教训，从秦朝的败亡之中总结出经验教训，认识到百姓对于国家、政权的重要性和能动性，重新强调礼义教化的社会功能，并提出了历史上较为著名的“民本”思想。贾谊在其《新书·大政上》中认为：

“闻之于政也，民无不为本也。国以为本，君以为本，吏以为本。……民者，至贱而不可简也，至愚而不可欺也。故自古至于今，与民为仇者，有迟有速，而民必胜之。”

---

① 陆贾：《新语·无为》，中华书局1986年版，第67页。

贾谊在以往历史中寻找和总结出诸多的“与民为仇者”，而最终结局无一不是“民必胜之”的经验教训，也正是因为如此，他认为，作为封建最高统治者要将“安民”作为头等大事来抓，要给予高度的重视。

《史记·秦始皇本纪》载：

> “故先王见始终之变，知存亡之机，是以牧民之道，务在安之而已。天下虽有逆行之臣，必无响应之助矣。故曰：‘安民可与行义，而危民易与为非。’此之谓也。”

认为百姓生活如果能够安定，就可引导他们做符合道义的事情，假如百姓生活困难，就比较容易做出危害社会治安秩序的事情，严重的还会发生社会大的暴乱。所以贾谊认为，在维护社会治安的过程中，防患于未然远远要比治安事件发生后的处罚效果要理想得多。

因此贾谊在论述如何预防社会犯罪问题时，认为加强对百姓的礼仪教化是非常必要的，“所谓礼，就是以封建社会等级制度为内容的行为规范。把社会各阶层的君臣、尊卑，上下长幼等的地位通过礼固定起来，成为一种法权制度，然后通过日常生活和礼节仪式加以推行，形成一种风俗习惯，使任何社会成员都自觉地一体遵行。”①《礼记·曲礼》中认为，礼乐教化具有重要的功能：

> “夫礼者所以定亲疏，决嫌疑，别同异，明是非也。礼，不妄说人，不辞费。礼，不逾节，不侵侮，不好狎。修身践言，谓之善行。行修言道，礼之质也。礼闻取于人，不闻取人。礼闻来学，不闻往教。道德仁义，非礼不成，教训正俗，非礼不备。分争辨讼，非礼不决。君臣上下父子兄弟，非礼不定。宦学事师，非礼不亲。班朝治军，莅官行法，非礼威严不行。祷祠祭祀，供给鬼神，非礼不诚不庄。是以君子恭敬撙节退让以明礼。”

贾谊对此认为，只有加强对百姓的礼仪教化，百姓的道德素质、社会道德风尚、个人的社会行为规范的水平就会得到提高，影响社会治安秩序的事件就会大大减少。《汉书·贾谊传》中载：“夫礼者禁于将然之前，而法者禁于已然之后。是故法之所用易见，而礼之所生难知也。”只有加强礼乐教化，社会不稳定的现象就会得以改观，基层社会秩序就能得以维持，从而整个国家的统治秩序就会安定，并最终实现统治者所期望的长治久安。

---

① 朱绍侯：《中国古代治安制度史》，河南大学出版社1994年版，第126页。

由此我们不难发现，礼的作用可以以一种潜移默化的方式进行事前预防，在治安事件之前就将犯罪者的违法行为扼杀于萌芽状态之中，但我们要全面地看待贾谊思想，其虽然主张加强道德感化，但并不是否定刑罚功能与作用，刑法在处理治安事件时也具有礼仪所达不到的效果，可以在事后惩罚犯罪时收到立竿见影的效果。

贾谊的治安指导思想是“刑德并举”“礼法并用”，依据具体不同情况，二者则会有所侧重，《淮南子·泰族训》中对此也持有相似观点：

> “民无廉耻，不可治也；非修礼义，廉耻不立。民不知礼义，法弗能正也；非崇善废丑，不向礼义。无法不可以为治也，不知礼义不可以行法。法能杀不孝者，而不能使人为孔、曾之行；法能刑窃盗者，而不能使人为伯夷之廉。”

因此在汉代前期，社会治安的指导思想是以礼乐教化和刑罚相互配合的，既强调了刑罚的强制性、警示性，又注重礼乐的教化性、示范性。

第三节　汉中后期：德主刑辅的思想

汉代在进入中期以后，随着生产力的发展，社会经济逐渐呈现出繁荣状态，社会和平稳定，这时期的治安指导思想与前期的指导思想又发生了一定的变化，这与汉代儒学大师董仲舒是密不可分的。

董仲舒是汉武帝时期著名的儒学大师，其不但继承了儒家传统思想文化，而且还在吸收法家、道家、阴阳等诸家思想之后，为了能适应汉朝统治者的需求，对儒家传统思想进行了重新改造。《汉书·董仲舒传》中记载了董仲舒向汉政府建议欲：“诸不在六艺之科，孔子之术者，皆绝其道，勿使并进，邪辟之说灭息，然后统纪可一而法度可明，民知所从矣。”这就是后世所称的“罢黜百家，独尊儒术”，他的这一建议得到了汉政府的大力支持，也正因为如此，确立和完善了封建社会的以儒家思想为主的正统意识形态。

董仲舒明确提出了“德主刑辅”的社会治安思想，该治安思想的哲学基础是“天人感应”学说，将“天人合一”理念引入儒家政治学说中，对于这一变化，现代有的学者将董仲舒的思想斥为唯心主义、形而上学，而有些学者则不同意此种看法，如李泽厚先生就认为，以阴阳五行解析天地宇宙之内在结构图谱的汉代思维模式，不是认识论上的倒退，而是中国传统哲学在当时演进发展的新形式与新阶段。如果说汉代在疆域拓展、社会发展方面为国家统一打下了坚实物质根基的话，那么，汉代之思维模式则在奠定中国“文化心理结构”方面同样起到了相当重要的作用。①

董仲舒认为，天与人是同类存在的：

“天地者，万物之本，先祖之所出也。”

——《春秋繁露·观德》

“人之人本于天，天亦人之曾祖父也。人之形体，化天数而成；人之血气，化天志而仁；人之德行，化天理而义。人之好恶，化天之暖清；人之喜怒，化天之寒暑；人之受命，化天之四时。人生有喜怒哀乐之答，春秋冬夏之类也。”

——《春秋繁露·为人者天》

“人之受命于天也，取仁于天而仁也。”

“天有寒有暑。夫喜怒哀乐之发，与清暖寒暑，其实一类也。”

——《春秋繁露·王道通三》

“喜怒之祸，哀乐之义，不独在人，亦在于天，而春夏之阳，秋冬之阴，不独在天，亦在于人。”

“天乃有喜怒哀乐之行，人亦有春秋冬夏之气者，合类之谓也。”

——《春秋繁露·天辨在人》

“天亦有喜怒之气、哀乐之心，与人相副。以类合之，天人一也。”

——《春秋繁露·阴阳义》

“天之道，春暖以生，夏暑以养，秋清以杀，冬寒以藏。暖暑清寒，异气而同功，皆天之所以成岁也。圣人副天之所行以为政，故以庆副暖而当春，以赏副暑而当夏，以罚副清而当秋，以刑副寒而当冬。庆赏罚刑，异事而同功，皆王者之所以成德也。庆赏罚刑与春夏秋冬，以类相应也。”

——《春秋繁露·四时之副》

董仲舒在以天为其理论支持的依据同时，认为天有阴阳之别，人世间也须有德教和刑罚，将“阴阳”与“刑德”相互对应起来，《汉书·董仲舒传》认为：“天道之大者在阴阻为德，阴为刑，刑主杀而德主生。是故阳常居大夏而以生有养长为事阴常居大冬而积于空虚不用之处，以此见天之任德不任刑也。”

董仲舒在天人感应的理论支持下，还特别重视礼乐对百姓的教化功能，《春

① 李泽厚：《中国思想史论》，安徽文艺出版社1999年版，第139页。

秋繁露·立元神》中载：

“故圣王已没，而子孙长久安宁数百岁，此皆礼乐教化之功也。王者未作乐之时，乃用先王之乐宜于世者，而以深入教化于民。教化之情不得，雅颂之乐不成，故王者功成作乐，乐其德也。乐者，所以变民风，化民俗也；其变民也易，其化人也著。”

董仲舒认为，如果礼乐教化在社会中推行的效果好，即使刑罚处罚得轻，百姓也不会去破坏社会治安秩序；如果礼乐教化在百姓中推行的效果不理想，那么即使法律上规定了严刑峻法，对社会治安也是无意义的，秦朝灭亡就是最好的明证。但是在如何处理刑德时，不是光注重礼乐教化，对刑罚也同样要重视，重点之处在于如何处理刑德之间的主从关系，董仲舒在解释“德”与“刑”的关系时，在《春秋繁露·天辨人在》中给出的结论是：“刑者，德之辅；阴者，阳之助也。”要以德为主，刑为辅，德与刑相互相成、相互配合。

董仲舒在对危害社会治安者的动机上也进行了深入的分析，认为犯罪者的根源往往多是因为经济上的：

“富者奢侈羡溢，贫者穷急愁苦；穷急愁苦而上不救，则民不乐生；民不乐生，尚不避死，安能避罪！此刑罚之所以蕃而奸邪不可胜者也。”

——《汉书·董仲舒传》

“大富则骄，大贫则忧，忧则为盗，骄则为暴，此众人之情也。圣者则于众人之情，见乱之所从生，故其制人道而差上下也，使富者足以示贵而不至于骄，贫者足以养生而不至于忧，以此为度而调均之，是以财不匮而上下相安，故易治也。今世弃其度制，而各从其欲，欲无所穷，而俗得自恣，其势无极，大人病不足于上，而小民羸瘠于下，则富者愈贪利而不肯为义，贫者日犯禁而不可得止，是世之所以难治也。”

——《春秋繁露·度制》

从前面的史料中看，我们不难发现，董仲舒对当时社会贫富不均、财富上的两极分化所造成的危害有深刻与清醒的认识，富贵之家通常与民争利，不断地聚敛财富，兼并土地，被盘剥的百姓逐渐贫困化，在这种经济窘困状态之下，则会有很多穷人连死亡都不惧怕，就更不害怕犯罪了，如果社会处于这种情景之下，那么社会治安难控制就不难理解了，因此天下大乱就是早晚的事情了，所以要求地主阶级要对百姓的剥削加以控制。

董仲舒将贾谊的“德刑并举”的治安指导思想逐渐发展成为“德主刑辅”，开始重视德化的作用，但在维护治安的实践中，汉朝统治不会轻易放弃对百姓采取的重罚，因此在汉武帝执政开始时，汉代的法律就开始逐渐加重，《汉书·刑法志》记载了汉武帝时：“禁网浸密。律令凡三百五十九章，大辟四百九条，千八百八十二事，死罪决事比万三千四百七十二事。文书盈于几阁，典者不能遍睹。”

可见汉朝的法律制度的繁苛程度不比秦朝轻，所以《汉书·元帝纪》记载汉宣帝为了教训太子（汉元帝）的“柔仁好儒”时曾说：“汉家自有制度，本以霸王道杂之”就不难理解了。

而且汉朝中后期在治理社会治安秩序之时，往往会重用一些“酷吏”，这些人专任刑罚，残暴嗜杀，《汉书·酷吏传》载：

> “汉兴，破觚而为圜，斫雕而为朴，号为罔漏吞舟之鱼。而吏治蒸蒸，不至于奸，黎民艾安。由是观之，在彼不在此。高后时，酷吏独有侯封，刻轹宗室，侵辱功臣。吕氏已败，遂夷侯封之家。孝景时，晁错以刻深颇用术辅其资，而七国之乱发怒于错，错卒被戮。其后有郅都、甯成之伦。”

西汉王朝在昭宣以后，开始逐渐衰落，土地兼并日益严重，百姓大量流亡，面对此种情景，一些思想家提出了自己应对的策略，主张“德主刑辅”“重教轻刑”，如刘向在其著作《说苑》中就表达出这种想法，“先德教而后刑罚”“先文德而后武力”。杨雄在《发言》中也主张治安中应以德教为主，对“先杀后教”的方法是反对的，正确的做法是“张其纲纪，谨其教化”。

第四节　东汉时期：礼法统一的思想

东汉立国之初，由于常年的战争导致经济疲敝，光武帝刘秀对此实行了休养生息之策，《后汉书·循吏传》中载：

> “初，光武长于民间，颇达情伪，见稼穑艰难，百姓病害，至天下已定，务用安静，解王莽之繁密，还汉世之轻法。……故能内外匪懈，百姓宽息。自临宰邦邑者，竞能其官。若杜诗守南阳，号为‘杜母’，任延、锡光移变边俗，斯其绩用之最章章者也。又第五伦、宋均之徒，亦足有可称谈。”

此做法与西汉之初的“无为而治”有异曲同工之处，但这种政策不久就发生了变化，实行了“王霸并用”的治安思想主张，桓谭在《新论》中就曾说道：“王道喻德治，霸道喻刑罚，二者缺一不可”，认为只有“德治”与“法治”并用来维护社会治安秩序才能收到好的效果，才能从根本上达到长治久安的最终目的。

《后汉书·循吏传》中载：

> “鲁恭、吴佑、刘宽及颍川四长，并以仁信笃诚，使人不欺；王堂、陈宠委任贤良，而职事自理，斯皆可以感物而行化也。边凤、延笃先后为京兆尹，时人以辈前世赵、张。又王涣、任峻之为洛阳令，明发奸伏，吏端禁止，然导德齐礼，有所未充，亦一时之良能也。”

东汉至中期之后，社会各种矛盾开始出现，由于东汉中期以后开始出现了“孤儿寡母政治”，这种情况导致了东汉政权开始出现宦官与外戚专权交替现象的出现，并由此引发了“党锢之争”，导致了政治黑暗腐败，民变不断，面对这种情况，有些人对此提出了“法治”的主张，持有这种观点的人主要有仲长统、王符、荀悦等人。

王符在《潜夫论》中认为：“无慢制而成天下者，三皇也；画则象而化四表者，五帝也；明法禁而和海内者，三王也。行赏罚而齐万民者，治国也；君立法而下不行者，乱国也；臣作政而君不制者，亡国也。”仲长统在《昌言》主张用刑罚来维护治安“非严刑峻法则不能破其党时势不同，所用之数亦宜异也。”

西汉时期，董仲舒的“德主刑辅”思想随着在东汉的影响不断扩大，于是有些思想家提出了“礼法统一”的治安思想主张，王充等人就认同此思想，“礼治”又称“以礼治国”，“礼”作为一种行为规范，它为社会中的尊卑、贵贱、亲疏、长幼等不同层次规定了具体的社会行为准则，既是道德，又是刑法，二者相互统一，在维护社会治安秩序中具有重要的作用，“国之所以存者，礼义也。民无礼义，倾国危主。”① 因而“治国不能废德”，礼的作用可以规范人的社会行为，防止人们做出任何违背礼法之事，破坏社会治安；反之，如果礼制沦丧，社会就会出现大的动荡，在治安维护的思想上，王充虽然重视礼的作用，同时对法的作用也给予了肯定，在二者的关系处理上，王充认为最为理想的做法是“礼法结合”。

① 王充：《论衡·非韩》，中华书局1990年版，第104页。

《论衡·谢短》篇中记载："古礼三百。威仪三千刑亦正刑三百，科条三千。出於礼，入於刑，礼之所去，刑之所取，故其多少同一数也。"证明自古以来"礼"与"法"就是始终密不可分的，互为表里，通常在社会生活中不符合礼制的，往往也是法所禁止的。

由此可见，整个东汉时代，其社会治安思想基本上是"礼法统一"的思想。

第四章

汉代城市治安机构设置

第一节　京城治安机构

京城，东汉许慎在其《说文解字》中认为“城，所以盛民也。”《礼记·礼运》则载：“城郭沟池以为固”，说明城是有城郭保护的，具有防御功能的聚居区，有时候“京城”又可称之为“京师”，即都城，一个政权的政治、经济、文化中心，《说文解字》曰：“京，绝高之丘也。”《公羊传·桓公九年》载：“京师者何天子之居也。京者何大也师者何众也，天子之居，必以众大之辞言也。”《释名·释州国第七》记载：“都者，国君所居，人所都会也。”

所以“京”本意最初是指建有高台的建筑，不仅可以登高远望，而且还具有防御敌人的功能。后来随着历史的发展，至东周时“京”逐步被作为首都的专称，成为政权职能部门办公的所在地。

由于京城是政权的统治中心，所以其社会治安情况直接关系到政权统治的稳定与否，历来统治者对京城的治安都是非常重视的，但是“京师难理”却是一个共识，因为其京城中人口成分构成极其复杂，如西汉时期的京师长安中就有贵戚、豪强，同时还有富商大贾、“游侠”、“恶少年”，等等，这些对城市治安有时候会构成严重的影响。《汉书·地理志》中就认为京城多是：“五方杂厝，风俗不纯。”《汉书·游侠传》则载：“长安炽盛，街间各有豪侠。”这就是当时情况的真实写照。

汉王朝在继承秦朝治安的基础上，将京城的社会治安防御体系细化为三级：“在这种体制之下，由光禄勋统领郎官和侍卫亲军期门、羽林担任皇帝的核心护卫；有卫尉统领各宫卫士防守宫门，巡察宫墙之内，负责皇帝的内层警备；有执金吾掌握京城卫戍部队，确保政权中枢的外围安全。三个层次界限分明，构成一个既协作又互相制约的治安体系，疏而不漏，密而不乱，为后代所艳称和继承发展。”①

京城社会治安的首要任务是确保全国最高统治者皇帝的人身安全。《通典·职官》中记载：“汉京师有南北军，掌理治禁卫。”于是“禁卫”一词开始出现，“禁卫武官的范围是指包括皇帝警卫、皇宫与京师治保在内的所有禁卫武官的总称，是指中国古代历代王朝有关君主安全保卫及全国政治中心——首都治安防卫的职官制度，其核心职责是对皇帝和皇宫的安全保卫。”②

中国古代皇帝日常生活起居及政务的处理等诸多的活动均在皇宫的宫殿中，其安全保卫工作由郎中令负责。

一、郎中令（光禄勋）

《汉书·百官公卿表》中记载：“郎中令，秦官，掌宫殿掖门户，有丞。武帝太初元年更名光禄勋。属官有大夫、郎、谒者，皆秦官。又期门、羽林皆属焉。”注引臣瓒解释：“主郎内诸官，故曰郎中令。”如淳解释：“胡公曰：勋之言阍也，阍者，古主门官也。光禄主宫门。”《初学记》：“光禄卿”条引《齐职仪》中曰：“初秦置郎中令，掌宫殿门户。及主诸郎之在殿中侍卫。”

这说明“郎中令”一职在秦和西汉初期被称之为光禄勋，至武帝太初元年（公元前104年）时，为了加强对皇帝安全警卫的力量，郎中令更名为光禄勋。

从上述史料中我们可知，郎中令的主要职责是负责宫廷门户的禁卫工作，负责皇帝的警卫安全，侍从于左右，同时由于郎中令护卫职责极重，因此皇帝对郎中令的选任都是非常之慎重，如《汉书·文帝纪》中记载：“皇帝即日夕入未央宫。夜拜宋昌为卫将军，领南北军，张武为郎中令，行殿中。”说明汉文帝在刚刚被立为皇帝之后，为了防止发生意外情况，确保自身的安全，在入住未央宫的当天晚上就将自己在代国的亲信张武立即任命为郎中令一职，可见郎中令对于皇帝安全的重要性不言而喻，而且“行殿中”是其工作职责范围之内，名正言顺，也是其负责皇帝安全警卫工作的明证。

“郎中令”一职于汉武帝太初元年更为“光禄勋”，《汉书·百官公卿表》中记载：

> “期门掌执兵送从，武帝建元三年初置，比郎，无员，多至千人，有仆射，秩比千石。平帝元始元年更名虎贲郎，置中郎将，秩比二千石。羽林掌

① 朱绍侯：《中国古代治安制度史》，河南大学出版社1994年版，第145~146页。

② 张金龙：《两汉魏晋南北朝的文官、武官与禁卫武官释义》，载《江海学刊》2001年第3期，第130页。

送从，次期门，武帝太初元年初置，名曰建章营骑，后更名羽林骑。又取从军死事之子孙养羽林，官教以五兵，号曰羽林孤儿。”

说明在汉武帝以后，光禄勋的属官中增设期门、羽林二军，期门建于建元三年（公元前138年），主要选自北地、陇西等边郡地区具有骑射能力的良家子弟，人数多的时候可以达到千人左右，又被称之为“期门武士”或“期门郎”。

期门的主要任务是在宫殿门前负责警卫并扈从皇帝出行，从而加强了光禄勋在维护治安时的力量。

光禄勋有两大基本职责：

第一是掌管皇宫殿内警卫，据《汉书·百官公卿表》中记载：

“郎掌守门户，出充车骑，有议郎、中郎、侍郎、郎中，皆无员，多至千人。……郎中有车、户、骑三将，秩皆比千石。……仆射，秦官，自侍中、尚书、博士、郎皆有。古者重武官，有主射以督课之，军屯吏、验、宰、永巷宫人皆有，取其领事之号。”

第二是郎官之首，具体负责统率诸郎官，充当皇帝随身顾问的人员：

“郎，掌守门户，出充车骑，有议郎、中郎、侍郎、郎中”。

——《汉书·百官公卿表》

“大夫掌论议，有太中大夫、中大夫、谏大夫，皆无员，多至数十人。武帝元狩五年初置谏大夫，秩匕又百石，太初元年更名中大夫为光禄大夫，秩比二千石，太中大夫秩比千石如故。……谒者掌宾赞受事，员七十人，秩比六百石，有仆射，秩比千石。”

——《汉书·百官公卿表》

由于这些“郎”有秩级，因此又被称之为“郎官”。负责守护殿门的是中郎、侍郎和郎中，为皇帝以备顾问建议的是议郎，因为这些人平时在皇帝身边做警卫，更容易接近皇帝本人，于是便有“近水楼台先得月”的便利条件。

东汉时期，光禄勋职掌依然如西汉，《后汉书·百官志》中对其具体职责有如下记载：“光禄勋，卿一人，中二千石。”本注曰：“掌宿卫宫殿门户，典谒署郎更直执戟，宿卫门户，考其德行而进退之”。

说明东汉时期的光禄勋也是负责宫殿门户的禁卫工作，对皇帝的安全负责，但通过分析史料中的“考其德行而进退之”，我们发现，东汉时期，光禄勋增加了一项职责，即要负责郎官的考核工作，对郎吏们的道德品质、工作成效做出定期考核与评价，并以考评的最后结果进行做出升职或罢黜的决定，据《后汉·书陈王列传》中记载："自（陈）蕃为光禄勋，与五官中郎将黄琬共典选举，不偏权富，而为世家郎所谮诉，坐免归。"陈藩与黄琬参加典选是以光禄勋的身份参加的，这一切都足以充分说明东汉时期光禄勋开始具有官吏典选的权利，说明其权力在逐渐扩大。

在光禄勋职责发生变化时，我们依据史料记载，发现东汉光禄勋属官之一的"谒者"的地位也发生了变化，据《后汉书·袁绍传》中记载："坐召三台，专制朝政。"李贤注引《晋书》曰："汉官，尚书为中台，御史为宪台，谒者为外台，是谓三台。"说明在东汉后期"三台"之一的"谒者"开始掌握着国家朝政大权。

光禄勋手下的另外重要属官之一便是"五官左右中郎将"，《初学记·职官部》引《汉旧仪》曰："郎中令，属官有五官中郎将，左、右中郎将，曰三署。署中各有中郎、议郎、侍郎、郎中，皆无员。外多至千人，主执戟卫宫陛，及诸虎贲、羽林郎皆属焉。谓之郎中令者，言领诸郎而为之长。"《后汉书·和帝纪》："引三署郎召见禁中。"李贤注引《汉官仪》："三署谓五官署也，左、右署也，各置中郎将以司之。郡国举孝廉以补三署郎，年五十以上属五官，其次分在左、右署。"

地位低于中郎将的是车、户、骑三将，《汉书·百官公卿表上》中记载："郎中有车、户、骑三将。"颜师古注引三国魏如淳曰："《汉仪注》：郎中令主郎中，左右车将主左右车郎，左右户将主左右户郎也。"

"车、户、骑三将"各有所司，分别为管车郎、户郎、骑郎。车将主要职掌护卫，保证皇帝车辇在出行过程中的突发事件的处理及安全；户将的职责是负责警卫宫殿的门户，防止非法进入；骑将主管骑乘的扈从安全。

车、户、骑三将的职能与其他诸郎多有重叠之处，这种情况至东汉时开始发生了变化，据《后汉书·百官志》中记载："旧有左右户将，别主左右户直郎，建武以来省之。""中兴但以郎兼，事讫罢，又省车、户、骑凡三将，及羽林令。"

二、卫尉

卫尉是汉朝九卿之一，具体负责统领汉朝南北军中的南军，其主要职掌殿门之外，宫门之内的警备工作，其治安职责也是相当重大，《汉书·百官公卿表》载：

“卫尉，秦官，掌宫门卫屯兵，有丞。景帝初更名中大夫令，后元年复为卫尉。属官有公车司马、卫士、旅贲三令丞。卫士三丞。又诸屯卫候、司马二十二官皆属焉。长乐、建章、甘泉卫尉皆掌其宫，职略同，不常置。”

颜师古引《汉旧仪》云：“卫尉寺在宫内。”胡广云：“主宫阙之门内，卫士于周垣下为区庐，若今之仗宿屋也。”《汉官解诂》曰：“卫尉主宫阙之内，卫士于垣下为庐，各有员部。凡居宫中者，皆置籍于门，按其姓名，有医巫僦人当入者，本官长吏为封启，传审其印信，然后内之。人有籍者，皆复有符，用木长二寸，以所长官两字为铁印分符。当出入者，按籍毕，复齿符乃引内之也。其有官位得出入者，令执御者各传呼，前后以相通，从昏至晨分部行夜。夜有行者辄前曰：‘谁！谁！’若此不懈，终岁更始，所以重慎宿卫也。”

由上述史料我们可知，汉代卫尉的职责主要是掌管宫门警卫，护卫皇宫的安全。从宫门至殿门外地区，大约都是卫士守备巡警的范围。① 而且其具体的办公地点也在皇宫内，其武装力量主要来自南军，由南军构成。

汉代中央的军事主体是南、北二军，其中由中尉所统领的北军其职责是守卫京师，由于其屯兵于汉长安城北面，因此称其为北军。相反，南军屯兵与长安城南，故此而得名南军。西汉初南军总兵力约为 2 万余人，至武帝时缩减为万余人。②

卫尉和光禄勋虽然都有警卫的作用，但是两者所负责的范围还是有所差异的，光禄勋是职掌殿内的安全警卫工作，而卫尉则是职掌宫殿外的警卫工作，《文献通考·兵考》中就有二者差异的明确记载：“殿外门舍属卫尉，殿内门舍属光禄勋，职之相关，特有内外之别耳。”

卫尉手下的属官主要是卫士令和丞，两者直接统率宫内警卫的卫士，卫士休息的营地通常也在宫墙之下。到东汉时期，卫士又被划分为“南宫卫士令”和“北宫卫士令”。据《后汉书·百官志》中记载：“（南宫卫士令）官名，东汉置，属卫尉，俸六百石，掌南宫卫士。有丞一人，吏员九十五人，卫士五百三十七人”“（北宫卫士令）官名，东汉置，属卫尉，秩六百石，掌北宫卫士，徼巡宫中。有丞一人，属吏七十二人，卫士四百七十一人。”《后汉书·朱晖传》：“帝闻壮之。及当幸长安，欲严宿卫，故以晖为卫士令。”

卫尉手下属官还有“公车司马令、丞”，又简称“公车令”，《汉书·百官公卿表》中记载：“卫尉，秦官，掌宫门卫屯兵，有丞。景帝初更名中大夫令，后

① 黄今言：《东汉中央直辖军的改革》，载《安徽史学》1996 年第 2 期，第 23 页。

② 劳干：《论汉代的卫尉与中尉兼论南北军制度》，载《历史语言研究所集刊》1958 年第 29 本（下），第 454～457 页。

元年復为卫尉。属官有公车司马、卫士、旅贲三令丞。”颜师古注引《汉官仪》曰：“公车司马掌殿司马门、夜徼宫中，天下上事及阙下凡所征召皆总领之。”《后汉书·百官志》则曰：“公车司马令一人，六百石。本注曰：掌宫南阙门，凡吏民上章，四方贡献，及征诣公车者。”说明公车令不但要负责臣民的上书和求见皇帝之外，还要职掌宫门的定时启闭工作，并随时对出入宫门内外的所有人员进行检查。

卫尉手下属官还有“旅贲令丞”，《汉书·百官公卿表》载卫尉：“属官有公车司马、卫士、旅贲三令丞。”颜师古注：“旅，众也。贲与奔同，言为奔走之任也。”其职责主要是担负与殿内、宫外的来往信息联络的任务。

卫尉属官再有就是诸屯司马、卫司马、候司马共二十二官，《汉书·百官公卿表》中记载：“又诸屯卫候、司马二十二官皆属焉。”分别率领一支队伍，进行侦察与巡逻，共同负责守卫着皇宫中各处的安全。

汉朝在保护皇帝安全时，除卫尉外，还有其他一些皇宫的卫尉，如甘泉卫尉，职责是守护甘泉宫；长乐卫尉，其职责是守护长乐宫；建章卫尉，其职责是守护建章宫，这些卫尉均有其相对独立性，而不是九卿之一的卫尉的属官。

三、中尉（执金吾）

秦朝时期，为了保卫皇帝的安全，中尉负责皇帝皇宫之外的京城警卫工作，“汉承秦制”西汉时期的京城的卫戍警卫也是由中尉来具体负责的，由于该军队主要屯住于当时长安城之北，所以这一支军队又称之为“北军”。

据《汉书·百官公卿表》中记载：“中尉，秦官，掌徼循京师，有两丞、候、司马、千人。武帝太初元年更名执金吾。属官有中垒、寺互、武库、都船四令丞。都船、武库有三丞，中垒两尉。又式道左右中候、候丞及左右京辅都尉、尉丞兵卒皆属焉。初，寺互属少府，中属主爵，后属中尉。自太常至执金吾，秩皆中二千石，丞皆千石。”颜师古注曰：“天子出行，职主先导，以御非常。”颜师古注引三国魏如淳曰：“所谓游徼，徼循禁备盗贼也。”颜师古注曰：“应劭曰：‘吾者，御也，掌执金革以御非常。’金吾，鸟名也，主辟不祥。天子出行，职主先导，以御非常。故执此鸟之象，因以名官。”

西汉当时的中尉所领导的北军，人数有几万人之多，而且其职责主要是在长安城内进行巡逻，负责皇帝大臣警卫、仪仗，监察非法事件，掌管治安秩序的维护，对稳定京城社会的治安具有非常重要的作用。

在武帝太初元年（公元前104年）将中尉一职更名为“执金吾”，而且其具体的治安职责不变，仍然是“备盗贼”“以御非常”。

至东汉时期，鉴于执金吾一职的重要性，所以东汉时期该职位也仍然存在着。《后汉书·百官志》中记载："执金吾一人，中二千石。"本注曰："掌宫外戒司非常水火之事。月三绕行宫外，及主兵器。"胡广曰："尉巡行宫中，则金吾徼于外，相为表里，以擒奸讨猾。"《后汉书·百官志》的刘昭注载："执金吾缇骑二百人，持戟五百二十人，舆服导从，光满道路，群僚之中，斯最壮矣。"

说明东汉时期的执金吾也负责稽查京城，备盗贼，维护京城洛阳城的社会治安稳定，而且执金吾有自己的专门服装，出行的时候则会有二百人的骑兵队伍随从，甚是壮观，因此《后汉书·皇后纪》中记载光武帝刘秀当年的"仕宦当做执金吾，娶妻当娶阴丽华"的人生梦想与希望。

在汉代时期曾经有许多人曾出任过执金吾一职，如宁成、郅都、王温舒等人，他们往往是用法严酷，《汉书·酷吏列传》中对他们的行为有所记载，如郅都："都行法不避贵戚，列侯宗室见都侧目而视，号曰苍鹰"；宁成："上召成为中尉。其治效郅都，其廉弗如，然宗室豪杰人皆惴恐。"；王温舒："至于中尉则心开。督盗贼，素习关中俗，知豪恶家，虽有奸如山，弗犯；无势者，贵戚必侵辱。舞文巧诋下户之猾，以焄大豪。其治中尉如此。奸猾穷治，大抵尽靡烂狱中，行论无出者。"这些人的行为对维护当时京城的社会治安起着一定的积极作用。

另外，从《汉书·百官公卿表》中的"掌宫外戒司非常水火之事"一句来看，执金吾还负责京城中水灾、火灾的预防与治理，必要时进行紧急的救灾，以免引发更大的对京城治安不利的事件。

执金吾在维护京城治安中还有一项非常重要的职能，那就是"主兵器"，对武器进行负责管理，汉代对武器进行直接管理的是武库令，然而武库令隶属于执金吾，《汉书·百官公卿表》中记载："武帝太初元年更名执金吾。属官有中垒、寺互、武库、都船四令丞。"《后汉书·百官志》中记载："武库令一人，六百石"本注曰："主兵器。丞一人"。

汉政府能将武器的管理权交由执金吾，足以说明统治者对该职位的重视程度，也从侧面说明了执金吾在维护汉代城市治安所起到的巨大作用。

执金吾为了更好地维护汉代京城的治安秩序，提高其办事效率，所以在处理罪犯时是具有逮捕和处置权的。《汉书·晁错传》中记载："后乃使中尉召错，绐载行市。错衣朝衣，斩东市。"通过执金吾斩杀晁错于东市的事件来看，我们能够知道其权力之大。

执金吾还设有自己关押罪犯的监狱，《汉书·百官公卿表上》中记载："中尉……武帝太初元年更名执金吾。属官有中垒、寺互、武库、都船四令丞。"《汉书·王嘉传》记载汉哀帝时期丞相王嘉有罪："廷尉收嘉丞相新甫侯印绶，缚嘉载至都船诏狱。”颜师古注引如淳曰：“都船狱令，治水官也。”都船狱令就是主管执金吾下属主管都船狱的官员，可见是有监狱设置的。

西汉时期的执金吾负责领导北军，其职责主要是负责警卫皇宫之外京城的治安，北军与南军的士兵来源是有所差异的，南军士兵来源于郡县征兵制征发来的良家子弟，汉代每年需要关东各地的郡国进行征兵，服兵役是汉代百姓的一种常态化，而且通常是一岁一轮岗。北军士兵的挑选则主要来自汉代的京师地区以及三辅地区的正卒，汉代在南北二军的兵员上之所以有区别的原因是有其政治目的的。

《文献通考·兵制》中记载：

> “郡国去京师为甚远，民情无所适莫，而缓急为可恃。故以之卫宫城，而谓之南军。三辅距京师甚迩，民情有闾里墓坟族属之爱，而利害必不相弃。故以之护京城，而谓之北军。其防微杜渐之意深矣。”

《玉海·兵制》中也记载：

> “汉宫城内为南军，宫卫屯兵属焉，卫尉主之。宫城门外为北军，京辅兵属焉，中尉主之。”

从文献记载我们不难看出，北军士兵征选的来源以及被安排在京城内巡察，其根本目的是出于稳定京城治安秩序效果最大化而考虑的，可见，在汉武帝置三辅都尉前，北军维护治安范围是很广的，不仅是京城的治安，而且还涵盖了京畿地区的治安。

四、北军八校尉

西汉在武帝执政时期，社会形势有些动荡不安，于是为了加强对京城的治安，于太初元年（公元前104年）将中尉更名执金吾的同时，又创设了八校尉兵团，屯驻于京城及附近，以加强北军的治安防控兵力。

这八校尉在《汉书·百官公卿表》中记载：

> “中垒校尉掌北军垒门内，外掌西域。屯骑校尉掌骑。步兵校尉掌西域。屯骑校尉掌骑士。步兵校尉掌上林苑门屯兵。越骑校尉掌越骑。长水校尉掌长水宣曲胡骑。又有胡骑校尉，掌池阳胡骑，不常置。射声校尉掌待诏射声

士。虎贲校尉掌轻车。凡八校尉，皆武帝初置，有丞、司马。自司隶至虎贲校尉秩皆二千石。”

八校尉之间互不统属，每一校尉的兵力将近千余人，而且这些士兵主要来自从地方征募而来的精锐，并且不像北军一年一更替，八校尉的士兵属于职业兵，是需要长期服役的，这是募兵制下的产物。

八校尉虽然名义上仍属北军，但统帅权却不是执金吾，而是要受命于皇帝所派的“监军御史”直接领导和指挥。汉朝为加强对军队的掌控，经常会派职司监察的近臣外出监领军队，因此称其为“监军御史”，至东汉时将其称之为“督军御史”。西汉武帝时期，曾以任安充任监北军使者，掌监北军事务，《汉书·刘屈氂传》中记载：“太子召监北军使者任安发北军兵，安受节已，闭军门不肯应太子。”

除北军八校尉之外，还有外族士兵，如长水、越骑、胡骑校尉所统领的军队，这些军队人员就是属于外族士兵。

五、西苑八校尉

东汉末年时期，由于统治者昏庸、政治黑暗腐败、土地兼并现象严重，最终导致了以道教为宗教组织形式的黄巾大起义，为加强京师洛阳地区的治安秩序，同时也为了削弱外戚大将军何进兵权，于是汉灵帝曾下达诏书欲在全国范围内进行征兵，以便增强京师的兵力布控。

《后汉书·孝灵帝纪》中记载：“中平五年八月，初置西园八校尉”，也就是在中平五年（公元188年）八月份，在洛阳西园开始进行招募壮丁，组建成立新的卫戍部队，分别由校尉统领并驻扎在西苑，历史上将其称之为“西苑八校尉”。

袁宏在《后汉纪·灵帝纪·中平五年》对此记载到：“秋八月，置西园三军及典军、助军。以小黄门蹇硕为上军校尉，虎贲中郎将袁绍为中军校尉，屯骑校尉鲍（鸿）（洪）为下军校尉，（一）议郎曹操为典军校尉，（二）初黄巾起，上留心戎事，硕壮健，有武略，故亲任之，使为元师，典护诸将，大将军已下皆令属焉。”

八校尉最高领导权归蹇硕，总管各军，并直接受命于皇帝，“西苑八校尉”的设立对加强东汉京城洛阳的治安力量具有重要作用，同时从中也可窥见东汉宦官权力之大，“宦官完全掌握了中央的军权，皇帝的贴身侍卫也由宦官所代替。”① 但是

① 朱绍侯：《略论秦汉中央三级保卫制》，载《南都学坛》1989年第4期，第9页。

不久灵帝去世，少帝即位，东汉政权内部各力量进行了权力的斗争，西苑八校尉这只武装力量最终随着曹操等人被迫出逃，而最终瓦解。

六、城门校尉

汉朝在加强京城治安的过程中，除了执金吾、八校尉之外，还设置有一种不可或缺的军事力量，即所谓的“城门校尉”。《汉书·百官公卿表》中记载：“城门校尉，掌京师城门屯兵，有司马，十二城门候。”城门校尉于汉武帝时开始设置，城门校尉主要负责监管警卫京城的各处城门，由于城门是京城治安防控的重要地点之一，对其加强管理就显得尤为重要，东汉光武帝时沿置之。

为了加强对京城治安秩序的维护，在有特殊情况发生的时候需要对城门进行加强看守，如汉武帝时期的戾太子“巫蛊之乱”。《汉书·公孙贺传》中记载：“诸太子宾客，尝出入宫门，皆坐诛。其随太子发兵，以反法族。吏士劫略者，皆徙敦煌郡。以太子在外，始置屯兵长安诸城门。后二十余日，太子得于湖。”其中，“始置屯兵长安诸城门”这就是在非常时期加强城门的防控。

从史料记载来看，历任城门校尉多为外戚或者是宠贵所担任，《汉书·张世安传》中记载：“张世安为卫将军，城门、北军兵属焉。”《汉书·孔光传》记载西汉末年出任太师之职的孔光也曾经“领城门兵”，城门校尉、执金吾、北军中候之间互不统属、互相牵制，共同构成了防护京城治安的有效系统。

除了京师驻守有卫戍军队外，东汉时期还在其他具有重要位置的处所置立屯营，设立常备军，如东汉光武帝就曾设立有两营，第一个是“黎阳营”，第二个是“雍营”，用以加强对关中地区的镇守。《后汉书·百官志》注引《汉官仪》曰：“世祖以幽、并州兵骑定天下，故于黎阳立营，以谒者监之，兵骑千人，复除甚重。”

《后汉书·安帝纪》中记载：“（永初四年二月）乙丑，初置长安、雍二营都尉官。”注：“《汉官仪》曰：京兆虎牙、扶风都尉，以凉州近羌，数犯三辅，将兵卫护园陵。扶风都尉居雍县，故俗人称雍营焉。”这种情况是东汉时期所独有的。

汉代在维护京城治安秩序过程中，如果一旦遇到特殊情况时，京师地区的所有兵备力量不足之时，汉政府会从地方的郡县进行征调派遣。《汉书·高帝纪》中就记载了在公元前196年淮南王英布谋反时，刘邦欲亲征，在出发之前：“上乃发上郡、北地、陇西车骑，巴、蜀材官及中尉卒三万人为皇太子卫，军霸上。”这是为了拱卫京师长安的安全，保护太子的一种临时安排。

当发生意外情况之时，汉政府也会采取相应的紧急应对举措，如《汉书·匈

奴列传》中记载："及孝文时，匈奴侵暴北边，候骑至雍甘泉，京师大骇，发三将军屯细柳、棘门、霸上以备之，数月乃罢。"《汉书·周亚夫传》对此也记载："文帝六年，匈奴大入边。以宗正刘礼为将军军霸上，祝兹侯徐厉为将军军棘门，以河内守亚夫为将军军细柳，以备胡。"这说明西汉长安城在受到匈奴严重威胁之时，于是将周亚夫等人调入长安地区，驻防京城，防止意外发生。

第二节　三辅地区治安机构

一、京兆尹、左冯翊、右扶风

汉承秦制，西汉时期的"三辅"又称之为"三秦"，主要指西汉在武帝时期至东汉末年的这段期间，负责治理京师京畿地区的三位官员主要有：京兆尹、左冯翊、右扶风，与此同时也是指这三位官员管辖的京兆尹、左冯翊、右扶风三个地区。

汉王朝在加强京城治安维护的过程中，也对京畿地区的治安情况给予高度重视，因为汉朝京畿主要指的是首都所在地区，西汉时期是指以关中为主的三辅京畿地区，东汉时期则是指以洛阳为中心的河南地区，这些地区是当时政权的政治、经济、文化中心，在治安的维护上也是要特别给予重视的。

西汉初年以内史治理京师，公元前155年，汉景帝把长安京畿地区划分为左内史、右内史，进行分区治理，这种分区治理的情况持续大约五十余年时间，到公元前104年，情况又发生了新变化，在汉武帝执政的太初元年，西汉长安所在的京畿地区由原来的左、右内史两部又被细划为三部："京兆尹""左冯翊""右扶风"。

《汉书·地理志》中记载："京兆尹，故秦内史，高帝元年属塞国，二年更为渭南郡，九年罢，复为内史。武帝建元六年分为右内史，太初元年更为京兆君……左冯翊，故秦内史，高帝元年属塞国，二年更名河上郡，九年罢，复为内史。武帝建元六年分为左内史，太初元年更名左冯翊……右扶风，故秦内史，高帝元年属雍国，二年更为中地郡。九年罢，复为内史。武帝建元六年分为右内史，太初元年更名主爵都尉为右扶风。"

将原来左内史改称之为"左冯翊"，治所在今西安市东北部地区，依据《汉书》中所载，左冯翊共管辖13城，24县、3万于户，其职掌相当于郡太守，其具体的辖区在当时相当于一个郡，具体的辖区大约是：约在今天的陕西泾河以东、渭河以北、洛河中下游地区，而且因其地理位置特殊，所以历史不以郡相称之，东汉时期之后其治所移到了高陵。

改右内史为“京兆尹”，将原来右内史的东半部地区单独划分出来作为其辖区，其具体管理大概在今西安以东，渭河以南，治所在长安，京兆尹是可以参与朝议的，在隶属关系则隶属于司隶校尉。

于太初元年将汉景帝时的都尉更名称之为“右扶风”，主要是取其“扶助风化”意义。其具体的辖区主要在秦岭以北，鄠县、咸阳、栒邑以西地区，治所在西安市西北部，到了东汉时期其治所则移治槐里。

三辅之长官对京畿地区进行分区治理，说明汉政府主要考虑到该地区是较难治理的，在三辅地区中居住的往往是功臣、贵戚、富商大贾，这样相对于其他地区的治安维护情况来说，京畿地区的治安难度极大，是比较难以治理的。

在治安难度较大的三辅地区之中，数京兆尹的治理难度更大。《汉书·张敞传》中记载：

> “京兆典京师，长安中浩穰，于三辅尤为剧。郡国二千石以高弟入守，及为真，久者不过二三年，近者数月一岁，辄毁伤失名，以罪过罢。唯广汉及敞为久任职。”

说明京兆尹职责是负责治理京师治安的维护，由于三辅地区的人口密度较大，导致人口成分也较为复杂，三教九流充斥其中。各郡国秩级在二千石的官吏，分别各以在郡国所取得的优异政绩为背景入京试任，等试用期满并转为正职之后，在这些任职京兆尹的诸多人中，任职时间长的不过二三年，时间短暂的也就几个月，究其原因是受到了来自各方面的人身攻击，并最终因罪过而被罢免，在这些任职的人中，也只有赵广汉和张敞任职相对要久些，充分证明了三辅长官常常处于夹缝中，会受到来自各方面的攻击与非议，最终的结局通常是不理想的，难以久任此职，可见其治安情况的复杂和棘手。

这种情况至东汉时期也没有好转，东汉建都河南洛阳，治理京畿社会治安的是河南尹。因河南尹在维护京畿社会治安中的职责重大，因此在人选上往往是非常谨慎的，如《后汉书·王梁传》中记载光武帝刘秀在任命王梁为河南尹时：“乃下诏曰：‘梁前将兵征伐，众人称贤，故擢典京师。’”王梁之所以能被任命河南尹一职，是因为前有武功，后有声誉，因此才最后被刘秀亲自任命。东汉在顺帝执政时期，为了巩固外戚梁氏的权势，任命当时的外戚梁冀为河南尹，后又任命梁冀的弟弟梁不疑为河南尹，可见河南尹一职的权力之重及其重要作用。

西汉时期的京兆尹、左冯翊、右扶风在治理京畿地区治安秩序中，首先是缉

捕盗贼，如《汉书·尹翁归传》中记载了尹翁归在担任右扶风时：“（尹）翁归治东海明察，郡中吏民贤不肖，及奸邪罪名尽知之。县县各有记籍。”不久之后，尹翁归担任了京畿地区的右扶风，“治如在东海故迹，奸邪罪名亦县县有名籍。盗贼发其比伍中，翁归辄召其县长吏，晓告以奸黠主名，教使用类推迹盗贼所过抵，类常如翁归言，无有遗脱。缓于小弱，急于豪强。豪强有论罪，输掌畜官，责以员程，不得取代。不中程，辄笞督，极者至自刭而死。京师畏其威严，扶风大治，盗贼课常为三辅最。”尹翁归在治理右扶风时，本身该地区的治安就非常难以管理，但是他能将右扶风地区的社会治安治理成“为三辅最”的理想状态，这是非常不容易的，究其原因是尹翁归有自己的一套独特的管理方法，如上面史料中提到的“奸邪罪名亦县县有名籍”，有专门记载犯罪分子的档案，当治安事件发生后再使用“教使用类推迹盗贼所过抵”的方法，最终使得右扶风地区的社会治安得到了较好的控制，这也在侧面说明尹翁归具备治理右扶风的能力，汉政府在选择右扶风人选的人事安排上无疑是成功的。

张敞在担任京兆尹时，也是大力地整治长安偷盗，稳定治安秩序，《汉书·张敞传》中对此有详细的记载：

> 是时，颍川太守黄霸以治行第一入守京兆尹。霸视事数月，不称，罢归颍川。于是制诏御史：“其以胶东相敞守京兆尹。”自赵广汉诛后，比更守尹，如霸等数人皆不称职。京师渐废，长安市偷盗尤多，百贾苦之。上以问敞，敞以为可禁。敞既视事，求问长安父老。偷盗酋长数人，居皆温厚，出从童骑，闾里以为长者。敞皆召见责问，因贳其罪，把其宿负，令致诸偷以自赎。偷长曰：“今一旦召诣府，恐诸偷惊骇。愿一切受署。”敞皆以为吏，遣归休。置酒，小偷悉来贺，且饮醉，偷长以赭污其衣裾。吏坐里闾阅出者，污赭辄收缚之，一日捕得数百人。穷治所犯，或一人百余发，尽行法罚。由是桴鼓稀鸣，市无偷盗，天子嘉之。

从史料中我们可以看出，黄霸等人在治理京兆尹治安过程中的“不称职”，也就可知京兆尹的难治理的程度了，而张敞到任以后，先从“长安父老”中了解基本的情况后，作出了“令致诸偷以自赎”的安排计划，最终实现了“市无偷盗，天子嘉之”的理想治安效果。

西汉时期的三辅地区是非常重要的区域，社会治安秩序稳定与否则会直接关系到汉代政权的稳定，所以该地区远非一般郡县所能比拟的，可以说是汉代的特别行政区。京兆尹、左冯翊、右扶风其名为地方官，但秩级却等同九卿，又有资格参与朝议，实际具有中央官的性质。

二、三辅都尉

三部合称为“三辅”，汉代为了加强对京畿地区的治安秩序管控，先后设立了“三辅都尉”和“河南都尉。”

汉朝为了强化对三辅地区的治安管理，据《汉书·百官公卿表》记载：“元鼎四年更置三辅都尉、都尉丞各一人。”即设置了“左辅都尉”“右辅都尉”“京辅都尉”，但在行政隶属关系上，三辅都尉却不隶属于京兆尹、左冯翊、右扶风，而是隶属于执金吾。

设立三辅都尉的主要目的是出于维护京畿地区的社会治安考虑，因为其主要职责是逮捕盗贼，维护社会秩序的稳定，“他的设立说明西汉政府开始改变京畿的治安体系。西汉前期由中尉一人负责京畿地区的治安任务时代已不存在，现在已由左、右、京辅都尉掌管，中尉虽然名义上仍是三辅都尉的长官，但中尉的军事权力已经逐渐被各个都尉所分割，这正反映了西汉政府的分权统治思想。”①

三辅都尉均有自己独立的办公场所，而且其具体的治所所在地不与三辅官的治所相同，据《三辅黄图》所载：“京兆，在故城南尚冠里。冯诩，在故城内太上皇庙西南。扶风，在夕阴街北。三辅者，谓主爵中尉及左、右内史。汉武帝改曰京兆尹、左冯翊，右扶风，共治长安城中，是为三辅，三辅郡皆有都尉，如诸郡。京辅都尉治华阴，左辅部尉治高陵，右辅都尉治郿。”

三、河南都尉

刘秀将东汉政权的首都定于洛阳，那么洛阳地区的社会治安情况就成为东汉政府所重视的问题，为了加强对京城洛阳的社会治安秩序的维护，同东汉其他郡县设有都尉一职一样，在洛阳也设有河南都尉一职。河南都尉的职责主要是负责京师洛阳地区社会秩序的监管和预防。

河南都尉下属的官员还有“洛阳北部尉”和“洛阳左部尉”等职，据《三国志·魏书·武帝纪》中记载曹操：“年二十，举孝廉为郎，除洛阳北部尉，迁顿丘令。”当曹操上任洛阳北部尉之后，为了强化对洛阳地区的社会治安环境整治，于是开始：“缮治四门。造五色棒，县门左右各十余枚，有犯禁者，不避豪强，皆棒杀之。后数月，灵帝爱幸小黄门蹇硕叔父夜行，即杀之。京师敛迹，莫敢犯者。近习宠臣咸疾之，然不能伤，於是共称荐之，故迁为顿丘令。”

① 谢彦明：《秦汉京师制度研究》，首都师范大学硕士学位论文，2005 年，第 15 页。

汉代有禁止夜晚行走的禁夜制度，而当时权贵宦官蹇硕的叔父夜行，结果被曹操抓住后给直接杖杀了，这对当时的权贵来说具有非常大的震慑力，于是最终受到了“京师敛迹，莫敢犯者”的良好治安环境。

《后汉书·张宗传》中记载：“光武以宗为京辅都尉，将突骑与征西大将军冯异共击关中诸营保，破之，迁河南都尉。建武六年，都尉官省，拜太中大夫。”说明东汉在建武六年（公元30年）由于相关的机构进行调整，省去了都尉一职，因此河南都尉也随之被取消。

第三节 刺史州部治安机构

汉朝的地方行政系统长期是实行郡县两级管理制度，郡之上还有一个监察区的“州”，汉武帝以后京畿地区的行政长官之上又设有司隶校尉一职，以督察京城地区的社会治安秩序，到东汉后期，监察官演变成地方高级行政长官，这样于是就形成了州—郡—县三级管理体制。

一、监察御史

西汉王朝在刚刚建立之初，各项制度处于草创阶段，首先在官职上取消了秦代监御史一职，但是不久汉朝就又将该制度恢复了，据《通典》中记载：“（监察御史）汉兴省之。至惠帝三年，又遣御史监三辅郡，察词讼，所察之事凡九条，监者二岁更之。常以十月奏事，十二月还监。其后诸州复置监察御史。文帝十三年，以御史不奉法，下失其职，乃遣丞相史出刺并督监察御史。”

监御史的主要职责是监察数郡，而且对所监察的结果每年都需要定期向中央政府进行汇报，据东汉卫宏的《汉旧仪》中记载：

> “相国奏遣御史监三辅不法事：词讼、盗贼、铸伪钱、狱不直、徭赋不平、吏不廉、吏苛刻、逾侈及弩力十石以上、作非所当服，凡九条。”

上述史料之中具体列出了监察御史的九项监察职能，可以说每一项都密切关乎当时的社会治安情况，所以监察御史的监察内容往往被后世称之为“监御史九条”。

二、州刺史

秦朝时期每个郡都设有御史一职，其主要职责是负责监察事务，到西汉初年时省去，之后不久在汉惠帝执政时期又重新设立，至汉文帝时因为御史在监察各郡时往往出现失职行为，于是为了改变这种情况，汉政府另派出相关人员出刺各地，虽然这种情况在当时还不是定制。《汉书·武帝纪》中记载："元封五年，初置刺史部十三州。"颜师古注曰："《汉仪》云：初分十三州，假刺史印绶，有常治所。常以秋分行部，御史为驾四封乘传。到所部，郡国各遣一吏迎之界上，所察六条。"

《汉书·百官公卿表》中对此事记载也颇为详细：

> "武帝元封五年初置部刺史，掌奉诏条察州，秩六百石，员十三人。成帝绥和元年更名牧，秩二千石。哀帝建平二年复为刺史，元寿二年复为牧。"

颜师古注曰：

> "《汉官典职仪》云：刺史班宣，周行郡国，省察治状，黜陟能否，断治冤狱，以六条问事，非条所问，即不省。一条，强宗豪右田宅逾制，以强凌弱，以众暴寡。二条，二千石不奉诏书遵承典制，倍公向私，旁诏守利，侵渔百姓，聚敛为奸。三条，二千石不恤疑狱，风厉杀人，怒则任刑，喜则淫赏，烦扰刻暴，剥截黎元，为百姓所疾，山崩石裂，祆祥讹言。四条，二千石选署不平，苟阿所爱，蔽贤宠顽。五条，二千石子弟恃怙荣势，请托所监。六条，二千石违公下比，阿附豪强，通行货赂，割损正令也。"

汉武帝元封五年（公元前106年）废除了诸郡监察御史一职，同时设置了刺史一职，负责监管全国十三部（州），每州各设置部刺史一人，后通称之为"刺史"。

刺史巡行郡县，"刺"的本义是检核问事之意，王莽称帝时期刺史则被改称为了"州牧"，其职权则进一步被扩大，由监察官变成地方军事行政长官，至东汉建武十八年（公元42年），则又将"州牧"再次更改为"刺史"。

这些说明西汉时期刺史的地位远在郡国之上，不受丞相掌控，而是直接隶属于中央的"御史中丞"和"御史大夫"，但是却没有固定的治所，到东汉时期出现了与以往多少有些差异的变化，首先，只设了十二人，州一人，剩下的一州归司隶校尉监察；其次，又将西汉刺史没有固定办公治所更改为各有自己具体的办公地点；最后，向中央奏事之时，可以不需要自己亲自前往，只需要派遣计吏代行就可以了。这说明了东汉时期的刺史与西汉时期相比出现一些异化。

同时刺史在监察职责中所谓的"六条问事"，在被授权的六项监察工作之中，主要是打击豪强地主对当时社会治安秩序的负面影响，以及地方官吏横征暴敛，

刺史需要对这些对社会治安构成严重威胁的因素和事件进行纠举，这其中特别是对“强宗豪右”进行打击，是否被地方官“阿附”，这对维护城市治安意义是非常重大的。

刺史在维护社会治安的实际过程中，其具体职责不仅是依据所谓的“六条”，而且是有所扩大的，有时候他们还可以直接领兵镇压对封建统治的反抗者。

如汉宣帝时期的张敞在担任冀州刺史时，就出现过领兵镇压反叛的事件，据《汉书·张敞传》中记载：“既到部，而广川王国群辈不道，贼连发，不得。敞以耳目发起贼名区处，谋诛渠帅。”最后的结果是“敞自将郡国吏，车数百辆，围守王宫，搜索调（刘调）等，果得之殿屋重轑中。”

《汉书·孙宝传》则记载了孙宝在担任益州刺史时，较好地处理了广汉地区的“群盗”事件：

> “鸿嘉中，广汉群盗起，选为益州刺史。广汉太守扈商者，大司马车骑将军王音姊子，软弱不任职。宝到部，亲入山谷，谕告群盗，非本造意。渠率皆得悔过自出，遣归田里。”

在当农业生产出现饥馑之时，往往会出现大量的乏食流民，如何处理和安置流民问题，有时候就成为刺史的职责了，如《汉书·平当传》中记载：

> “顷之，使行流民幽州。举奏刺史二千石劳徕有意者，言勃海盐池可且勿禁，以救民急。所过见称，奉使者十一人，为最。”

当面对大规模流民时，平当请求汉政府让流民去往幽州，以便解决民困问题。

刺史在维护城市治安中，有时候还要参与处理少数民族事务之中来，如《汉书·王尊传》中记载：“及尊为刺史……尊居部二岁，怀来徼外，蛮夷归附其威信。”就是一例。

由于汉代实行的“郡国并行”的制度，在地方上存在许多的诸侯王，而且有时诸侯王对中央政权构成了一定的威胁，所以刺史需要时刻防止诸侯王篡权事件的发生，《汉书·昌邑王传》就记载了昌邑王刘贺被废为海昏侯后：

> “数年，扬州刺史柯奏贺与故太守卒史孙万世交通，万世问贺：‘前见废时，何不坚守毋出宫，斩大将军，而听人夺玺绶乎？’贺曰：‘然。失之。’万世又以贺且王豫章，不久为列侯。贺曰：‘且然，非所宜言。’有司案验，请逮捕。”

西汉时期的刺史作为监察官员，既无治所，又无兵马，在维护社会治安时通常是通过监督郡县官员手段来实现的，至东汉时，则随着农民和少数民族反抗情况的加剧，更是出于治安维护上的需要，于是刺史开始逐渐具有了军事领导权，手下也有了僚属，《宋书·百官志》中记载：“刺史官属有别驾从事史一人，从刺史行部；治中从事史一人，主财谷簿书；兵曹从事史一人，主兵事；部从事史每郡各一人，主察非法。汉制也。”

东汉后期刺史更名为“州牧”，逐渐演变成了东汉时期的地方行政官员。

第四节　各地郡县治安机构

秦始皇在统一了关东六国之后，《史记·秦始皇本纪》中记载：

> “分天下以为三十六郡，郡置守、尉、监。……收天下兵，聚之咸阳，销以为钟鐻，金人十二，重各千石，置廷宫中。一法度衡石丈尺。车同轨。书同文字。”

说明秦始皇在统一全国之后进行了各项制度的改革，对促进秦帝国的繁荣打下了坚实的基础，而且对后世也产生了深远的影响，在改革的过程中，对全国的治理上实行了郡县统治的模式，改变了西周在统治上的分封制度，后来随着历史的发展，秦朝疆域的不断扩大其郡的数目增至四十余个。

“汉承秦制”两汉时期在对地方的管理与统治上，在承袭了秦的郡县制度的同时还积极地进行了适当的改革，即在郡县统治之外，又增加了与郡同级的“诸侯国”，分封了大量的异姓王和同姓王，这样汉代在建国初期出现了“郡国并行”的局面，不久刘邦就大力铲除异姓王，只保留有同姓王，汉朝统治实行分封同姓王的目的是为了加强“家天下”的刘姓江山，但是随着时间的推移，同姓诸侯王开始与中央政府对抗，产生了较大的离心力，对汉朝的统治秩序构成了一定的威胁。

汉文帝、景帝时期，为消除地方势力对中央的威胁，采取了一系列措施，如汉文帝采纳贾谊“众建诸侯而少其力”的建议，把齐国分成六个小王国，把淮南国分为三个小王国，以削弱其力量；汉景帝采纳晁错“削藩”的建议，削减了几个诸侯王的封区，这种做法最终导致了以“清君侧”为借口，以吴王刘濞为首的“七国之乱”，《汉书·刘濞传》中记载：“诸侯既新削罚，震恐，多怨错。及削吴会稽、豫章郡书至，则吴王先起兵……七国之发也，吴王悉其士卒”。

当吴楚七国之乱被平定之后，汉景帝下令取消了同姓诸侯王的治民之权，又减缩诸侯王的统治机构，降低王国官职的等级等等，使之成为中央直接管理的一级地方行政单位，基本上解决了刘邦实行诸侯王分封制度的弊病，到了汉武帝时期又实行了推恩令，《汉书·主父偃传》中记载："偃说上曰：'古者诸侯地不过百里，强弱之形易制。今诸侯或连城数十，地方千里，缓则骄奢易为淫乱，急则阻其强而合从，以逆京师。今以法割削，则逆节萌起，前日朝错是也。今诸侯子弟或十数，而適嗣代立，余虽骨肉，无尺地之封，则仁孝之道不宣。愿陛下令诸侯得推恩分子弟，以地侯之。彼人人喜得所愿，上以德施，实分其国，必稍自销弱矣。'于是上从其计。"这样就进一步削弱了同姓诸侯王的势力，从而加强了中央集权。

郡的长官为郡守和郡尉，县的长官是县令和县尉，均由当时汉政府任命，负责地方社会的治安维护。

一、郡中治安官员

（一）郡守

郡守是一郡之内最高的执政官员，要执行政府颁布的各项政策和法规，要对所监管的所属各县一切事物进行负责，在典籍中有大量的关于郡守的职责记载：

"郡守，秦官，掌治其郡，秩二千石。有丞，边郡又有长史，掌兵马，秩皆六百石。景帝中二年更名太守。"

——《汉书·百官公卿表》

"凡郡国皆掌治民，进贤劝功，决讼检奸。常以春行所主县，劝民农桑，振救乏绝。秋冬遣无害吏，案讯诸囚，平其罪法，论课殿最。岁尽遣吏上计。并举孝廉，郡口二十万举一人。"

——《后汉书·百官志》

"郡守，秦官。秦灭诸侯，随以其地为郡，置守、承、尉各一人。守治民，垂佐之。……汉景帝中二年，更名守曰太守，尉为都尉。"

——《宋书·百官志》

通过以上史料我们可以看出，汉代的郡守作为一郡之长官要："常以春行所主县，劝民农桑，振救乏绝。"在完成督促生产最为主要职能之外，还要负责维护社会治安秩序的稳定。

郡守有时候还要进行暗地私访，对郡内情况进行详细了解，《后汉·书羊续传》中记载：“（灵帝）中平三年拜续为南阳太守。当入郡界，乃羸服间行，侍童子一人，观历县邑，采问风谣，然后乃进。其令长贪洁，吏民良猾，悉逆知其状，郡内惊竦，莫不震慑。”

为了保障一郡之内的治安情况，各地郡守有时候会针对本郡具体情况制定相关的法律及法规，以便更好地打击违法犯罪，汉代颍川太守黄霸在其任期内的一些做法就是其中最为典型的例子：

> “霸为颍川太守。时上垂意于治，数下恩泽诏书，吏不奉宣。太守霸为选择良吏，分部宣布诏令，令民咸知上意。使邮亭乡官皆畜鸡豚，以赡鳏寡贫穷者。然后为条教，置父老师率伍长，班行之于民间。劝以为善防奸之意，及务耕桑，节用殖财，种树畜养，去食谷马。米盐靡密，初若烦碎，然霸精力能推行之。尝欲有所司察，择长年廉吏遣行，属令周密。吏出，不敢舍邮亭，食于道旁，乌攫其肉。民有欲诣府口言事者适见之，霸与语，道此。后日吏还谒霸，霸见迎劳之，曰：‘甚苦！食于道旁乃为乌所盗肉。’吏大惊，以霸具知其起居，所问豪牦不敢有所隐。鳏寡孤独有死无以葬者乡部书言霸具为区处某所大木可以为棺某亭猪子可以祭吏往皆如言其识事聪明如此吏民不知所出咸称神明。奸人去入它郡，盗贼日少。
>
> 霸力行教化而后诛罚，务在成就全安长吏。许丞老，病聋，督邮白欲逐之，霸曰：‘许丞廉吏，虽老，尚能拜起送迎，正颇重听，何伤？且善助之，毋失贤者意。’或问其故，霸曰：‘数易长吏，送故迎新之费及奸吏缘绝簿书盗财物，公私费耗甚多，皆当出于民，所易新吏又未必贤，或不如其故，徒相益为乱。凡治道，去其泰甚者耳。’霸以外宽内明得吏民心，户口岁增，治为天下第一。征守京兆尹，秩二千石。”
>
> ——《汉书·循吏传》

黄霸为了能够较好地治理颍川郡的社会秩序，通过“自设调教”等一套独特的做法，对当地社会治安情况了如指掌，经过不断努力最终达到了“治为天下第一”的效果，同时也正是因其有治民之材，才在最后被征选为京兆尹一职，因为京兆尹地区的治安情况向来较为难以治理，所以才选任真正有才能之人来担任京兆尹一职，可见汉代对社会治安的重视程度。

为了表彰黄霸在社会治安治理等方面特殊的功绩，皇帝特意向全国下达诏书，对其进行褒奖：

“天子以霸治行终长者，下诏称扬曰：‘颍川太守霸，宣布诏令，百姓向化，孝子弟弟贞妇顺孙日以众多，田者让畔，道不拾遗，养视鳏寡。赡助贫穷，狱或八年亡重罪囚，吏民向于教化，兴于行谊，可谓贤人君子矣。《书》不云乎？‘股肱良哉！’其赐爵关内侯，黄金百斤，秩中二千石。’”

像黄霸这样在城市治安秩序的治理和维护过程中得到较好效果的人，并得到当时政府认可的还有许多，如《汉书·循吏传》中所记载的汉宣帝时的渤海郡太守龚遂也是其中典型一例：

“宣帝即位，不久，渤海左右郡岁饥，盗贼并起，二千石不能禽制。上选能治者，丞相、御史举遂可用，上以为渤海太守。时，遂年七十余，召见，形貌短小，宣帝望见，不副所闻，心内轻焉，谓遂曰：‘渤海废乱，朕甚忧之。君欲何以息其盗贼，以称朕意？’遂对曰：‘海濒遐远，不沾圣化，其民困于饥寒而吏不恤，故使陛下赤子盗弄陛下之兵于潢池中耳。今欲使臣胜之邪，将安之也？’上闻遂对，甚说，答曰：‘选用贤良，固欲安之也。’遂曰：‘臣闻治乱民犹治乱绳，不可急也；唯缓之，然后可治。臣愿丞相、御史且无拘臣以文法，得一切便宜从事。’上许焉，加赐黄金，赠遣乘传。

至渤海界，郡闻新太守至，发兵以迎，遂皆遣还，移书敕属县悉罢逐捕盗贼吏。诸持锄钩田器者皆为良民，吏毋得问，持兵者乃为盗贼。遂单车独行至府，郡中翕然，盗贼亦皆罢。渤海又多劫略相随，闻遂教令，即时解散，弃其兵弩而持钩锄。盗贼于是悉平，民安土乐业。遂乃开仓廪假贫民，选用良吏，尉安牧养焉。

遂见齐俗奢侈，好末技，不田作，乃躬率以俭约，劝民务农桑，令口种一树榆，百本薤、五十本葱、一畦韭，家二母彘、五鸡。民有带持刀剑者，使卖剑买牛，卖刀买犊，曰：‘何为带牛佩犊！’春夏不得不趋田亩，秋冬课收敛，益蓄果实菱芡。劳来循行，郡中皆有蓄积，吏民皆富实。狱讼止息。

数年，上遣使者征遂，拜为水衡都尉。水衡典上林禁苑，官职亲近，上甚重之。以官寿卒。”

龚遂为了治理渤海郡的社会治安情况，他依据渤海郡的特殊情况，制定了一些具有针对性的措施，如在遇到盗贼时，能够解散盗贼，渤海郡在经过龚遂积极治理之后，最终出现了“郡中皆有蓄积，吏民皆富实。狱讼止息”的较好治理效果，使得渤海郡的社会治安秩序很快被稳定下来。

西汉时期的薛宣也是一位较有政绩的郡守，《汉书·薛宣传》中对其显赫功绩也有所记载：

“宣数言政事便宜，举奏部刺史郡国二千石，所贬退称进，白黑分明，繇是知名。出为临淮太守，政教大行。会陈留郡有大贼废乱，上徙宣为陈留太守，盗贼禁止，吏民敬其威信。入守左冯翊，满岁称职为真。

始高陵令杨湛、栎阳令谢游皆贪猾不逊，持郡短长，前二千石数案不能竟。及宣视事，诣府谒，宣设酒饭与相对，接待甚备。已而阴求其罪臧，具得所受取。宣察湛有改节敬宣之效，乃手自牒书，条其奸臧，封与湛曰：‘吏民条言君如牒，或议以为疑于主守盗。冯翊敬重令，又念十金法重，不忍相暴章。故密以手书相晓，欲君自图进退，可复伸眉于后。即无其事，复封还记，得为君分明之。’湛自知罪臧皆应记，而宣辞语温润，无伤害意。湛即时解印绶付吏，为记谢宣，终无怨言。而栎阳令游自以大儒有名，轻宣。宣独移书显，责之曰：‘告栎阳令：吏民言令治行烦苛，适罚作使千人以上；贼取钱财数十万，给为非法；卖买听任富吏，贾数不可知。证验以明白，欲遣吏考案，恐负举者，耻辱儒士，故使掾平镌令。孔子曰：‘陈力就列，不能者止。’令详思之，方调守。’游得檄，亦解印绶去。

又频阳县北当上郡、西河，为数郡凑，多盗贼。其令平陵薛恭本县孝者，功次稍迁，未尝治民，职不办。而粟邑县小，辟在山中，民谨朴易治。令巨鹿尹赏久郡用事吏，为楼烦长，举茂材，迁在粟。宣即以令奏赏与恭换县。二人视事数月，而两县皆治。宣因移书劳勉之曰：‘昔孟公绰优于赵魏而不宜滕薛，故或以德显，或以功举，‘君子之道，焉可怃也！’属县各有贤君，冯翊垂拱蒙成。愿勉所职，卒功业。’

宣得郡中吏民罪名，辄召告其县长吏，使自行罚。晓曰：‘府所以不自发举者，不欲代县治，夺贤令长名也。’长吏莫不喜惧，免冠谢宣归恩受戒者。

宣为吏赏罚明，用法平而必行，所居皆有条教可纪，多仁恕爱利。”

在汉代如果获得较好的治理效果和政绩，那么往往会成为在仕途上进一步高升的条件与资本，如前面提到的黄霸“治为天下第一，征守京兆尹。”

再如《汉书·循吏传》中还记载北海郡的太守殊邑：“（殊邑）迁北海太守，以治行第一入为大司农。”因为其在治理北海郡的过程中取得的成绩比较理想，因此被调任至中央担任大司农一职。而薛宣本人，最后能够被选任至中央担任御史大夫一职，在一定程度上是凭借着在郡守任内的期间所取得的政绩。

郡守在维护一郡中的社会治安中，我们从上面史料中能够看出，有些郡守比较注重对百姓的教化，他们看到了教化在维护社会治安中所具有的作用，但是有时候郡守们也会利用刑罚，惩治罪犯，杀一儆百，来保障社会治安的良好秩序，《后汉书·羊续传》中记载：

"中平三年，江夏兵赵慈反叛，杀南阳太守秦颉，攻没六县，拜续为南阳太守。当入郡界，乃羸服间行，侍童子一人，观历县邑，采问风谣，然后乃进。其令长贪挈，吏民良猾，悉逆知其状，郡内惊竦，莫不震慑。乃发兵与荆州刺史王敏共击慈，斩之，获首五千余级，属县余贼并诣续降，续为上言，宥其枝附。贼既清平，乃班宣政令，候民病利，百姓欢服。"

公元186年南阳郡出现江夏人赵慈反叛作乱，并将南阳郡的原太守秦颉给杀害了，汉政府命羊续接替秦颉继任南阳太守时，为了有效镇压这场反叛行为，于是通过出兵平定了叛乱"斩之，获首五千余级。"最终的结果是"百姓欢服"，这对当时南阳郡社会治安是个有力的维护。

《汉书·薛宣传》中记载："久之，广汉郡盗贼群起，丞相、御史遣掾史逐捕不能克。上乃拜河东都尉赵护为广汉太守，以军法从事。数月，斩其渠帅郑躬，降者数千人，乃平。"

在广汉郡盗贼无法控制的情况下，赵护临危受命，在被任命为广汉太守之后，面对难以治理的盗贼，最后采取了"以军法从事"的手段，不但"斩其渠帅郑躬"，而且还降服了几千人，达到了非常理想的效果。

但是需要值得注意的一个问题就是，太守在执行捕杀行为时则是要得到政府许可的，如果在没有政府授意之下而私自采取专杀行为，是要受到相应处罚的，如《后汉书·任延传》中记载了任延在东汉时曾经担任武威太守时：

"（任延）是以拜武威太守，帝亲见，戒之曰：'善事上官，无失名誉。'延对曰：'臣闻忠臣不私，私臣不忠。'履既之武威，时将兵长史田绀，郡之大姓，其子弟宾客为人暴害。延收绀系之，父子宾客伏法者五六人。绀少子尚乃聚会轻薄数百人，自号将军，夜来攻郡。延即发兵破又造立校官，自掾吏子孙，皆令诣学受业。郡遂有儒雅之士。后坐擅诛羌不先上，左转召陵令。"

任延由武威太守被降为召陵令的原因就是因为他"擅诛羌"而"不先上"，也就是在发动军事打击行动之前，没有能够事先将其行动报告给中央，并得到政府的许可，而是自作主张，结果受到了降职的处罚。

后来随着郡守权力的不断膨胀，这种在采取军事行动时的事先呈报也开始逐渐流于形式，有时甚至出现了先斩后奏的情况，因此我们可以看出，汉代的郡守操有生杀大权，在维护某一地区的社会治安中具有重要的作用，在《汉书·酷吏传》中还有许多记载，这里只列举几处具体的实例，如：

“济南瞯氏宗人三百余家，豪猾，二千石莫能制，于是景帝拜都为济南守。至则诛瞯氏首恶，余皆股栗。居岁余，郡中不拾遗。旁十余郡守畏都如大府。”

“军数出定襄，定襄吏民乱败，于是徙纵为定襄太守。纵至，掩定襄狱中重罪二百余人，及宾客昆弟私入相视者亦二百余人。纵一切捕鞠，曰‘为死罪解脱’。是日皆报杀四百余人。郡中不寒而栗，猾民佐吏为治。”

“上闻，迁（王温舒）为河内太守。素居广平时，皆知河内豪奸之家，及往，九月而至。令郡具私马五十匹，为驿自河内至长安，部吏如居广平时方略，捕郡中豪猾，相连坐千余家。上书请，大者至族，小者乃死。奏行不过二三日，得可事。论报，至流血十余里。尽十二月，郡中毋声，毋敢夜行，野无犬吠之盗。其颇不得，失之旁郡，追求。会春，温舒顿足叹曰：‘嗟乎，令冬月益展一月，卒吾事矣！’其好杀伐行威不爱人如此。天子闻之，以为能，迁为中尉。”

总之，我们可知汉代的郡守权力比较大，在维护社会治安秩序的稳定上曾经发挥了巨大的作用，但是有时候这种扩大的权力往往对社会治安则又会产生一定的负面影响，如《汉书·刑法志》中就明确说道：“是以郡国承用者驳，或罪同而论异。奸吏因缘为市，所欲活，则傅生议，所欲陷，则予死比。”当维护社会治安的法律被一些人所掌控，而且可以依据个人的意志任意加以曲解之时，对社会治安无疑会造成一定的负面影响。

（二）都尉

郡守是一郡的最高长官，其手下有许多属僚，辅助郡守处理一郡之事务，在郡守的众多属僚中，有政府直接任命的为佐官，郡守自行辟除的则为属吏，《汉书·百官公卿表》中记载：

“郡守，秦官，掌治其郡，秩二千石有丞，边郡又有长史，掌兵马，秩皆六百石。景帝中二年更名太守。郡尉，秦官，掌佐守典武职甲卒，秩比二千石。有丞，秩皆六百石。景帝中二年更名都尉”。

《通典》对此的记载：

“郡守，秦官。秦灭诸侯，以其地为郡，置守、丞、尉各一人守治民，丞佐之，尉典兵。汉景帝中元二年，更名郡守为太守。凡在郡国，皆掌治民，进贤劝功，决讼检奸，常以春行所主县，秋冬遣无害吏按讯诸囚，平其罪法，论课殿最，按律有无害都吏，言如公平吏”。[①]

《通典》卷三记载：“秦官有郡尉，掌佐守，典武职甲卒，汉凡郡口二十万，举一人典兵，禁备盗贼，景帝更名曰都尉。……每有剧贼，郡临时置都尉，事讫罢。”

《后汉书·百官志》中记载：

“每属国置都尉一人，比二千石，丞一人。”本注曰：“凡郡国皆掌治民，进贤劝功，决讼检奸。常以春行所主县，劝民农桑，振救乏绝。秋冬遣无害吏案讯诸囚，平其罪法，论课殿最。岁尽遣吏上计。并举孝廉，郡口二十万举一人。尉一人，典兵禁，备盗贼，景帝更名都尉。武帝又置三辅都尉各一人，讥出入。边郡置农都尉，主屯田殖谷。又置属国都尉，主蛮夷降者。中兴建武六年，省诸郡都尉，并职太守，无都试之役。省关都尉，唯边郡往往置都尉及属国都尉，稍有分县，治民比郡。安帝以羌犯法，三辅有陵园之守，乃复置右扶风都尉，京兆虎牙都尉。皆置诸曹掾史。”

通过上面的史料我们会发现，郡守的佐官主要有丞、长史、都尉，属吏主要有功曹、五官、督邮等职，在这些人员之中，负责治安的官员主要是都尉，“郡尉，秦官，掌位守典武职甲卒。”

说明郡尉主要负责郡内的军事事务，对此孙星衍辑的《汉官解诂》中对此也有所记载：

“都尉将兵，副佐太守。……言于太守俱受银印剖符之任，为一郡副将；然仅主其武职，不预民事。旧时以八月都试。讲习其射力，以备不虞，皆绛衣戎服，示扬威武，折冲厌难者也。”

可以说都尉在军事方面主要是辅佐太守，但是在实际情况中，郡尉通常是在

① 杜佑撰：《通典·职官部州郡下》，中华书局1988年版，第904页。

军事行动中代理郡守职务，郡内所有军事行动通常都由都尉负责处理。

郡尉的主要职责是维护郡内的治安情况，并且定时率领军队对郡内所辖各县进行巡查，《汉书·周勃传》中有此记载：“岁余，每河东守、尉行县至绛，绛侯勃自畏恐诛，常被甲，令家人持兵以见之。”这段史料中的“尉行县至绛”就明确提到了郡尉具有“行县”巡查的职责。

《后汉书·张酺传》中记载：“（王青）与父（王隆）俱从都尉行县，道遇贼，隆以身卫全都尉，遂死于难。”王隆当时就是在随都尉“行县”巡查的过程中遇到盗贼的突发事件，并且因此发生了火拼，王隆为了保护都尉而最终殉职，从这件事情也可以看出，都尉有巡查的职责，而且其巡查的目的是为了能够缉捕盗贼，维护社会治安秩序的稳定。

《东观汉记》中也有关于都尉巡县职责的记载：

> “敞（任庐江都尉）临庐江岁余，遭旱，行县，人持枯稻，自言稻皆枯。吏强责租。敞应曰：‘太守事也。’载枯稻至太守所。酒数行，以语太守。太守曰：‘无有’。敞以枯稻示之。太守曰：‘都尉事邪’敞怒叱太守曰：‘鼠子何敢尔！’”

都尉在治理治安过程中，对抓捕盗贼则是要时刻保持警惕的，《汉书·吾丘寿王传》中记载：“稍迁，会东郡盗贼起，拜为东郡都尉。上以寿王为都尉，不复置太守。”东郡出现了大量的盗贼，这对当时东郡的社会治安构成了巨大的威胁，于是任命派遣吾丘寿王为东郡都尉，负责镇压盗贼，而且有他负责整个东郡的事物，可见其权力之大。

《汉书·王温舒传》中记载：

> “（王温舒）稍迁至广平都尉。择郡中豪敢任吏十余人，以为爪牙，皆把其阴重罪，而纵使督盗贼，快其意所欲得。此人虽有百罪，弗法，即有避，因其事夷之，亦灭宗。以其故齐赵之郊盗贼不敢近广平，广平声为道不拾遗。上闻，迁为河内太守。”

王温舒担任广平都尉之时，重用亲信十余人，专门“督盗贼”，对广平的城市治安进行全面整顿，结果出现了“道不拾遗”的景象，社会治安效果前后对比差异之巨大，同时王温舒也正因为在治安中的突出表现和功绩，被升任为河内太守一职。

但遇到重大军事行动的时候，如出现叛乱，都尉也需要进行跟随部队进行参

与镇压活动。《汉书·申屠嘉传》中对此就有明确记载：“申屠嘉，梁人也。以材官蹶张从高帝击项籍，迁为队率。从击黥布，为都尉。孝惠时，为淮阳守。”当时申屠嘉跟随刘邦征讨镇压黥布时，其当时的身份就是一名都尉，可见在维护社会治安稳定的时候，都尉是有职责直接进行参与武力镇压的。

都尉在治理一郡的治安时，对一个特殊的阶层需要特别的注意，这个阶层就是豪强地主，这些豪强地主对汉代郡县等地区的城市社会治安秩序有时候会起着消极的影响和作用。

这些豪强地主在汉代往往是势力较大的，如《史记·酷吏列传》中记载：“济南瞷氏，宗人三百余家。豪猾，二千石莫能制。”

河北涿郡，“大姓西高氏、东高氏，自郡吏以下皆畏避之，莫敢与牾。咸曰：‘宁负二千石，无负豪大家’。宾客为盗贼。发，辄入高氏，吏不敢追。”[①]

《后汉书·酷吏传》也记载：“汉承战国余烈，多豪猾之民，其并兼者则陵横邦邑，杰健者则雄张闾里。”

“役财骄溢，或至并兼豪党之徒以武断于乡曲。”[②] 从上述史料的“二千石莫能制”“宁负二千石，无负豪大家”“武断于乡曲”的这些话语中就可以知晓当时豪强地主由于其经济实力的强大，在郡县中势力盘根错节，与当地官员也有一定的联系，所以对于所处地区的社会治安通常会构成较大的负面影响，于是在当时社会上形成了豪强难治的局面。

王彦辉先生对汉代的豪强地主经过其认真分析与研究后，在其著作《汉代豪民研究》一书总结出：说明豪强拥有雄厚的经济实力，间接地左右着汉代的乡里政权。[③] 其实豪强对汉代乡里的影响是有的，但不应该很大，因为这些豪强地主主要以郡县等城市中居住，其势力范围主要以城市为中心，向周围地区及乡里控制及影响力会逐渐衰弱，所以汉代在城市治安中需要对豪强地主给予一定的控制与打击，也是都尉所打击的对象之一也就不难理解了。

正是因为豪强对汉代的城市社会治安构成了严重威胁，因此汉政府展开了对豪强的打击政策。

《后汉书·酷吏传》有不少这方面的记载：

“汉承战国余烈，多豪猾之民。其并兼者则陵横邦邑，桀健者则雄张闾里。且宰守旷远，户口殷大。故临民之职，专事威断，族灭奸轨，先行后闻。肆情刚烈，成其不桡之威。违众用己，表其难测之智。至于重文横入，

① 班固：《汉书·严延年传》，中华书局1962年版，第3668页。
② 班固：《汉书·食货志上》，中华书局1962年版，第1136页。
③ 王彦辉：《汉代豪民研究》，东北师范大学出版社2001年版，第223页。

为穷怒之所迁及者，亦何可胜言。故乃积骸满穽，漂血十里。”

“（义纵）迁为长陵及长安令，直法行治，不避贵戚。以捕按太后外孙脩成子中，上以为能，迁为河内都尉。至则族灭其豪穰氏之属，河内道不拾遗。”

义纵为河内都尉时，对郡内的豪强穰氏进行了“族灭”比较残忍的手法，但是通过这种手段却收到了“河内道不拾遗”的治安效果，汉代这种对豪强打击的事例在汉代非常之多，后文将专门论述。

（三）督邮和贼曹、督盗贼

汉代郡守在维护一郡社会治安秩序的时候，除了都尉之外，还有其他相关的属吏来协助郡守维持治安，这些人员主要有督邮、贼曹、督盗贼。

《后汉书·百官志》中记载：

“安帝以羌犯法，三辅有陵园之守，乃复置右扶风都尉，京兆虎牙都尉。皆置诸曹掾史。”

本注曰：

“诸曹略如公府曹，无东西曹。有功曹史，主选署功劳。有五官掾，署功曹及诸曹事。其监属县，有五部督邮，曹掾一人。正门有亭长一人。主记室史，主录记书，催期会。无令史。阁下及诸曹各有书佐，干主文书。”

《宋书·百官志》中记载：

“郡官属略如公府，无东西曹，有功曹史，主选举。五官掾主诸曹事。部县有督邮、门亭长。又有主记史，催期会。汉制也。今略如之。诸郡各有旧俗，诸曹名号往往不同。”

上述两则史料说明汉代的郡守均有自己的属僚，在这些属僚之中，与社会治安相关的，主要有督邮、贼曹、督盗贼等。

1. 督邮。

督邮一职的名称，主要见于上面史料中的“督邮曹掾”“督邮”等，《通典》中记载：“督邮汉有之，掌监属县，有东西南北中部，谓之五部督邮也故督邮，

功曹之极位。”

《汉书·朱博传》中记载：

“为督邮书掾，所部职办。”刘昭《舆服志》注云：“东晋犹有邮驿共置，承受旁县文，书有邮有驿，行传以相付。县置屋二区。有承驿吏，皆条所受书，每月言上州郡《风俗通》曰：今吏邮书掾、府督邮职掌此。”

由此我们可知，汉代郡守在巡查属县之时，往往派遣的是督邮，督邮督察属县之制大约始于西汉中叶。[①] 督邮在巡查时候，要对所巡查的地区进行治安情况能及时发现问题，并且要给予客观的评价。《汉书·韩延寿传》中记载：

“（韩延寿）入守左冯翊，满岁称职为真。岁余，不肯出行县。丞掾数白：‘宜循行郡中，览观民俗，考长吏治迹。’延寿曰：‘县皆有贤令长，督邮分明善恶于外，行县恐无所益，重为烦扰。’”

当属下建议韩延寿行县“览观民俗，考长吏治迹”的时候，韩延寿拒绝了，从他的“督邮分明善恶于外”的说法中我们就可以看出，当时督邮行县巡查的职责是对治安情况作出准确的评价与分析。

《通典》卷三十三《职官》十五：督邮为郡佐之一中记载：

“汉有之，掌监属县……功曹之极位。汉尹翁归为河东督邮。时太守田延年分河东二十八县为两部，闳孺部汾北，翁归部汾南，举法皆得其罪。属县长吏虽中伤，莫有怨者。”

这与《后汉书·卓茂传》记载也相合。[②]

督邮在行县巡查的时候，如果一旦遇到出现影响社会治安问题等非法事件的时候，督邮有权力对罪犯进行及时抓捕。《汉书·冯野王传》中记载：

“野王字君卿，受业博士，通《诗》。少以父任为太子中庶子。年十八，上书愿试守长安令。宣帝奇其志，问丞相魏相，相以为不可许。后以功次补

① 交作璋、熊铁基主编：《秦汉官制史稿》，齐鲁书社1985年版，第106页。

② 《后汉书·卓茂传》中记载：“初，茂到县，有所废置，吏人笑之，邻城闻者皆蚩其不能。河南郡为置守令，茂不能嫌，理事自若。数年，教化大行，道不拾遗。平帝时，天下大蝗，河南二十余县皆被其灾，独不入密县界。督邮言之，太守不信，自出案行，见乃服焉。”

当阳长，迁为栎阳令，徙夏阳令。元帝时，迁陇西太守，以治行高，入为左冯翊。岁余，而池阳令并素行贪污，轻野王外戚年少，治行不改。野王部督邮掾祋祤赵都案验，得其主守盗十金罪，收捕。并不首吏，都格杀。”

史料中提到冯野王在担任左冯翊时，池阳令犯有贪污罪，而且不知悔改，最后被左冯翊的督邮掾祋祤、赵都给抓获，最后被赵都给斩杀。

《后汉书·苏不韦传》中记载：

“苏不韦字公先。父谦，初为郡督邮。时魏郡李暠为美阳令，与中常侍具瑗交通，贪暴为民患，前后监司畏其势援，莫敢纠问。及谦至，部案得其臧，论输左校。”

李暠借着与当时得势宦官中常侍具瑗的关系与背景，胡作非为“贪暴为民患”，而且我们也可以推想李暠能出任美阳令，可能与具瑗的关系极大，所以才能出现“莫敢纠问”的局面，当苏谦以督邮身份出现时，对其进行抓捕并执行严厉的惩处，说明督邮有收捕罪犯的权力，而且权力较大，不避权贵。

汉代督邮具有收捕、缉拿罪犯的事例还有许多：

《后汉书·方术·谢夷吾传》中记载：

“谢夷吾字尧卿，会稽山阴人也。少为郡吏，学风角占候。太守第五伦擢为督邮。时，乌程长有臧衅，伦使收案其罪。”

《华阳国志·巴志》中记载：

“（太守但望奏）督邮追案，十日乃到，贼已远逃，纵迹灭绝。”

《后汉书·范滂传》中记载：

“建宁二年，遂大诛党人，诏下急捕滂等。督邮吴导至县，抱诏书，闭传舍，伏床而泣。滂闻之曰：‘必为我也’遂自诣狱。”

《后汉书·马援传》中记载：

“马援年十二而孤，少有大志，诸兄奇之。……后为郡督邮，送囚至司

命府，囚有重罪，援哀而纵之，遂亡命北地。”

《三国志·魏书·庞泊传》注引《典略》曰：

“（太守张猛）以（雍州刺史邯郸商）以商属督邮。督邮录商，闭置传舍。后商欲逃，事觉，遂杀之。”

《太平御览》卷二百五十三《职官部》五十一载：

“陈球为繁阳令。时魏郡守讽县求贿，球不与，太守怒挝督邮，令逐球。督邮不肯，曰：‘魏郡十五城，独繁阳有异政，今逐之，将致议于天下。’太守乃止。”

我们通过上述大量史料的记载，可以看出，汉代督邮一职在维护城市治安中具有非常重要的作用，不但可以行县巡查，而且还可以有权直接对罪犯进行缉捕，同时对郡守作出的决策，有时候也会产生一定的影响，总之督邮关系到城市治安秩序的多个具体层面。

2. 贼曹、督盗贼。

郡守的属僚还有贼曹、督盗贼，二者的主要职责从其称呼就能有所体现，负责直接抓捕盗贼，维护治安秩序是其主要的工作职责。

《后汉书·舆服志上》中记载：“公卿以下至县三百石长导从，置门下五吏、贼曹、督盗贼功曹，皆带剑，三车导。”史料中就明确提到了“贼曹”“督盗贼”两位负责抓捕盗贼的治安人员。

《通典·职官十五》中记载：“两汉有决曹、贼曹掾，主刑法。历代皆有。或谓之贼曹，或为法曹，或为墨曹。”贼曹有时候又有不同的称呼，如前文提到的“贼曹掾”“法曹”“墨曹”，等等。

《后汉书·独行传》中记载：

“周嘉字惠文，汝南安城人也。高祖父燕，宣帝时为郡决曹掾。太守欲枉杀人，燕谏不听，遂杀囚而黜燕。囚家守阙称冤，诏遣复考。燕见太守曰：‘愿谨定文书，皆著燕名，府君但言时病而已。’出谓掾史曰：‘诸君被问，悉当以罪推燕。如有一言及于府君，燕手剑相刃。’使者乃收燕系狱。屡被掠楚，辞无屈桡。当下蚕室，乃叹曰：‘我平王之后，正公玄孙，岂可以刀锯之余下见先君？’遂不食而死。燕有五子，皆至刺史、太守。”

史料中所提到的周燕在汉宣帝时所出任的职务是郡中的“决曹掾”，这一职务就是《通典》中所提到的“贼曹”，周燕在极力劝阻郡太守的“枉杀人”行为时，结果郡太守非但不听，而且废黜了周燕的职务，被枉杀的囚犯家属对郡守的行为极其不满意，最后“守阙称冤”，而且得到了结果是“诏遣复考”，也就是要对该事件进行彻查时，周燕为了保全太守，建议太守伪造囚犯的定罪文书，伪造的目的是在其上“皆著燕名”，目的是将所有的责任一个人来承担。

我们通过分析周燕的这件事情则会知道，贼曹不但具有缉捕盗贼的权力，而且也应该具有审判罪犯的权力，假设说贼曹不具有审判罪犯的权力的话，那么周燕就没有必要建议太守重新伪造定罪文书，而且要署上自己的姓名，这样的话在审判的程序上首先就会存在问题，所以说贼曹是具有审判罪犯的权力的，但在实际审判中，在定罪量刑时可能会出现一些偏差，所以要想保护太守只能是在定罪量刑上找突破口，而不是在审判的程序上，这样本身就不符合法律流程。所以我们通过上述分析，有理由相信贼曹是具有审判罪犯权力的，也看出了周燕为人的高尚品格，以及太守在人选上的选任不合格。

由于史籍中对贼曹和督贼曹的记载比较少，但是我们通过分析，对其治安职能还是有所简单了解的。

二、县中治安官员

先秦时期统治者实行的统治方式主要以分封制为主，但随着历史的发展，大约从春秋时期就已经开始有郡县的设置了，而且县的产生比郡要早一些，春秋时期，县就已经开始比较普遍存在了，《通典》卷三十三中记载：

> “周官有县正，各掌其县之政令而赏罚之。春秋时，列国相灭，多以其地为县，则县大而郡小。故传云：‘上大夫受县，下大夫受郡。’县邑之长曰宰，曰尹，曰公，曰大夫，其职一也。至于战国，则郡大而县小矣。故甘茂谓秦武王曰：‘宜阳大县，名曰县，其实郡也。’”

春秋时期，郡通常设置于边境地区，而县则设置在了中原地区，县的地位要远远高于郡，所以才会有“上大夫受县，下大夫受郡”一说。

《史记·秦本纪》中对县设置有些具体的记载，如“秦武公十年，伐冀、戎，初县之”“武公十一年，初县郑社”“（孝公十二年）并诸小乡、聚，集为大县，县一令，四十一县。”

在史籍中对县的称呼有时候也会出现一些差异，如《汉书·百官公卿表》中

记载："列侯所食县曰国，皇太后、皇后、公主所食曰邑，有蛮夷曰道。"《后汉书·百官志》中记载："凡县主蛮夷曰道。公主所食汤沐曰邑。"所以县的其他称呼还有"国""邑""道"的别称。

秦国在秦孝公时期，县的设置已经成为一种普遍现象，到了秦朝之后，一改分封统治的旧制，实行了郡县二级管理体制，到了汉代"汉承秦制"，汉代的统治方式虽然实行了分封制，但是依然以郡县统治为主，即所谓的"郡国并行"制度。

关于汉代县的数量，在《汉书·百官公卿表》中对其有所统计，西汉时"凡县、道、国、邑千五百八十七"。到了东汉时期，县的具体数目发生了一些变化。《后汉书·郡国志》中记载：

> "《汉书地理志》承秦三十六郡，县邑数百，后稍分析，至于孝平，凡郡、国百三，县、邑、道、侯国千五百八十七。世祖中兴，惟官多役烦，乃命并合，省郡、国十，县、邑、道、侯国四百余所。至明帝置郡一，章帝置郡、国二，和帝置三，安帝又命属国别领比郡者六，又所省县渐复分置，至于孝顺，凡郡、国百五，县、邑、道、侯国千一百八十。"

西汉时期县的数量是1587个，到东汉时期则变为了1180个，县的数量大体上减少了407个。

汉代在县中维护社会治安稳定的官员主要是县令或县长，同时还有其手下的属僚，如县丞、县尉，以及门下贼曹、狱掾史、门下游徼、市掾、和狱司空，等等。

（一）县令、长

汉代在县一级的行政机构中，最高的长官就是县令或县长，要对全县的所有事务进行掌管、负责，而且其中的治安职能就是其中重要的一项工作，是一县中治安维护的主要负责人。

有关汉代的县令、县长，在《汉书·百官公卿表》中对其有所记载：

> "县令、长，皆秦官，掌治其县。万户以上为令，秩千石至六百石。减万户为长，秩五百石至三百石。"

县令与县长在汉代多少会有一定的差异，其任命的标准是什么呢，上面的史料中就已经给出了明确的答案"万户以上为令""减万户为长"就是说县令与县长的任命是依据所辖县中的居民户数，户籍在一万户以上的称之为“令”，一万户以下的则称为“长”，除此以外，还有县的经济、地理以及被任命官员的级别等诸多因素，《汉官仪》中就有对此的解释：“令、长以水土为之及秩高下”。

《后汉书·百官志》中记载：

“每县、邑、道，大者置令一人，千石；其次置长，四百石；小者置长，三百石；侯国之相，秩次亦如之。本注曰：皆掌治民，显善劝义，禁奸罚恶，理讼平贼，恤民时务，秋冬集课，上计于所属郡国。凡县主蛮夷曰道。公主所食汤沐曰邑。县万户以上为令，不满为长。侯国为相，皆秦制也。”

《宋书·百官志》中记载：

“县令、长，秦官也。大者为令，小者为长，侯国为相。汉制，置丞人，尉大县二人，小县一人。……县令，千石至六百石；长，五百石。”

从中我们也能看出，县令、县长在设置上的区别，而且县令、县长的秩级也不相同，县令秩级据《汉书·百官公卿表》说是千石，县长是三百石；而《宋书·百官志》中则说县令秩级为千石到六百石，县长则五百石，说明县令和县长从设置到秩级确实存在着一定的差异。

县令、县长的具体职能是掌管一县所有的事务，据《汉书·百官公卿表》中记载：“县令、长，皆秦官，掌治其县。万户以上为令，秩千石至六百石。减万户为长，秩五百石至三百石。”认为县令、长主要是“掌治其县”就是管理所辖之县的所有事务，但说得比较笼统，没有能够说明具体职责的详细内容。

具体职责的详细内容在《后汉书·百官志》中说的较为详细：

“每县、邑、道，大者置令一人，千石；其次置长，四百石；小者置长，三百石；侯国之相，秩次亦如之。本注曰：皆掌治民，显善劝义，禁奸罚恶，理讼平贼，恤民时务，秋冬集课，上计于所属郡国。”

这里对县令、长的具体职责较为具体翔实，县令、长的具体职责大体上可以分为六条：即“显善劝义”“禁奸罚恶”“理讼平贼”“恤民时务”“秋冬集课”“上计于所属郡国”，主要是加强思想道德假设、维护县中社会治安、发展督促生产、征收赋税、接受上级部门的监督，等等，其中在六条职责中与社会治安有直接关系的就有两条，而且在“上计”时盗贼的内容是必考核的内容之一，《后汉

书·百官志》中记载："县邑道侯"条刘昭注引胡广曰："秋冬岁尽，各计县户口、垦田、钱谷入出、盗贼多少，上其集簿。丞尉以下，岁诣郡，课校其功。"

可见县令、长对县中治安环境的维护具有不可推卸的责任。

县令、长在维护县的治安中，要加强对百姓的思想道德教育，树立思想道德楷模，从思想上规范百姓的行为，这是治理治安从根本上进行治理，这种方法往往易被人们所忽视，但是作用却是较大的，影响也是深远的，《后汉书·卓茂传》中记载：

> "卓茂字子康，南阳宛人也。性宽仁恭爱。……后以儒术举为侍郎，迁密令。劳心谆谆，视人如子，举善而教，口无恶言，吏人亲爱而不忍欺之。……初，茂到县，有所废置，吏人笑之，邻城闻者皆蚩其不能。河南郡为置守令，茂不为嫌，理事自若。数年，教乃大行，道不拾遗。平帝时，天下大蝗，河南二十余县皆被其灾，独不入密县界。督邮言之，太守不信，自出案行，见乃服焉。
>
> 是时王莽秉政，置大司农六部丞，劝课农桑，迁茂为京部丞，密人老少皆涕泣随送。……时光武初即位，乃下诏曰："前密令卓茂，束身自修，执节淳固，诚能为人所不能为。今以茂为太傅，封曪德侯。"

"举善而教"就是对百姓进行思想道德教育，在思想道德的高度上对百姓的行为进行规范，使得人们的行为能够符合当时的行为准则和达到维护治安的要求，同时也能以身作则，使自己的言行在百姓中能树立良好的形象，发挥榜样的力量，在经过卓茂的努力之下，密县最终出现了"数年，教乃大行，道不拾遗"的景象，达到了人民安居乐业的治安效果，而且由于卓茂的功绩，也得到了东汉政府的认可，也得到了光武帝刘秀的赏识，并将其被提拔为太傅一职。

运用此种方法维护社会治安秩序的不独卓茂一人，东汉时期还有中牟令鲁恭，《后汉书·鲁恭传》中记载：

> "鲁恭字仲康，扶风平陵人也。……太尉赵憙慕其志，每岁时遣子问以酒粮，皆辞不受。恭怜丕小，欲先就其名，托疾不仕。郡数以礼请，谢不肯应，母强遣之，恭不得已而西，因留新丰教授。建初初，丕举秀才，恭始为郡吏。
>
> 憙复举恭直言，待诏公车，拜中牟令。恭专以德化为理，不任刑罚。讼人许伯等争田，累守令不能决，恭为平理曲直，皆退而自责，辍耕相让。亭长纵人借牛而不肯还之，牛主讼于恭。恭召亭长，敕令归牛者再三，犹不

从。恭叹曰：是教化不行也。欲解印绶去。掾史涕泣共留之，亭长乃惭悔，还牛，诣狱受罪，恭贯不问。于是吏人信服。建初七年，郡国螟伤稼，犬牙缘界，不入中牟。

河南尹袁安闻之，疑其不实，使仁恕掾肥亲往廉之。恭随行阡陌，俱坐桑下，有雉过，止其傍。傍有童儿，亲曰：'儿何不捕之？'儿言：'雉方将雏。'亲瞿然而起，与恭诀曰：'所以来者，欲察君之政迹耳。今虫不犯境，此一异也；化及鸟兽，此二异也；竖子有仁心，此三异也。久留，徒扰贤者耳。'还府，具以状白安。恭在事三年，会遭母丧去官，吏人思之。"

鲁恭在担任中牟县令时，对县中的百姓统治方式也是采用儒家礼义伦理，充分发挥思想道德对百姓教化的力量，其做法与卓茂如出一辙，收到的效果也相仿，使得中牟县的社会治安环境非常好。

县令、长在维护社会治安时，除了运用思想道德的礼乐教化之外，运用法律手段进行镇压者也往往是较多的，对各种反抗及影响治安事件的运用刑罚对其进行严厉的打击。

《汉书·酷吏传》中记载：

"（尹）赏字子心，钜鹿杨氏人也。以郡吏察廉为楼烦长。举茂材、粟邑令。左冯翊薛宣奏赏能治剧，徙为频阳令，坐残贼免。后以御史举为郑令。

永始、元延间，上怠于政，贵戚骄恣，红阳长仲兄弟交通轻侠，臧匿亡命。而北地大豪浩商等报怨，杀义渠长妻子六人，往来长安中。丞相、御史遣掾求逐党与，诏书召捕，久之乃得。长安中奸猾浸多，闾里少年群辈杀吏，受赇报仇，相与探丸为弹，得赤丸者斫武吏，得黑丸者斫文吏，白者主治丧；城中薄墓尘起，剽劫行者，死伤横道，枹鼓不绝。赏以三辅高第选守长安令，得一切便宜从事。赏至，修治长安狱，穿地方深各数丈，致令辟为郭，以大石覆其口，名为"虎穴"。乃部户曹掾史，与乡吏、亭长、里正、父老、伍人，杂举长安中轻薄少年恶子，无市籍商贩作务，而鲜衣凶服被铠扞持刀兵者，悉籍记之，得数百人。赏一朝会长安吏，车数百辆，分行收捕，皆劾以为通行饮食群盗。赏亲阅，见十置一，其余尽以次内虎穴中，百人为辈，覆以大石。数日一发视，皆相枕藉死，便舆出，瘗寺门桓东。楬著其姓名，百日后，乃令死者家各自发取其尸。亲属号哭，道路皆歔欷。长安中歌之曰：'安所求子死？桓东少年场。生时谅不谨，枯骨后何葬？'赏所置皆其魁宿，或故吏善家子失计随轻黠愿自改者，财数十百人，皆贯其罪，诡令立功以自赎。尽力有效者，因亲用之为爪牙，追捕甚精，甘耆奸恶，甚于

> 凡吏。赏视事数月，盗贼止，郡国亡命散走，各归其处，不敢窥长安。
>
> 江湖中多盗贼，以常为江夏太守，捕格江贼及所诛吏民甚多，坐残贼免。南山群盗起，以赏为右辅都尉，迁执金吾，督大奸猾。三辅吏民甚畏之。
>
> 数年卒官。疾病且死，戒其诸子曰：‘丈夫为吏，正坐残贼免，追思其功效，则复进用矣。一坐软弱不胜任免，终身废弃无有赦时，其羞辱甚于贪污坐臧。慎毋然！’赏四子皆至郡守，长子立为京兆尹，皆尚威严，有治办名。”

尹赏在维持城市社会治安秩序之时，是一个铁腕式的人物，“徙为频阳令，坐残贼免”说明在频阳为令之时，就因为大开杀戒而被免职，不久则而出任为郑令，由于在任职期间其政绩较为突出，于是“赏以三辅高第选守长安令”，长安为当时的京畿地区，在社会治安的治理上难度相当之大，结果尹敞到任后采用了一些极端的手法，最后“赏视事数月，盗贼止，郡国亡命散走，各归其处，不敢窥长安。”

在《后汉书·王涣传》也有类似记载：

> “（王涣）除温令。县多奸猾，积为人患。涣以方略讨击，悉诛之。境内清夷，商人露宿于道。其有放牛者，辄云以属稚子，终无侵犯。”

县令、长在治理社会治安时，有时候会遇到巨大的压力与阻力，因为有些所谓的“盗贼”背后有强大的势力，要想真正维护一县的治安，其难度可想而知，据《后汉书·董宣传》中记载：

> “董宣，字少平，陈留圉人也。　　后特征为洛阳令，时湖阳公主苍头白日杀人，因匿主家，吏不能得。及主出行，而以奴骖乘。宣于夏门亭候之，乃驻车叩马，以刀画地，大言数主之失，叱奴下车，因格杀之。
>
> 主即还宫诉帝，帝大怒，召宣，欲棰杀之。宣叩头曰：‘愿乞一言而死。’帝曰：‘欲何言？’宣曰：‘陛下圣德中兴，而纵奴杀良人，将何以理天下乎？臣不须棰，请得自杀。’即以头击楹，流血被面。帝令小黄门持之，使宣叩头谢主。宣不从，强使顿之，宣两手据地，终不肯俯。主曰：‘文叔为白衣时，藏亡匿死，吏不敢至门。今为天子，威不能行一令乎？’帝笑曰：‘天子不与白衣同。’因敕强项令出。赐钱三十万，宣悉以班诸吏。由是搏击豪强，莫不震栗。京师号为‘卧虎’。歌之曰：‘枹鼓不鸣 董少平。’”

董宣在担任洛阳令之时，遇到了当朝公主手下杀人的严重治安事件，作为维持洛阳地区治安的主管官员，董宣秉公执法，公然对抗皇室公主，而且当时的皇帝对此事也进行了过问，“帝大怒，召宣，欲棰杀之。”可见县令在维护治安时所遇到的巨大阻力，弄不好还要丢掉性命，最后董宣站在维护国家的统治层面上说出了自己的观点，否则“何以理天下”，其观点最后得到了皇帝的认可，并给予了一定的赏赐，由于董宣在维持城市治安中的大力举措，于是百姓给他取个外号是“卧虎”。

东汉时期也有在城市维护社会治安中使用严刑峻法者，而且所面对的压力也不比董宣轻，据《后汉书·虞延传》中记载：

“（虞延）迁洛阳令。是时阴氏有客马成者，常为奸盗，延收考之。阴氏屡请，获一书辄加二百，信阳侯阴就乃诉帝，谮延多所冤枉。帝乃临御道之馆，亲录囚徒。延陈其狱状可论者在东，无理者居西。成乃回欲趋东，延前执之，谓曰：‘尔人之巨蠹，久依城社，不畏熏烧。今考实未竟，宜当尽法！’成大呼称枉，陛戟郎以戟刺延，叱使置之。帝知延不私，谓成曰：‘汝犯王法，身自取之！’呵使速去。后数日伏诛，于是外戚敛手，莫敢干法。迁南阳太守。”

虞延在担任洛阳令之后，开始着手治理洛阳地区的社会治安，但所面对的形式却是非常严峻的，因为京师地区的治安历来比较难以治理，而且东汉时期外威势力骤起，其所为多是非法之事，对当时的社会治安构成了严重威胁，虞延能够顶住巨大的外戚势力，对犯法者进行严惩，最后收到的结果是“外戚敛手，莫敢干法”，由于其能力和政绩，最后被提拔为南阳太守，因为南阳郡本是刘秀的家乡，其治理起来的难度也更是可想而知了。

县令、长在维护社会治安时，不但要督促全县百姓积极发展生产，而且自己本身在工作上也要勤于政事，《太平御览》卷二六七中记载：“胡绍为河内怀令，三日一视事，十日一诣仓。受俸米，于阁外炊作干饭食之，不设釜灶。得一强盗，问其党与，得数百人，皆诛之。政教清平，为三河表。”；“刘平为全椒令，掾史五日一朝。罢门阑卒署，各遣就农。人感怀至，或增赀就赋，或减年从役。刺史行部，狱无囚徒，民各自以为职，不知所问，唯班诏而去。”

胡绍和刘平在担任县令时，均能体恤一县之内的百姓，而且本身勤于政事，能够为百姓作出表率。

汉代县令中这种类型的人物还大有人在，如《后汉书·公孙述传》中记载：“公孙述字子阳，扶风茂陵人也。……而述补清水长……后太守以其能，使兼摄五县，政事修理，奸盗不发，郡中谓有鬼神。”公孙述竟然治理五个县，而且能够治理得非常好，说明他是一个勤于政务、善于处理政务的官员，而且百姓对待这样的官员往往比较尊敬和爱戴，《后汉书·王涣传》中记载：

“王涣字稚子，广汉郪人也，……州举茂才，除温令。县多奸滑，积为人患。涣以方略讨击，悉诛之。境内清夷，商人露宿于道。其有放牛者，辄云以属稚子，终无侵犯。在温三年，迁兖州刺史，绳正部郡，风威大行。后坐考妖言不实论。岁余，征拜侍御史。永元十五年，从驾南巡，还为洛阳令。以平正居身，得宽猛之宜。其冤嫌久讼，历政所不断，法理所难平者，莫不曲尽情诈，压塞群疑。又能以谲数发擿奸伏。京师称叹，以为涣有神算。元兴元年，病卒。百姓市道莫不咨嗟。男女老壮皆相与赋敛，致奠醊以千数。涣丧西归，道经弘农，民庶皆设盘桉于路。吏问其故，咸言平常持米到洛，为卒司所钞，恒亡其半。自王君在事，不见侵枉，故来报恩。其政化怀物如此。民思其德，为立祠安阳亭西，每食辄弦歌而荐之。”

王涣在病逝之后，百姓对待他还是念念不忘，并且给其“立祠安阳亭西”，说明王涣在任之时，不但勤于政务，而且还心系百姓，将洛阳地区的社会治安处理的非常好，深得百姓的认可。

（二）县丞、县尉

为了辅助县令、长治理城市社会的治安，汉代给其配备有相关的属僚，在维护治安中最为主要的就是县丞和县尉了，据《汉书·百官公卿表》中记载：

“县令、长，皆秦官，掌治其县。万户以上为令，秩千石至六百石。减万户为长，秩五百石至三百石。皆有承、尉，秩四百石至二百石，是为长吏。百石以下有斗食、佐史之秩，是为少吏。”

上面史料中提到的“皆有承、尉”指的就是县丞、县尉二职，由于其秩级在四百石到二百石之间，与县令、长相比要少得多，但是与斗食、佐史相比还是较多的，因此县丞和县尉被称为“长吏”，这与“少吏”是相对的。

县丞、县尉的职责主要在于维护社会治安上，《后汉书·百官志》这样记载：

“凡县主蛮夷曰道。公主所食汤沐曰邑。县万户以上为令，不满为长。侯国为相。皆秦制也。丞各一人。尉大县二人，小县一人。本注曰：丞署文书。典知仓狱。尉主盗贼。凡有贼发，主名不立，则推索行寻，案察奸究，以起端绪。”

《通典》卷关三十三中也有关于县丞职能的记载：

“丞：汉诸县皆有，有兼主刑狱、囚徒……后汉令、长、国相各置承一人，署文书，典知仓狱，署诸曹掾史。凡诸县署丞，皆铜印黄绶，进贤一梁冠。”

通过上述两则史料我们不难看出，县丞、县尉的主要职责是“典知仓狱”“主刑狱”“主盗贼”“案察奸究”，等等，这些职能全部涉及治安问题。

《后汉书·陈忠传》中对此也有明确记载：

“自今强盗为上官若它郡县所纠觉，一发，部吏皆正法，尉贬秩一等，令长三月奉赎罪；二发，尉免官，令长贬秩一等；三发以上，令长免官。便可撰立科条，处为诏文，切敕刺史，严加纠罚。”

如果在本县辖区发生了影响治安的案件，如盗贼等情况，而本县对此案件却不了解，而被上级部门或其他的郡县发现，案发地所在县的相关责任人是要受到处罚的，并且这种处罚会依据情况的情况作出相应的处罚，案件越严重，对相关人员的处罚就越厉害，作为案件监管的主要责任人，县尉所受到的处罚则要比县令和县长严重得多，这就足以说明县尉的主要职责在于控制社会的犯罪率，维护社会治安环境。

《汉书·李广传》中记载：

“（李广）与故颍阴侯屏居蓝田南山中射猎。尝夜从一骑出，从人田间饮。还至亭，霸陵尉醉，呵止广，广骑曰：‘故李将军。’尉曰：‘今将军尚不得夜行，何故也！’宿广亭下。居无何，匈奴入辽西，杀太守。败韩将军。韩将军后徙居右北平，死。于是上乃召拜广为右北平太守。广请霸陵尉与俱，至军而斩之，上书自陈谢罪。”

县尉要对所辖之县境进行经常巡行，监督过往的所有行人，汉代有“禁夜”制度，禁止夜间行人无故出入与行走，当年李广等人由于涉猎而晚归，因此李广一行人等属于违规夜行，结果被霸陵尉给阻止，县尉虽然当时处于饮酒至醉的状

态，但是在执法中并没有不当之处，所以当时李广一行人等对于县尉也没有办法，但是李广居然公报私仇，最后将记恨之仇付之行动，最终将县尉给杀害了。

由于县尉负责治安，并且要经常巡查县境，所以要随时携带相关的武器，以便于遇见盗贼时进行格斗或是便于迅速缉捕盗贼，《续汉书·百官志五》注引《汉官仪》曰：“尉、游徼、亭长皆习设备五兵。五兵：弓弩，戟，楯，刀剑，甲铠。”这里的尉主要是指县尉，配备盔甲和武器等五样基本武器装备，这样县尉不仅可以满足防护自身的需要，还有利于抓捕盗贼，维护社会治安秩序。

县尉除了配备有必要的武器和防护装备之外，还配有马匹，目的可能是便于巡查县境和快速追捕罪犯，关于县尉配备马匹的史实在《后汉书·光武帝纪》中有所记载：“光武初骑牛，杀新野尉乃得马进屠唐子乡，又杀湖阳尉。”刘秀原本骑牛上战场，而在杀掉新野县的县尉后得到了县尉的坐骑——马，这样刘秀始得有马骑骑乘，这就说明县尉是配备马匹的。

（三）门下贼曹、门下游徼、市掾、狱司空、狱掾史

汉代在一县之中除了县令、长、县丞、县尉之外，还有其他辅助治安维护的人员，在这些人员中主要有：“门下贼曹”“门下游徼”“市掾”“狱司空”“狱掾史”，等等，这些人员由于秩级比较低，所以文献中通常将其称之为“少吏”，《汉书·百官公卿表》中记载：“百吏以下有斗食、佐吏之秩，是为少吏。”《后汉书·百官志》中则称他们为“各署曹掾史”。

其中门下贼曹、门下游徼的主要职责是缉捕盗贼，门下贼曹其实就是我们通常所说的贼曹，有时则又称为贼捕掾；门下游徼的职责与门下贼曹的职责应当是相同的，都是要对罪犯进行抓捕，维护治安秩序。

“市掾”一职主要负责所辖之县界中市场上的治安秩序，市掾有时又称为“都市掾”“市吏”，西汉时又称其为“市啬夫”。

《汉书·何武传》中记载：

“武弟显家有市籍，租常不入，县数负其课。市啬夫求商捕辱显家，显怒，欲以吏事中商。武曰：‘以吾家租赋、摇役不为众先，奉公吏不亦宜乎’武卒白太守，如商为卒吏。”

市掾主要负责维护市场正常秩序的，对不法行为及危害治安的情况是要给予坚决制止的，《汉书·尹翁归传》中记载：

“尹翁归字子兄，河东平阳人也，徙杜陵。翁归少孤，与季父居。为狱

小吏，晓习文法。喜击剑，人莫能当。是时，大将军霍光秉政，诸霍在平阳，奴客持刀兵入市斗变，吏不能禁，及翁归为市吏，莫敢犯者。公廉不受馈，百贾畏之。”

霍光是西汉昭宣时期的权臣之一，著名的政治家，是汉代麒麟阁功臣之首，结果是其手下的人在平原市场上扰乱治安，摄于他们外戚的势力强大，出现了“吏不能禁”的情形，而尹翁归在担任市吏以后，可能是出于其“喜击剑，人莫能当”的缘故，最后出现了“莫敢犯者”的良好治安效果，我们从尹翁归身上就能看出市掾维护市场的治安职能。

狱掾史和狱司空这二者的主要职责范围则是主管监狱工作，就是负责所在县中监狱的具体管理工作，看管和囚禁在押犯人。

《汉书·于定国传》中记载：

“于定国字曼倩，东海郯人也。其父于公为县狱史，郡决曹，决狱平，罗文法者于公所决皆不恨。……定国少学法于父，父死，后定国亦为狱史，郡决曹，补廷尉史……朝廷称之曰：‘张释之为廷尉，天下无冤民；于定国为廷尉，民自以不冤。’”

于定国与其父亲都曾经担任过“县狱史”，而且成绩都较为突出。

第五章

汉代城市治安案件类型

第一节　经济上的犯罪行为

汉朝重视对个人和政府财产的保护，而且在城市社会治安中，最为常见的犯罪类型就是以侵夺别人财产据为己有的经济上的犯罪为主，这种在经济上的犯罪，在汉代诸多治安案件的类型中占据的比例较大，这种在经济上的犯罪还可以细化为不同的形式。

一、偷盗

西汉政府为了保护国家和地主阶级的利益，也更是为了保护个人的财产所有权不被侵犯，因此对经济上盗窃的这种犯罪行为给予了严厉制裁。《睡虎地秦墓竹简·法律答问》中有关于处罚所谓的“盗”的行为就有四十余条之多，因为盗窃的行为对城市社会治安构成了极大的威胁。

《晋书·刑法志》中记载：“（李）悝撰次诸国法，著《法经》。以为王者之政，莫急于盗贼，故其律始行于盗贼。”这充分说明了李悝在制定《法经》时首先考虑到的就是要对“盗贼”给予有力打击。

以后的《秦律》和《汉律》也均都把《盗》《贼》列为前两篇，可见盗窃行为是各朝统治者所不能容忍的，都是给予严厉处罚的。

在刘邦进入关中之后，《史记·高祖本纪》中记载了：“与父老约，法三章耳；杀人者死，伤人及盗抵罪。”所谓的“约法三章”，这其中就明确规定了“盗抵罪”，就是明令禁止百姓在经济上的犯罪行为。为了鼓励农业生产发展，保护牛、马等牲畜在农业生产发展中的作用，秦朝曾经颁布《厩苑律》明文规定了：“盗马者死，盗牛者加（枷）”，对于盗取牛、马的犯罪分子要给予严厉处罚甚至是死刑，汉代的桑弘羊在《盐铁论·刑德》中对此进行了评论："商君刑弃灰于道而秦民治，故盗马者死，盗牛者加，所以重本而绝轻疾之资也"。

汉代对盗窃行为进行量罪处罚时，汉代对此有着明确具体的规定，张家山汉简律《二年律令》中记载：

> "盗臧（赃）直（值）过六百六十钱，黥为城旦舂。六百六十到二百廿钱，完为城旦舂。不盈二百廿到百一十钱，耐为隶臣妾；不盈百一十到廿二钱，罚金四两。不盈廿二钱到一钱，罚金一两。"

说明汉代在对盗贼进行定罪量刑时，主要是依据犯罪者所得赃物价值来量刑定罪，盗窃的财物价值越大，对其处罚的也越重。

在诸多的盗窃行为之中，特别是盗取盗官物的行为是属于严重犯罪，案犯人将会被处严厉的惩罚。

汉代政府首先重视对官府财产的大力保护，其中，土地是古代非常重要的生产资料之一，汉代亦是如此，因此汉代政府对于敢对政府的土地进行侵占或者是买卖的行为，是要被处死的，对于非法侵占其他官物也是要给予严惩的，汉代《九章律》中规定："盗官物弃市"。汉代有许多人因此而受到了严厉的处罚，如《汉书·匡衡传》中记载：

> "久之，衡子昌为越骑校尉，醉杀人，系诏狱。越骑官属与昌弟且谋篡昌。事发觉，衡免冠徒跣待罪，天子使谒者诏衡冠履。而有司奏衡专地盗土，衡竟坐免。"

说明汉成帝时期的匡衡作为当朝的丞相，竟然利用自己的职权，随意扩大自己土地的封界，结果被处以"坐免"的处罚。汉代一些强宗豪右往往也是抢占和兼并土地，《史记·淮南衡山列传》中记载了汉武帝元光六年（公元前 129 年），衡山王入朝，"王使人上书告内史，内史治，言王不直。又数侵夺人田，坏人冢以为田。有司请逮治衡山王。"由于衡山王侵夺别人的土地，最后被相关的执法人员奏请政府惩治，但却没有得到武帝的许可，被免予处罚，这是个特殊的案例，衡山王没有被处罚，是因为得到了汉武帝的特赦，而不是法律上的正常定罪结果。

《汉书·百官公卿表》中记载："强宗豪右田宅逾制，以强陵弱，以众暴寡"，汉政府对抢占土地的现象是要给予一定限制的，汉哀帝时期就提出了对土地占有权逾制的处罚，《汉书·哀帝纪》中记载：

“制节谨度，以防奢淫，为政所先，百王不易之道也。诸侯王、列侯、公主、吏二千石及豪富民，多畜奴婢，田宅亡限，与民争利，百姓失职，重困不足，其议限列。有司条奏：‘诸王列侯得民田国中，列侯在长安及公主得名田县、道，关内侯、吏、民名田皆无得过三十顷，诸侯王奴婢二百人，列侯、公主百人，关内侯吏民三十人，年六十以上，十岁以下，不在数中。贾人皆不得名田为吏。犯者以律论，诸名田畜奴婢过品，皆没入县官。’”

在汉哀帝执政时期，由于抢占和买卖土地而导致的土地兼并问题日益严重化，于是国家开始对这种情况给予一定的限制，于是对诸王、列侯以及一般的地主在占有土地和奴婢的问题上给予一定的限制，这就是后来历史上比较有名的师丹“限民名田”的建议，虽然政府颁布了相关的法令法规，但是在实际中收到的效果却是甚微。

汉代除了抢占土地等生产资料外，有些人直接侵夺政府的财务，如汉代的田延年在担任大司农之时，利用职务上的便利条件竟然侵占国家钱财三千万据为己有，《汉书·恩泽侯表》对此记载为：“坐为大司农盗都内钱三千万，自杀。”田延年最后的结局是畏罪自杀了。

偷盗官府财务有时候即使是一般的盗窃行为，在审判量刑上往往也是给予比较重的处罚，《汉书·张敞传》中记载：

“京兆尹张敞上书言：‘国兵在外，军以夏发，陇西以北，安定以西，吏民并给转输，田事颇废，素无余积，虽羌虏以破，来春民食必乏。穷辟之处，买亡所得，县官谷度不足以振之。愿令诸有罪，非盗受财杀人及犯法不得赦者，皆得以差入谷此八郡赎罪。务益致谷以豫备百姓之急。’”

西汉时张敞在担任京兆尹时，曾经向汉政府上书要求将“盗”与“受财杀人”及“犯法不得赦者”欲同样被列为重罪系列，给予严厉处罚。

《三国志·魏志·鲍勋传》中记载了东汉末年曹丕郭夫人的弟弟曾经偷盗官府布匹的案件：

“鲍勋字叔业，泰山平阳人也。建安十七年，太祖辟勋丞相掾，二十二年，立太子，以勋为中庶子，出为魏郡西部都尉，太子郭夫人弟为曲周县吏，断盗官布，法应弃市，太子数手书为之请罪，勋不敢擅纵，具列上。”

建安二十二年（公元 217 年）曹丕被扶立为太子，郭夫人的弟弟此时任曲周县吏，结果因为偷盗官布应当给予弃市处罚，当时负责处理该案件的是西部都尉鲍勋，曹丕于是多次写书信求情，希望给予宽大处理，但是鲍勋不敢私自做主来处理，最后还是将该案上报给了政府。

在惩治偷盗的行为时，对相关官吏的贪污腐败行为也进行了严厉的惩处，其中“坚守自盗”的行为在当时被称之为“主守盗”“监临主盗”等，汉政府对这种行为是要给予严惩的，秦简《法律答问》中记载：“害盗别徼而盗，驾（加）罪之。”这里的所谓“害盗”就是指的负责抓捕罪犯、维护社会治安的人员，作出了危害社会治安秩序的行为来，如果作为治安的执法人员而自己却从事偷盗，在处罚时要比照“群盗”罪进行惩处的，《汉书·陈万年传》在“主守盗”条注引如淳曰：“律，主守盗值十金，弃市。”汉代因为这项罪名而受到处罚的大有人在。

《汉书·冯野王传》中记载：

> “野王字君卿，受业博士，通《诗》。少以父任为太子中庶子。年十八，上书愿试守长安令。宣帝奇其志，问丞相魏相，相以为不可许。后以功次补当阳长，迁为栎阳令，徙夏阳令。元帝时，迁陇西太守，以治行高，入为左冯翊。岁余，而池阳令并素行贪污，轻野王外戚年少，治行不改。野王部督邮掾祋祤赵都案验，得其主守盗十金罪，收捕。并不首吏，都格杀。并家上书陈冤，事下廷尉。都诣吏自杀以明野王，京师称其威信，迁为大鸿胪。”

上面史料中提到了“池阳令”，由于原来就有贪污的行为，最后被冯野王派人进行核查，“得其主守盗十金罪，收捕。”最后被处死。

又《汉书·薛宣传》中记载：

> “始高陵令杨湛、栎阳令谢游皆贪猾不逊，持郡短长，前二千石数案不能竟。及宣视事，诣府谒，宣设酒饭与相对，接待甚备。已而阴求其罪臧，具得所受取。宣察湛有改节敬宣之效，乃手自牒书，条其奸臧，封与湛曰：‘吏民条言君如牒，或议以为疑于主守盗。冯翊敬重令，又念十金法重，不忍相暴章。故密以手书相晓，欲君自图进退，可复伸眉于后。即无其事，复封还记，得为君分明之。’”

薛宣在取得了高陵令杨湛所有犯罪事实以后，将其全部罪状写在了“牒书”之上并交给杨湛，并在信中认为：“或议以为疑于主守盗，冯翊敬重令，又念十金法重，不忍相暴章。”杨湛自知“十金法重”，最后自己辞职了。

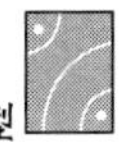

如果盗取的钱财数额较大，则是要判以“不道”的罪名，如上文提到的《汉书·田延年传》中，“丞相议奏延年主守盗三千万，不道”就是例证。

如果在盗窃过程中，如果涉及皇家陵园中的财物，那么在定罪中同样也要给予重罚，如《史记·酷吏列传》中记载了在汉武帝时期“会人有盗发孝文园瘗钱，丞相青翟朝，与汤约俱谢。”最后丞相严青因为此事的牵连而畏罪自杀了。

为了打击盗窃行为，西汉时对于犯有盗窃罪行的人员在政治上是要给予禁锢的：

> 《汉书·贡禹传》中记载：“孝文皇帝时，贵廉絜，贱贪污，贾人、赘婿及吏坐臧者皆禁锢不得为吏。”
>
> 《后汉书·刘恺列传》中记载：“安帝初，清河相叔孙光坐臧抵罪，遂增锢二世，衅及其子。”
>
> 《后汉书·陈忠列传》载：“（陈）忠字伯始，永初中辟司徒府，三迁廷尉正，以才能有声称。司徒刘恺举忠明习法律，宜备机密，于是擢拜尚书，使居三公曹。忠自以世典刑法，用心务在宽详。初，父宠在廷尉，上除汉法溢于《甫刑》者，未施行，及宠免后遂寝。而苛法稍繁，人不堪之。忠略依宠意，奏上二十三条，为《决事比》，以省请谳之敝。又上除蚕室刑；解臧吏三世禁锢；狂易杀人，得减重论；母子兄弟相代死，听，赦所代者。事皆施行。”

通过对贡禹、刘恺、陈忠等三人的相关史料分析，我们不难看出，终汉一朝对盗窃和贪腐行为的处罚是相当严厉的，首先是对本人在政治上给予禁锢，至东汉以后，则给予禁锢二世甚至三世，说明东汉时期对其处罚力度有逐渐加重的趋势。

二、受赃

汉代还把官员的受贿行为定为“受赃”或“受赇”，《说文·贝部》中对其解释为：“赇，以财物枉法相谢也。”段玉裁注曰：“枉法者，违法也。法当有罪，而以财求免，是曰赇；受之者亦曰赇。”《后汉书·王符传》中记载：“夫理直则恃正而不桡，事曲则谄意以行赇。不桡故无恩于吏，行赇故见私于法。”其中行贿的行为被称为“行赇”，接受贿赂者的行为被称之为“受赇”。

汉政府对“行赇”和“受赇”的行为均认定为一种经济犯罪，对这种行为要给予严厉打击，《史记·樊郦滕灌列传》中记载：“元光三年，天子封灌婴孙贤为临汝侯，续灌氏后八岁，坐行赇有罪，国除。”《汉书·功臣表》中记载：“侯周意坐行赇，髡为城旦。”《史记·功臣表》中记载：“建元六年，侯侈坐以买田宅不法，又请求吏罪，国除。”

三、持质

汉代对于劫持人质并以敲诈钱财为主要目的的“持质”行为，出于维护社会治安考虑也是要给予严厉制裁的，抓获犯罪者后一律给予处死的处罚，《汉书·赵广汉传》中就记载了发生在西汉中期在汉宣帝时期的一宗“持质”案：

> “（赵）广汉为人强力，天性精于吏职。见吏民，或夜不寝至旦。……郡中盗贼，闾里轻侠，其根株窟穴所在，及吏受取请求铢两之奸，皆知之。长安少年数人会穷里空舍谋共劫人，坐语未讫，广汉使吏捕治，具服。
>
> 富人苏回为郎，二人劫之。有顷，广汉将吏到家，自立庭下，使长安丞龚奢叩堂户晓贼，曰：‘京兆尹赵君谢两卿，无得杀质，此宿卫臣也。释质，来手，得善相遇，幸逢赦令，或时解脱。’二人惊愕，又素闻广汉名，即开户出，下堂叩头，广汉跪谢曰：‘幸全活郎，甚厚！’送狱，敕吏谨遇，给酒肉。至冬当出死，豫为调棺，给敛葬具，告语之，皆曰：‘死无所恨！’”

在赵广汉担任京兆尹之时，由于苏回属于富人阶层，曾遭到两人的劫持，经过赵广汉的努力，两劫匪最终将苏回释放，赵广汉将两劫匪送入监狱，最后的结果是被处以死刑。

到了东汉时期，社会上经常发生“持质”案件，这种“持质”不但对东汉时期城市社会的治安构成了巨大威胁，而且这种情况随着社会形势的发展，其性质有不断恶化的趋势。

《后汉书·乔玄列传》中记载：

> “（乔）玄少子十岁，独游门次，卒有三人持杖劫执之，入舍登楼，就玄求货，玄不与。有顷，司隶校尉阳球率河南尹、洛阳令围守玄家。球等恐并杀其子，未欲迫之。玄目呼曰：‘奸人无状，玄岂以一子之命而纵国贼乎！’促令兵进。于是攻之，玄子亦死。玄乃诣阙谢罪，乞下天下：‘凡有劫质，皆并杀之，不得赎以财宝，开张奸路。’诏书下其章。初自安帝以后，法禁稍散，京师劫质，不避豪贵，自是遂绝。”

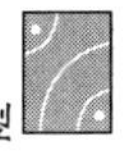

这段史料中含有大量的信息，首先，我们从“初自安帝以后，法禁稍散，京师劫质，不避豪贵”一句中就可以知道，东汉时期的“持质”现象非常普遍，而且范围在不断地扩大，随着这种扩大，权贵阶层也开始成为“劫质”的重要目标，被劫持者地位较高、影响也较大，对东汉时期的社会治安也构成了严重的威胁与影响，面对这种情况，当时的乔玄提出了自己的主张：“凡有劫质，皆并杀之，不得赎以财宝，开张奸路。”说明东汉政府对以谋财为目的的“持质”治安事件是给予坚决回击和严厉制裁的，在东汉政府的大力打击之下，最后这种情况逐渐是“自是遂绝”，得到了一定程度的缓解。

纵观汉代，对处理“持质”的问题上，对案犯都是处以死刑，但是这种情况也有例外，据《北堂书钞》中记载：

> “张敞为太原太守，有三人劫郡界，持三人为质，敞诣所谕曰：释质，太守释汝，乃解印绶以示之，曰：大夫不相欺。贼释质自首，遂纵之。自劾，诏报复其冠履如故。”

在汉宣帝执政后期，张敞出任太原太守，在当时处理这场恶性案件时，张敞出于保护人质的安全考虑，对劫匪提出的条件是“释质，太守释汝”，张敞在经过不断努力之后，劫匪才肯“释质自首”。

而且张敞实现了自己对劫匪的诺言——“遂纵之”，这在当时是不被法律所允许的，张敞显然是知道自己的罪责不轻，所以张敞作为太守，对自己进行“自劾”，虽然事后张敞“诏报复其冠履如故”，但这是一种特殊的恩典，不能按照正常情况来处理和看待。

通过这件事情我们可以看出，张敞在整治“盗窃”治安事件时，往往有着比较丰富的经验，《汉书·张敞传》中就曾记载其治理京师“偷盗”时的情况：

> “京师寖废，长安市偷盗尤多，百贾苦之。上以问敞，敞以为可禁。敞既视事，求问长安父老，偷盗酋长数人，居皆温厚，出从童骑，闾里以为长者。敞皆召见责问，因贳其罪，把其宿负，令致诸偷以自赎。偷长曰：‘今一旦召诣府，恐诸偷惊骇，愿一切受署。’敞皆以为吏，遣归休。置酒，小偷悉来贺，且饮醉，偷长以赭污其衣裾。吏坐里闾阅出者，污赭辄收缚之，一日捕得数百人。穷治所犯，或一人百余发，尽行法罚。由是枹鼓稀鸣，市无偷盗，天子嘉之。”

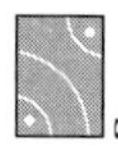

四、恐喝取财

在汉代的经济犯罪中还有一类就是敲诈勒索，诈取公私财物的行为，汉代对以欺诈手段来获取财物的行为称之为“恐喝取财”，汉代对其处罚也是相当重的，汉《盗律》有“恐喝取财”罪：

> “将中有恶言为恐喝，不以罪名呵为呵人，以罪名呵为受赇，劫召其财为持质。”

《汉书·王子侯表》中记载：“元狩四年，侯戚嗣，五年，元鼎三年，坐缚家吏恐猲受赇，弃市。”颜师古注曰：“猲谓以威力胁人也。赇，枉法以财相谢。”

《二年律令·贼律》规定：

> “及投书、县人书恐猲人以求钱财，盗杀伤人，盗发冢，略卖人若已略未卖，桥（矫）相以为吏、自以为吏以盗，皆磔。”

后来“磔”刑被弃市刑所取代。

在汉代因为敲诈勒索别人钱财而受到处罚的人大有人在，如《汉书·功臣表》中对此就有大量的记载：

> “孝景四年，侯杨毋害嗣，六年，坐诈绐人臧六百，免”；
> 元狩六年“嗣侯郦平坐诈衡山王取金，免”；
> 承乡侯德“鸿嘉二年，坐恐猲国人，受财臧五百以上，免。”；
> “藉阳侯显，坐恐猲国民取财物，免。”；
> 葛魁侯刘戚“元鼎三年，坐缚家吏恐猲受赇，弃市。”

以上大量的史实说明汉代对此类犯罪行为处罚较重，许多的王侯因犯有敲诈勒索财务的罪名不是被免去侯位就是被处以“弃市”。

汉代在经济领域方面犯罪的类型还有“劫人”，所谓“劫人”，指的是抢夺或抢劫他人财物的行为，这也是汉代在治安中常见的犯罪，这类型的犯罪在汉代较为盛行，特别是在城市，如《汉书·赵广汉传》中记载：“长安少年数人，会穷里空舍，谋共劫人，坐语未讫，广汉使吏捕治，具服。”虽然只是在谋划劫人钱财，没有付之行动，但是足以证明汉代长安城中这种劫人谋财的行为一定

很多。

在这种抢劫财物的过程中，可能会出现双方的搏斗，所以有时候还会出现杀伤人命，《汉书·尹赏传》中记载："城中薄暮尘起，剽劫行者，死伤横道，枹鼓不绝。"就是对此最为生动的描述。

汉代从事这种非法行为的主要是一些亡命之徒，但是也有一些贵族身份者参与抢劫杀人的活动中来，如《史记·梁孝王世家》中记载：

"济东王彭离者，梁孝王子，以孝景中六年为济东王。二十九年，彭离骄悍，无人君礼，昏暮私与其奴、亡命少年数十人行剽杀人，取财物以为好。所杀发觉者百余人，国皆知之，莫敢夜行。"

彭离经常带领一些"恶少年"进行抢劫杀人，而且"所杀发觉者百余人"，结果导致"莫敢夜行"，说明彭离的抢劫行为多是在夜晚，凭借着夜幕的掩护进行，但是有时候这种抢劫行为公然于大白天进行，贾谊对此也有过描述，《汉书·贾谊传》中记载："白昼大都之中剽吏而夺之金。"颜师古注曰："白昼，昼日也。言白者，谓不阴晦也。"说明在大白天就公然抢夺财物，而且被抢劫的对象竟然是政府的"吏"，说明汉代城市治安的严峻形势。

汉代在抢劫财物的行为中除了拦路抢劫之外，还有一种是入室抢劫，古代社会对这种侵犯个人庐舍及财物者，主人可以给予坚决反抗，如果将盗贼杀害，并不受任何法律制裁，后汉郑司农为《周礼·秋官·朝士》中的："凡盗贼军乡邑及家人，杀之无罪"作注时，引用了汉律中的律文："无故入人室宅庐舍，上人车船，牵引人欲犯法者，其时格杀之，无罪"。[①] 说明在汉代，明令禁止个人私自进入民宅，就是官吏也是不允许随便进入普通百姓家中抓捕任何人，房屋主人在必要时可以"格杀之，无罪"，这是保护正当防卫的制度。

居延汉简中的《捕律》中记载："禁吏毋夜入人庐舍捕人。犯者，其室殴伤之，以无故入人室律从事。"明确规定了当时禁止官吏在夜晚之时随意进入居民家中捕人，如果相关的人员若违反此项规定，被居民所殴伤，汉政府将按"毋故入人室律"处理，不追究百姓的任何法律责任。

五、赌博

汉代影响社会治安犯罪的事件还有聚众"赌博"，博，或作"簙"，《说文》

① 阮元：《周礼注疏·秋官·朝士》（《十三经注疏》），中华书局1980年版，第878页。

中对此解释："簙，局戏也，六箸十二棋也。"战国时魏国的李悝曾编订了《法经》，共计为六篇，其《杂律》中就曾设立"博戏"条款，据《晋书·刑法志》中记载：

"（李）悝撰次诸国法著《法经》。以为王者之政莫急于盗、贼，故其律始于《盗》、《贼》。盗、贼须劾捕，故著《网（囚）》、《捕》二篇。其轻狡、越城、博戏、假借、不廉、淫侈、逾制以为《杂律》。"

其中的"博戏"就是指的赌博行为。

汉代又将这种行为称之为"摶揜"或"摶掩"，《汉书·货殖传》中记载："又况掘冢掩，犯奸成富。"颜师古注曰："摶掩，谓摶击掩袭，取人物者也。摶字或作博。一说摶，六博也；掩，意钱之属也；皆戏而赌取财物。"

这种所谓的"博戏"主要是以获取钱财为主要目的的，因此对当时的社会治安也构成了一定的危害，东汉时期的王符还将此列为东汉社会浮奢表现之一。

《后汉书·王符传》中记载：

"今人奢衣服，侈饮食，事口舌而习调欺。或以谋奸合任为业，合任谓相合为任侠也。或以游博持掩为事。"

赌博不但获取别人的钱财，而且对社会治安秩序也构成了严重的威胁，《汉书·食货志下》中记载："世家子弟富人或斗鸡走狗马，弋猎博戏，乱齐民。"颜师古注引如淳曰："世家，谓世世有禄秩家也。"因此汉代对赌博的这种行为是给予处罚的，张家山汉简《二年律令·收律》中记载："博戏相夺钱财，若为平者，夺爵各一级，戍二岁。"

《汉书·常山宪王舜传》中记载：

"汉使者视宪王丧，棁自言宪王病时，王后、太子不侍，及薨，六日出舍，太子勃私奸、饮酒、博戏、击筑，与女子载驰，环城过市，入狱视囚。"

常山宪王太子之所以最后被废，其罪名之中就有"博戏"一项。

第二节　对人体侵害上的犯罪行为

汉代在犯罪领域中，除了有经济类型的犯罪之外，还有对人身体上的各种侵

害行为，这些侵害行为对汉代社会秩序的稳定也构成了极大的威胁。

刘邦在进入关中以后，为了迅速稳定当时的社会秩序，就曾经与关中百姓定“三章之法”，《史记·高祖本纪》中对此记载：

> “汉元年十月，沛公兵遂先诸侯至霸上。……召诸县父老豪桀曰：‘父老苦秦苛法久矣诽谤者族偶语者弃市吾与诸侯约先入关者王之吾当王关中。与父老约，法三章耳：杀人者死，伤人及盗抵罪。余悉除去秦法。”

其中的“杀人者死”就是对人身安全及生命的保护，汉代社会中对于杀人不同的具体案情区分得非常细致，有所谓的“谋杀”“斗杀”“贼杀”“戏杀”，等等。

所谓的“谋杀”，在《晋书·刑法志》中认为“二人对议谓之谋”，这种行为计划不一定要本人亲自去参与谋杀活动，而且由于是处于“谋划”的阶段，最终可能没有付诸行动，但是这种“预谋”的行为一旦被发觉告发后，处罚的结果一样是非常严厉的，《史记·梁孝王世家》中记载：

> “其夏四月，上立胶东王为太子。梁王怨袁盎及议臣，乃与羊胜、公孙诡之属阴使人刺杀袁盎及他议臣十馀人。逐其贼，未得也。于是天子意梁王，逐贼，果梁使之。乃遣使冠盖相望于道，覆按梁，捕公孙诡、羊胜。公孙诡、羊胜匿王后宫。使者责二千石急，梁相轩丘豹及内史韩安国进谏王，王乃令胜、诡皆自杀，出之。上由此怨望于梁王。梁王恐，乃使韩安国因长公主谢罪太后，然后得释。”

羊胜和公孙诡在刺杀袁盎及其他大臣时，虽然其二人没有直接参与行动，但是却是背后的主谋之一，当政府派人进行缉捕时，羊胜和公孙诡的最后下场是畏罪“皆自杀”。

《汉书·恩泽侯表》中记载：“元光三年，侯常生嗣，十年，元狩元年，坐谋杀人，未杀，免。”元狩元年（公元前122）年，章武景侯窦常生因为其有“谋杀人”的想法，虽然没有采取暗杀行动，但是处罚的结果还是被免去了侯爵。

“斗杀”就是指两个人由于斗殴而导致出现伤亡的事件，即所谓的：“两讼相趣谓之斗”，这种情况也是城市治安中较为常见的，汉代对这种违法的行为也是给予禁止的，《睡虎地秦墓竹简·法律问答》中规定：

"斗决人耳，耐。"

"士伍甲斗，拔剑伐，何论？当完城旦。"

"或与人斗，缚而尽拔其须眉，论何也？当完城旦。"

说明在秦代时期就对斗殴伤人、斩人发结、拔人须眉等行为给予相应惩罚。汉代对此类治安事件也是非常重视，同样也是给予严厉的处罚，据《汉书·朱博传》中记载：

"律曰：'斗以刃伤人，完为城旦，其贼加罪一等，与谋者同罪。'诏书无以诋欺成罪。传曰：'遇人不以义而见疻者，与痏人之罪钧，恶不直也。'"

应劭注曰：

"以杖手殴击人，剥其皮肤，肿起青黑而无创瘢者，律谓疻痏。遇人不以义为不直，虽见欧与欧人罪同也。"

汉简中也有关于斗殴等影响社会治安事件不法行为的处罚规定，《二年律令·贼律》中规定：

"斗以釰及金铁锐、锤、椎伤人，皆完为城旦舂。其非用此物而人，折枳、齿、指，胅体，断决鼻、耳者，耐。其毋伤也，下爵殴上爵，罚金四两。殴同死〔列〕以下，罚金二两；其有疻痏及□[①]，罚金四两。"

《二年律令》中还有：

"鬼薪白粲殴庶人以上，黥以为城旦舂。城旦舂也，黥之。"

"奴婢殴庶人以上，黥頯，畀主。"

"斗殴变人，耐为隶臣妾。(怀) 子而敢与人争斗，人虽殴变之，罚为人变者金四两。"

通过上述史料的记载来看，汉代在维护城市社会的治安过程中，不仅制止社

① □代表汉简中缺字的部分，出土时，就无内容，本书其他部分出现□时，同样代表汉简中缺字的部分。

会上的斗殴杀伤事件，同时也禁止家庭内部成员之间的斗殴，如果一旦发生，则要依据成员在家庭中的地位给予相应的处罚，这种情况在秦代就有明文规定，《秦简·法律答问》中载："殴大父母，黥为城旦舂。今殴高大父母，可（何）论？比大父母。"

汉代对于在家庭内部各成员之间的斗殴行为，如果属于长辈、丈夫，对子女或妻子进行殴打，其处罚是比较轻的；如果子女或妻子对父母、丈夫等进行殴打，则其给予的处罚是相当严厉的，这主要体现出汉代统治对儒家伦常关系的维护。

《二年律令》对此有详细的规定记载：

"妻悍而夫殴笞之，非以兵刃也，虽伤之，毋罪。"

"妻殴夫，耐为隶妾。"

"子牧杀父母，殴詈泰父母、父母、叚（假）大母、主母、后母，及父母告子不孝，皆弃市。其子有罪当城旦舂、鬼薪白粲以上，及为人奴婢者，父母告不孝，勿听。年七十以上告子不孝，必三环之。三环之各不同日而尚告，乃听之。教人不孝，黥为城旦舂。贼杀伤父母，牧杀父母，欧〈殴〉詈父母，父母告子不孝，其妻子为收者，皆锢，令毋得以爵偿、免除及赎。"

"父母殴笞子及奴婢，子及奴婢以殴笞辜死，令赎死。"

"妇贼伤、殴詈夫之泰父母、父母、主母、后母，皆弃市。"

"殴兄、姊及亲父母之同产，耐为隶臣妾。其奊訽詈之，赎黥。"

家庭是社会的基层组织结构，汉代在维护社会治安的过程中，必须要稳定以家庭为主的内部各种关系，运用法律手段维护家庭的等级秩序及伦理道德，这也才能构建一个稳定的、和谐的社会治安环境。

对人体和精神构成伤害的还有"奸淫罪"，这也是影响城市治安稳定的犯罪活动之一，汉代对强奸、通奸等淫乱行为处罚也是很严重的，张家山汉简《二年律令·杂律》一八八简至一九三简就是相关处罚的具体规定：

"民为奴妻而有子，子畀奴主；主奸婢，若为它家奴妻，有子，子畀婢主，皆为奴婢。"

"奴与庶人奸，有子，子为庶人。"

"奴取（娶）主、主之母及主妻、子以为妻，若与奸，弃市，而耐其女子以为隶妾。其强与奸，除所强。"

"同产相与奸，若取（娶）以为妻，及所取（娶）皆弃市。其强与奸，除所强。”

“诸与人妻和奸，及其所与皆完为城旦舂。其吏也，以强奸论。”

“强与人奸者，府（腐）以为宫隶臣。”

由以上的汉律中的详细规定，我们可以看出，汉代对犯有奸淫罪的处罚是有明确规定的，而且处罚也是相当的重，汉代因此受到处罚的人也大有人在，《汉书·燕王泽传》中记载：

“定国与父康王姬奸，生子男一人。夺弟妻为姬。与子女三人奸。定国有所欲诛杀臣肥如令郢人，郢人等告定国。定国使谒者以它法劾捕格杀郢人灭口。至元朔中，郢人昆弟复上书具言定国事。下公卿，皆议曰：‘定国禽兽行，乱人伦，逆天道，当诛。’上许之。定国自杀，立四十二年，国除。”

这里刘定国就是以“淫乱”而获罪至死的。

《汉书·文三王传》中记载：

“荒王女弟园子为立舅任宝妻，宝兄子昭为立后。数过宝饮食，报宝曰：‘我好翁主，欲得之。’宝曰：‘翁主，姑也，法重。’立曰：‘何能为！’遂与园子奸。积数岁，永始中，相禹奏立对外家怨望，有恶言。有司案验，因发淫乱事，奏立禽兽行，请诛。”

《汉书·高五王传》中记载：

“五凤中，青州刺史奏终古使所爱奴与八子及诸御婢奸，终古或参与被席，或白昼使裸伏，犬马交接，终古亲临观。产子，辄曰：‘乱不可知，使去其子。’事下丞相、御史，奏：‘终古位诸侯王，以今置八子，秩比六百石，所以广嗣重祖也。而终古禽兽行，乱君臣夫妇之别，悖逆人伦，请逮捕。’有诏：‘削四县。’”

《汉书·高惠高后文功臣表》中记载：

“元鼎二年，侯宗嗣，二十四年，征和二年，坐与中人奸，阑入宫掖门，入财赎完为城旦。户二万三千。”

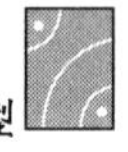

《汉书·儒林列传》中记载：

“王式字翁思，东平新桃人也。事免中徐公及许生。式为昌邑王师。昭帝崩，昌邑王嗣立，以行淫乱废。”

《汉书·文三王传》中记载：

“地节中，冀州刺史林奏年为太子时与女弟则私通。及年立为王后，则怀年子，……相闻知，禁止则，令不得入宫。年使从季父往来送迎则，连年不绝。有司奏年淫乱，年坐废为庶人，徙房陵。”

从以上诸多的史料来看，汉代对于犯有奸淫罪者，不论是普通百姓还是王侯贵族，只要是触犯了该项法律，同样都要受到严厉处罚，严重者甚至是被处死抑或被废为庶人。

第六章

影响汉代城市治安的因素

在汉代的城市治安维护中，存在着诸多因素会对其构成危害与影响，在这些因素中主要有豪强、游侠、恶少年、复仇之风、财富不均、自然灾害，等等，这些因素有些能够对城市治安构成直接威胁，有些因素则会构成间接影响，有些因素也有可能是影响城市治安稳定的深层原因，在研究汉代城市治安中，这些因素是不可以被忽视的。

第一节 豪 强

在汉代的城市社会之中，由于居住人口众多，人口成分也是较为复杂的，在这之中存在的一个特殊的社会阶层，就是所谓的豪强。

而且城市中这种豪猾之民往往会更集中，所谓“豪民”，在汉代的史料中又将其称之为“豪强”“豪富民”“豪右”“豪大家”“大姓”“著姓”“强宗”等不同称呼，这些人具有雄厚的经济实力，《盐铁论·复古》中记载：“往者豪强大家，得管山海之利。”同时还占有大量的土地和人口，有时候与政府的一些官员有一定联系和往来，其在汉代社会中具有重要地位的一个阶层。

同时，豪强也是影响汉代城市治安中一个不可忽视的因素，《汉书·王尊传》中记载：

“者南山盗贼阻山横行，剽劫良民，杀奉法吏，道路不通，城门至以警戒。步兵校尉使逐捕，暴师露众，旷日烦费，不能禽制。二卿坐黜，群盗浸强，吏气伤沮，流闻四方，为国家忧。当此之时，有能捕斩，不爱金爵重赏。关内侯宽中使问所征故司隶校尉王尊捕群盗方略，拜为谏大夫，守京辅都尉，行京兆尹事。尊尽节劳心，夙夜思职，卑体下士，厉奔北之吏，起沮伤之气，二旬之间，大党震坏，渠率效首。贼乱蠲除，民反农业，拊循贫

弱，锄耘豪强。长安宿豪大猾东市贾万、城西万章、箭张禁、酒赵放、杜陵杨章等皆通邪结党，挟养奸轨，上干王法，下乱吏治，并兼役使，侵渔小民，为百姓豺狼。更数二千石，三十年莫能禽讨。”

因此，《汉书·元帝纪》中认为：“民多豪疆，号为难治。”

汉代的豪强对当时的统治秩序和社会治安环境造成了巨大的威胁，这些豪强往往与国争利、武断乡曲、横行乡里、欺压百姓：

“役财骄溢，或至并兼豪党之徒以武断于乡曲。”①

“汉承战国余烈，多豪猾之民。其并兼者则陵横邦邑，桀健者则雄张闾里。且宰守旷远，户口殷大。故临民之职，专事威断，族灭奸轨，先行后闻。肆情刚烈，成其不桡之威。违众用己，表其难测之智。至于重文横入，为穷怒之所迁及者，亦何可胜言。故乃积骸满穽，漂血十里。”②

鉴于豪强的势力，因此在汉代社会上一度形成了“宁负二千石，无负豪大家”③ 的局面，这从一个侧面说明豪强不但拥有雄厚的经济基础和实力，而且还间接地左右着汉代的政权。

豪强在汉代社会的数量是比较大的，例如，在汉武帝时期，京师长安所在的“关中”地区，就存在着大量的豪强，当时人们对其称之为“贤豪”或“为侠者”，《史记·游侠列传》中记载：

“然关中长安樊仲子，槐里赵王孙，长陵高公子，西河郭公仲，太原卤公孺，临淮儿长卿，东阳田君孺，虽为侠而逡逡有退让君子之风．至若北道姚氏，西道诸杜，南道仇景，东道赵他、羽公子，南阳赵调之徒，此盗跖居民间者耳，曷足道哉!”

上面史料中提到的虽然是游侠，但是这里有许多人还是豪强，是两种身份的相互结合者，而且他们对当时城市社会治安的影响从“盗跖居民间者”一句话就非常形象生动地给出了描述和概况，他们的行为有时候与盗贼无异，而且这种局面到了西汉后期也仍然存在着。

---

① 班固:《汉书·食货志上》，中华书局 1962 年版，第 1136 页。
② 范晔:《后汉书·酷吏列传》，中华书局 1965 年版，第 2487 页。
③ 班固:《汉书·严延年传》，中华书局 1962 年版，第 3668 页。

“其自哀、平间，郡国处处有豪桀，然莫足数。其名闻州郡者，霸陵杜君敖、池阳韩幼孺、马领绣君宾、西河漕中叔，皆有谦退之风。王莽居慑，诛锄豪侠，名捕漕中叔，不能得。”①

汉代豪强在经济上通常拥有着强大的财力，呈现出“豪富民多畜奴婢，田宅亡限，与民争利，百姓失职，重困不足”② 的局面，由于其拥有的经济实力雄厚，所以在其所在的城市中，往往是颐指气使，因此司马迁在其《史记·货殖列传》中对此记载到：“凡编户之民，富相什则卑下之，伯则畏惮之，千则役，万则仆，物之理也。”对于百姓来讲，如果别人的财富是自己财富十倍的时候，自己就会对其低声下气；如果别人的财富比自己的财富多出百倍以上的时候，自己就会对其产生惧怕感；如果别人的财富比自己的财富多出千倍以上的时候，自己就会处于被其驱使的境地；如果要是多出万倍的时候，那么自己就会沦落为对方的奴仆。

所以我们不难看出，司马迁认为在汉代封建专制社会之中，经济财力是仅次于权力的重要社会支配力量，尽管汉代的豪民处于无权地位，但是却可以凭借着财势凌人，如《史记·平准书》中在说道汉武帝时富商大贾：“而富商大贾或贮财役贫，转毂百数，废居居邑，封君皆低首仰给。”裴骃集解引《汉书音义》：“蹛，停也。一曰贮也。”司马贞索隐：“此谓居积停滞尘久也。”

《汉书·张汤传》中记载：

“天下民不徙诸陵三十余岁矣，关东富人益众，多规良田，役使贫民。”

《汉书·王尊传》中记载：

“长安宿豪大猾东市贾万、城西万章、翦张禁、酒赵放、杜陵杨章等皆通邪结党，挟养奸轨，上干王法，下乱吏治，并兼役使，侵渔小民，为百姓豺狼。更数二千石，三十年莫能禽讨，尊以正法案诛，皆伏其辜。奸邪销释，吏民说服。”

《后汉书·陈龟传》中记载：

“陈龟字叔珍，后汉上党泫氏人也。永建中，举孝廉，五迁五原太守。……

① 班固：《汉书·游侠传》，中华书局 1962 年版，第 3719 页

② 班固：《汉书·哀帝纪》，中华书局 1962 年版，第 336 页。

后再迁，拜京兆尹。时三辅强豪之族，多侵枉小民。龟到，厉威严，悉平理其怨屈者，郡内大悦。”

这些都表明了汉代强宗豪右多依据其强大的经济实力，任意对所在地区的百姓进行剥削和役使。

崔寔在其著作《政论》中就曾对此种情况进行了真实而无情地揭露和批判：

> “上家累巨亿之赀，斥地侔封君之土，行苞苴以乱执政，养剑客以威黔首，专杀不辜，号无市死之子，生死之奉，多拟人主。故下户踦岖，无所跱足。乃父子低首，奴事富人，躬率妻孥，为之服役。故富者席余而日炽，贫者蹑短而岁踧。历代为虏，犹不赡于衣食。生有终身之勤，死有暴骨之忧，岁小不登，流离沟壑，嫁妻卖子，其所以伤心腐藏，失生人之乐者，盖不可胜陈。”

正是因为这种原因，所以在汉宣帝时期，在涿郡出现了：“大姓西高氏、东高氏，自郡吏以下皆畏避之，莫敢与牾，咸曰：‘宁负二千石，无负豪大家’”①的局面，形成豪强公然凌驾于汉代基层政权之上的现象也就不难理解了。

由于豪强在汉代城市中影响力非常大，甚至出现了《汉书·游侠列传》中所谓的“郡国处处有豪桀”情况，所以这些强宗豪右通常在所在地区是横行乡里、飞扬跋扈，更有甚者与当地的郡守结盟，逐渐演变成为与汉代基层社会政权平行的一种不可忽视的势力，也正是因为如此，汉代在维护城市治安时，对待豪强则是要给予特殊的关注，他们往往成为破坏汉代城市治安秩序的一种破坏力量，而且有时候在某种程度上还是主要破坏者，“邦邑和闾里中多有豪猾之民，是社会秩序的主要破坏者。”②

汉代的豪强不但剥削和役使百姓，而且对当时的城市社会的治安也构成了极大的威胁，如《汉书·王尊传》中就记载到这些豪强：“皆通邪结党，挟养奸轨，上干王法，下乱吏治，并兼役使，浸渔小民，为百姓豺狼。”可见这些豪强平日之中对社会所造成的诸多负面影响。

同时，这些豪强有时候还会参与到汉代的复仇行动中来，“箭张回、酒市赵君都、贾子光，皆长安名豪，报仇怨养刺客者也。”③

通过“挟养奸轨，上干王法，下乱吏治”“报仇怨养刺客者”就非常鲜明地

① 班固：《汉书·酷吏传》，中华书局1962年版，第3668页。
② 张继海：《汉代城市社会》，社会科学文献出版社2006年版，第295页。
③ 班固：《汉书·游侠传》，中华书局1962年版，第3706页。

说明了这些豪强地主平时进行着威胁社会治安的活动，有些豪强更是随意残害人命，公然践踏汉代的法律，但是由于这些强宗豪右具有非常强大的宗族和社会势力，因此在面对其破坏法律、影响城市治安时，相关的治安官吏迫于这种现状，对此也往往是不敢过问，《汉书·王尊传》中记载：

> 京兆尹“（王）尊出行县，男子郭赐自言尊：‘许仲家十余人共杀赐兄赏，公归舍。’吏不敢捕。尊行县还，上奏曰：‘强不陵弱，各得其所，宽大之政行，和平之气通。’御史大夫中奏尊暴虐不改，外为大言，倨嫚姗上，威信日废，不宜备位九卿。尊坐免。”

当时，王尊的身份是京兆尹，是负责京师地区的治安官员之一，在巡县的过程中，郭赐向王尊报案说自己的哥哥郭赏被“许仲家十余人共杀”的事实，按照正常的情况是王尊在调查清楚案件后，会立即派人抓获相关的罪犯，但是我们看见的却是“吏不敢捕”的结果，治安的官吏在明知犯罪者是逍遥法外的情况，却不敢前去将其缉捕罪犯归案，说明“许仲家”应该是当地的豪强之家，在犯有杀人的案件后，主管的官员却不敢对其进行依法惩处，豪强势力之强大可见一斑。

而王尊在巡县得知案情之后，却向上级政府部门禀报的是“强不陵弱，各得其所，宽大之政行，和平之气通”，这明显与现实的治安情况不符，结果其行为被负责监察百官的“御史大夫”给予弹劾，认为：“尊暴虐不改，外为大言，倨嫚姗上，威信日废，不宜备位九卿。”应当说御史大夫所言无虚，最后对王尊的处罚是“尊坐免”，被免去了京兆尹职务。通过这件事情可以看出，汉代豪强的势力之大，对城市治安的危害之深。

有时候这些豪强会与汉代社会另一特殊阶层“侠”会进行相互往来，相互进行利用，如《汉书·酷吏传》中记载：

> “永始、元延间，上怠于政，贵戚骄恣，红阳长仲兄弟交通轻侠，臧匿亡命。而北地大豪浩商等报怨，杀义渠长妻子六人，往来长安中。丞相、御史遣掾求逐党与，诏书召捕，久之乃得。”

这种豪强与游侠相互勾结的行为对汉代城市治安稳定有着巨大破坏作用。

汉代为了稳定社会秩序，维护城市治安状况，在面对豪强的这种情况之下，于是决定开始限制、打击豪强的势力，《史记·主父偃列传》中记载主父偃说：“茂陵初立，天下豪杰并兼之家，乱众之民，皆可徙茂陵，内实京师，外销奸猾。

此所谓不诛而害除。”于是汉代政府对豪强地主实行了具有强制性的“迁豪”政策。

《汉书·娄敬传》中记载高祖九年（公元前197年）：

“十一月，徙齐楚大族昭氏、屈氏、景氏、怀氏、田氏五姓关中，与利田宅。”

《汉书·武帝纪》中记载太始元年（公元前96年）：

“太始元年春，徙郡国吏民、豪杰于茂陵、云陵。”

《汉书·原涉传》中记载：

“原涉字巨先。祖父武帝时以豪杰自阳翟徒茂陵。”

说明在汉代时期，只要在地方上有实力的豪强，都是要给予迁徙的。

《汉书·地理志》中记载：

“世世徙吏二千石，高訾富人及豪桀并兼之家于诸陵。盖亦以强干弱支，非独为奉山园也。是故五方杂厝，风俗不纯，其世家则好礼文，富人则商贾为利，豪桀则游侠通奸。”

说明汉代在“迁豪”时的政策主要有两个标准：一个标准是财产；另一个标准是政治地位。

在汉武帝时，“迁豪”时的财产政策标准是以三百万为基点，《汉书·武帝纪》中记载：“元朔二年夏，又徙郡国豪杰及赠三百万以上者于茂陵。”到了汉宣帝时期，其“迁豪”的财产标准降为了一百万，《汉书·宣帝纪》中记载本始元年正月：“募郡国吏民訾百万以上徙平陵。”这种迁豪的标准至汉成帝之时，又由一百万升至为五百万，《汉书·成帝纪》鸿嘉二年夏“徙郡国豪杰訾五百万以上五千户于昌陵。”

“迁豪”的政治标准则是秩级在二千石以上的官吏，而且汉代因此标准而被迁徙的人大有人在，具体情况简列如下：

《汉书·宣帝纪》中记载：“元康元年春，以杜东原上为初陵，更名杜县为杜陵，徙丞相、将军、列侯、吏二千石訾百万者杜陵。”

《汉书·何并传》中记载：“何并字子廉，祖父以吏二千石自平舆徙平陵。”

《后汉书·马援传》中记载：“马援字文渊，扶风茂陵人也。……武帝时，以吏二千石自邯郸徙焉。”

《汉书·杜邺传》中记载：“杜邺字子夏，本魏郡繁阳人也。祖父及父积功劳皆至郡守，武帝时徙茂陵。”

《后汉书·耿弇传》中记载：“耿弇字伯昭，扶风茂陵人也。其先，武帝时以吏二千石自巨鹿徙焉。”

《后汉书·窦融传》中记载：“窦融字周公，扶风平陵人也。融高祖父宣帝时以吏二千石自常山徙焉。”

《后汉书·鲁恭传》中记载：“鲁恭字仲康，扶风平陵人也。……世吏二千石，哀平间自鲁而徙。”

汉朝为了分散强宗豪右的宗族势力，不仅执行了“迁豪”政策，实现对其打击的目的，而且同时也限制豪族强宗们的聚族而居，《后汉书·郑弘传》注引谢承书云：“郑弘曾祖父本济国临淄人，官至蜀郡属国都尉。武帝时选强宗大姓不得族居，将三子移居山阴，因遂家焉。”其中的“强宗大姓不得族居”就是最好的说明了。

由此我们可以看出，汉代对于分布于全国各地的强宗豪右往往采取了打击、限制政策，主要目的都是为了扼制其在地方势力的发展，实行所谓的“强本弱末”，更是为了确保汉代城市治安秩序，也正如主父偃对此做法的客观评价：“豪桀兼并之家，乱众民，皆可徙茂陵，内实京师，外销奸猾，此所谓不诛而害除。”①

汉代这种“迁豪”政策大约前后延续时间有二百余年，直到汉元帝时期才逐渐废止。

汉代政府为了能够有效地对豪强宗族的势力进行打击，实行了所谓的迁豪政策，对汉代社会治安秩序的维护却起到了积极的作用，但是我们不可忽视的一个问题就是在之下迁豪政策的同时也伴生了一些不良作用，由于将全国各地的强宗大族迁徙至长安诸陵中，这样就出现了在以京师长安为中心的地区迁徙而来的豪强数量激增，出现了“五方杂厝，风俗不纯。其世家则好礼文，富人则商贾为利，豪桀则游侠通奸”② 的局面，这样就在一定客观程度上对京师地区的城市社

① 班固：《汉书·主父偃传》，中华书局1962年版，第2802页。
② 班固：《汉书·地理志》，中华书局1962年版，第1642页。

会治安构成了极其不利的影响，由此《史记·游侠列传》中对此记载："朋党宗强比周，设财役贫，豪暴侵凌孤弱，恣欲自快，游侠亦丑之。"

可见，迁豪政策对于全国各地的治安维护是一件好事，遏制了豪强的势力，但是却带来了京师难以治理的结果。

汉代为了能够有效打击豪强，除了在实行迁豪政策之外，汉代政府还在政府用人上偏重任用一些所谓的"酷吏"。"酷吏"通常是指在施政时通常采用残酷的方法进行统治，在处理治安手段往往也比较残忍，汉代重用诸多的"酷吏"，对各地的豪强进行了有效的抑制和打击。

汉代在汉景帝时期就开始重用一些"酷吏"，至汉武帝时期更是重用"酷吏"对豪强以全面的打击，因此，在汉代的众多官员中有一类人员被归入至"酷吏"之中，如比较著名的"酷吏"郅都，他就是在汉景帝时期被政府任命为济南太守，专门治理当地的大豪强"瞯氏"，《史记·酷吏列传》中对此事情有所记载：

> "其时济南瞯氏，宗人三百余家，豪猾，地方长官莫能制。遂遣郅都为济南太守，至则灭瞯氏首恶，余皆股栗。郅都行法不避贵戚，时人号为'苍鹰'"。

说明郅都对济南瞯氏的打击力度是非常之大的，使得济南地区的城市治安状况得到了明显的改善。

《汉书·严延年传》中对严延年打击豪强的事迹也有所记载：

> "严延年字次卿，东海下邳人也。……还为涿郡太守。……时，郡比得不能太守，涿人毕野白等由是废乱。大姓西高氏、东高氏，自郡吏以下皆畏避之，莫敢与牾，咸曰：'宁负二千石，无负豪大家。'宾客放为盗贼，发，辄入高氏，吏不敢追。浸浸日多，道路张弓拔刃，然后敢行，其乱如此。延年至，遣掾蠡吾赵绣按高氏得其死罪。绣见延年新将，心内惧，即为两劾，欲先白其轻者观延年意，怒，乃出其重劾。延年已知其如此矣。赵掾至，果白其轻者，延年索怀中，得重劾，即收送狱。夜入，晨将至市论杀之，先所按者死，吏皆股弁。更遣吏分考两高，穷竟其奸，诛杀各数十人。郡中震恐，道不拾遗。……三岁，迁河南太守，赐黄金二十斤。豪强胁息，野无行盗，威震旁郡。其治务在摧折豪强，扶助贫弱。贫弱虽陷法，曲文以出之；其豪杰侵小民者，以文内之。众人所谓当死者，一朝出之；所谓当生者，诡杀之。吏民莫能测其意深浅，战栗不敢犯禁。按其狱，皆文致不可得反。冬

月，传属县囚，会论府上，流血数里，河南号曰‘屠伯’。令行禁止，郡中正清。”

严延年也是汉代较为著名的酷吏之一，曾经担任过郡吏、御史属官、侍御史、好畤县令、长史、涿郡太守、河南太守等诸多职务，在其担任涿郡太守时就对郡内的“大姓西高氏、东高氏”进行了全力打击，最后“诛杀各数十人，郡中震恐”，从而达到了震慑豪强的目的，郡内的治安也出现了“道不拾遗”的景象，三年后严延年被调任为河南太守，其对管辖境内的豪强也采取了同样的手段，“其治务在摧折豪强”，在治安上也同样取得了“令行禁止，郡中正清”的良好效果，由于严延年在执法过程中比较严峻、残暴，后来有人对其行为进行了弹劾，这样对汉代城市治安作出过巨大贡献的严延年最后竟被冠以“诽谤朝政”的罪名，被处以“弃市”。

《汉书·酷吏传》中记载了景帝时期宁成打击豪强的做法：

“宁成，南阳穰人也。以郎谒者事景帝。……宁成家居，上欲以为郡守，御史大夫弘曰：‘臣居山东为小吏时，宁成为济南都尉，其治如狼牧羊，成不可令治民。’上乃拜成为关都尉。岁余，关吏税肄郡国出入关者，号曰：‘宁见乳虎，无直宁成之怒。’其暴如此。”

宁成在打击豪强之时，使得豪强地主人人慌恐。

汉代还有许多人对豪强进行了严酷的打击，如周阳由“武帝即位，吏治尚循谨甚，然由居二千石中，最为暴酷骄恣。所爱者，挠法活之；所憎者，曲法诛灭之。所居郡，必夷其豪”①；义纵在打击豪强时也是毫不留情面的：“上拜义姁弟纵为中郎，补上党郡中令。治敢往，少温籍，县无逋事，举第一。迁为长陵及长安令，直法行治，不避贵戚。以捕按太后外孙脩成子中，上以为能，迁为河内都尉。至则族灭其豪穰氏之属，河内道不拾遗。”②

《汉书·赵广汉传》中记载：“（赵广汉）迁颍川太守。郡大姓原、褚宗族横恣，宾客犯为盗贼，前二千石莫能禽制。广汉既至数月，诛原、褚首恶，郡中震栗。”赵广汉对强宗贵族进行诛杀，而获益的则是普通百姓，所以后来赵广汉犯法当斩之时，长安中的“吏民守阙号泣者数万人。或言生无益县官，愿代赵京兆死，使牧养小民。”

① 司马迁：《史记·酷吏列传》，中华书局1959年版，第3663页。
② 班固：《汉书·义纵传》，中华书局1962年版，第3653页。

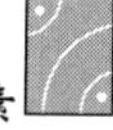

《赵广汉传》中记载："广汉为京兆尹，廉明，威制豪强，小民得职，百姓追思，歌之至今。"所以当时数万百姓为他请愿就是可以理解的了。

《汉书·尹翁归传》中记载："尹翁归为东海太守。东海大豪郯许仲孙，为奸猾，乱吏治，郡中苦之。翁归弃仲孙市。一郡怖栗，莫敢犯禁。"说明尹翁归在治理东海郡社会治安时，也是将豪强作为主要的防控治理目标。

与上面的一些酷吏相比，王温舒在打击豪强时更是有过之无不及：

"督盗贼，杀伤甚多，稍迁至广平都尉。择郡中豪敢任吏十余人，以为爪牙，皆把其阴重罪，而纵使督盗贼。快其意所欲得，此人虽有百罪，弗法，即有避，因其事夷之，亦灭宗。以其故齐赵之郊盗贼不敢近广平，广平声为道不拾遗。上闻，迁为河内太守。

素居广平时，皆知河内豪奸之家，及往，九月而至。令郡县私马五十匹，为驿自河内至长安，部吏如居广平时方略，捕郡中豪猾，郡中豪猾相连坐千余家。上书请，大者至族，小者乃死，家尽没入偿臧。奏行不过二三日，得可事。论报，至流血十余里。河内皆怪其奏，以为神速。尽十二月，郡中毋声，毋敢夜行，野无犬吠之盗。"①

王温舒在汉武帝时期其被任命为河内太守之后，对河内的强宗豪右开始进行大规模的打击和镇压，曾一度达到了"捕郡中豪猾，郡中豪猾相连坐千余家"的局面，经过治理后，使得河内郡的治安情况呈现出了"野无犬吠之盗"的良好效果。

到东汉时期，汉政府依然对豪强采取打击政策，如《后汉书·董宣传》中记载：

"（董宣）为洛阳令。时湖阳公主苍头白日杀人，因匿主家，吏不能得。及主出行，而以奴骖乘，宣于夏门亭候之，乃驻车叩马，以刀画地，大言数主之失，叱奴下车，因格杀之。……由是搏击豪强，莫不震栗。京师号为'卧虎'。歌之曰：'枹鼓不鸣董少平。'"

董宣为了维护京师洛阳城的社会治安，公然对抗湖阳公主，最后得到了皇帝的支持，董宣为维持良好的城市治安局面作出了重要的贡献，并取得了较好的效果，再如《三国志·魏书·武帝纪》中记载曹操在担任洛阳北部尉期间，曾造"五色棒"悬于四门，"有犯禁者，不避豪强，皆棒杀之。"

---

① 班固：《汉书·王温舒传》，中华书局1962年版，第3656页。

从这里我们可以看出，虽然西汉政府对豪强实行压制、限制、打击政策，但是豪强在汉代社会却具有较强的生命力，没有因西汉政府的打击而消失，而是豪强伴随着两汉社会的始终，而且东汉光武帝刘秀在建立东汉政权时，就是在得到了豪强地主的拥护之下而建立的，而且豪强在东汉还得到了较大的发展，并且还拥有私人武装，随着豪强对国家的政治、经济、文化的影响不断增强，最后导致东汉末年时期各地豪强最终演变成为割据称霸的局面。

第二节　游　　侠

在秦汉社会时期，对城市治安构成影响除了豪强之外，这时期还有个另外一个特殊的阶层，即所谓的“侠”，在秦汉之际上至达官贵族，下到普通百姓都多以任侠为务，可以毫不夸张地说这是一个“任侠”的时代，这种“任侠”社会风尚习俗对当时城市治安也会产生一定的影响。

秦汉时期，人们对“侠”有时又称之为“游侠”，而且这种“侠”还可以细分为“布衣之侠”“乡曲之侠”“闾巷之侠”，但是依据其人员构成的成分，大致可分两种类型：第一种类型则是“闾巷之侠”“布衣之侠”，其原因是这部分“侠”其出身大多属于当时社会下层，首先，在经济上没有更多的财富；其次，在政治上也是出于无权的地位。第二种类型则是“暴豪之侠”，这部分主要是一些地方上的宗族豪强，在经济上具有雄厚的财力，在政治上也具有左右地方政局的实力。

人们对“侠”的概念曾给过诸多的解释，《史记·集解序》中引唐初司马贞曰：

“游侠，谓轻死重气，如荆轲、豫让之辈也。游，从也，行也。侠，挟也，持也。言能相从游行挟持之事。又曰，同是非曰侠也。”

《史记·季布栾布列传》中记载：

“季布者，楚人也，为气任侠，有名于楚。”裴駰集解引如淳曰：“相与信为任，同是非为侠。所谓‘权行州里，力折公侯’者也。或曰：任，气力也；侠，俜也。”

东汉末年的荀悦在其《汉纪·武帝一》中对其解释为：“立气势，作威福，

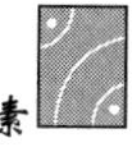

结私交，以立强于世者，谓之游侠。”东汉时期的许慎在其《说文解字》中对其解释为：“侠，俜也。”俜也作甹，“甹，侠也。二辅谓轻财者为甹。”而《辞海》中对其定义为：“旧称扶弱抑强，见义勇为的人”。

综合以上的观点，我们认为，秦汉之际所谓的“侠”就是指有着一定的武力、财力、权力之人，并依据自己所拥有的各种“力”来进行挟持其他人的一群特定人物，如《史记·魏其武安侯列传》中记载了汉代的灌夫，就是由于其在经济上拥有较强的经济势力，所以才能“诸所与交通，无非豪杰大猾。家累数千万，食客日数十百人。陂池田园，宗族宾客为权利，横颍川。”①

汉武帝时的司马迁在撰写《史记·游侠列传》时就对“游侠”的特征进行过研究与概况：

“今游侠，其行虽不轨于正义，然其言必信，其行必果，已诺必诚，不爱其躯，赴士之厄困，既已存亡死生焉，而不矜其能，羞伐其德，盖亦有足多者焉。”

“然关中长安樊仲子，槐里赵王孙，长陵高公子，西河郭公仲，太原卤公孺，临淮儿长卿，东阳田君孺，虽为侠而逡逡有退让君子之风。”

《史记·太史公自序》中对侠的行为也给予了高度赞扬：“（游侠）救人于厄，振人不赡，仁者有乎；不既信，不倍言，义者有取焉。”《淮南子·泰族训》中则给予更高的赞许：“行足以为仪表，知足以决嫌疑，廉足以分财，信可使守约，作事可法，出言可道者，人之豪也。”

而班固在撰写《汉书·游侠传》时，对“侠”的评价则是抓住了侠的“以武犯禁”“时扞当世之罔”等对社会治安等方面的危害，极力指斥其“背公死党之议成，守职奉上之义废矣”“况于郭解之伦，以匹夫之细，窃杀生之权，其罪已不容于诛矣。”开始关注他们这种不稳定性的因素对当时城市治安所造成的负面影响。

由以上我们不难看出，秦汉之际的“侠”具有注重和遵守承诺的特点与个性，例如，作为当时大侠的季布在“为气任侠，有名于楚”时，就曾经以“得黄金百（斤），不如得季布一诺”② 而显名于关中地区，由于“侠”具有守承诺的良好道德品质，所以在当时社会上赢得了人们对他们的认可，于是任侠之风在当时社会上非常流行，这也必然招来许多当时的贵族与其有往来瓜葛，甚至有的

① 司马迁：《史记·魏其武安侯列传》，中华书局 1959 年版，第 2847 页。
② 司马迁：《史记·季布栾列传》，中华书局 1959 年版，第 2731 页。

豪侠本人也在逐渐地成为贵族，班固在《汉书·游侠传》中曰：

“自魏其、武安、淮南之后，天子切齿，卫、霍改节。然郡国豪桀处处各有，京师亲戚冠盖相望，亦古今常道，莫足言者。唯成帝时，外家王氏宾客为盛，而楼护为帅。及王莽时，诸公之间陈遵为雄，闾里之侠原涉为魁。”

由于“侠”在当时的普通百姓中具有一定的威信，又与上层社会中有着一定的联系，所以“侠”在当时社会中具有重要的影响力，《汉书·游侠传》中记载：

“及至汉兴，禁网疏阔，未之匡改也。是故代相陈豨从车千乘，而吴濞、淮南皆招宾客以千数。外戚大臣魏其、武安之属竞逐于京师，布衣游侠剧孟、郭解之徒驰鹜于闾阎，权行州域，力折公侯。众庶荣其名迹，觊而慕之。虽其陷于刑辟，自与杀身成名，若季路、仇牧，死而不悔也。”

这些都说明了“游侠”集团在当时社会上所带来的影响之大。而且“侠”在汉代逐渐发展的过程中，渐渐地形成了以不同的“地域”性及不同“侠魁”为中心的发展特点，《汉书·游侠传》中对此记载为：

“自是之后，侠者极众，而无足数者。然关中长安樊中子，槐里赵王孙，长陵高公子，西河郭翁中，太原鲁翁孺，临淮儿长卿，东阳陈君孺，虽为侠而恂恂有退让君子之风。至若北道姚氏，西道诸杜，南道仇景，东道赵佗羽公子，南阳赵调之徒，盗跖而居民间者耳，曷足道哉！此乃乡者朱家所羞也。”

这样就形成了各地区都有一些侠魁，而且以这些人最具代表性，可见汉代侠的分布具有广泛性和地域性。

能说明侠在汉代社会上具有重要影响的事件，在《史记·游侠列传》中就曾有所记载，主要介绍了郭解调节洛阳仇家的事件：

“洛阳人有相仇者，邑中贤豪居间者以十数，终不听。客乃见郭解。解夜见仇家，仇家曲听解。解乃谓仇家曰：‘吾闻洛阳诸公在此间，多不听者。今子幸而听解，解奈何乃从他县夺人邑中贤大夫权乎！’乃夜去，不使人知，曰：‘且无用，待我去，令洛阳豪居其间，乃听之。’”

洛阳城中有两家相互结仇，于是“邑中贤豪居间者以十数”从中间进行调节斡旋，这些所谓的“贤豪”也就是我们所说的洛阳城中的“侠”一类的人物，从另外一个侧面反映结怨的两家也不是普通的人家，非富即贵，但是调节的最后结果没有达到预期的效果，最后还是大侠郭解在中间给予斡旋调节，结怨的两家最终和解，这就足以说明郭解这类所谓的“大侠”人物在当时社会中的影响巨大。

而与此同时，《史记·游侠列传》中还记载了郭解入关的事件：“关中贤豪知与不知，闻其声争交欢解。”甚至是当地的地方官吏，对郭解也是不敢怠慢，“（郭）解出人，人皆避之，有一人独箕踞视之，解遣人问其名姓，客欲杀之，解曰：‘居邑屋不见敬，是吾德不修也，彼何罪！’乃阴使尉吏曰：‘是人，吾所急也，至践更时脱之。’每至践更，数过，吏弗求。怪之，问其故，乃解使脱之。”

郭解虽然是豪侠，但在政治上却是一介布衣，居然可以让官员在征发劳役徭役时，使别人免于征发，我们可以看出，郭解在关中地区的重要影响力有多大，所以有的学者据此而认为：“一个著名的游侠，可以说是一个地方势力的代表。”①

由于侠的特殊身份和地位，在汉代“侠”的居住空间主要是以城市为中心，分散于全国各地，当然作为当时的京师长安和洛阳等城市中也存在大量的“游侠”，而且其势力更是强大。

这些人对所居住的城市治安环境构成了极大的威胁，《汉书·王尊传》中就有明确的记载：

> “长安宿豪大猾东市贾万、城西万章、翦张禁、酒赵放、杜陵杨章等皆通邪结党，挟养奸轨，上干王法，下乱吏治，并兼役使，侵渔小民，为百姓豺狼。”

从这段史料中的“挟养奸轨，上干王法，下乱吏治，并兼役使，侵渔小民，为百姓豺狼”一句话就可以得知其危害的程度。

虽然汉代侠的性格和行为曾经得到社会许多人士的认可和支持，但是这里我们需要对“游侠”的行为有一个客观清醒的认识，他们往往是不遵守社会中相关的礼法与规范的，“任侠行权，以睚眦杀人”② 常常对所在地区的治安构成影响，

① 宋超：《〈史记〉〈汉书〉游侠传试探——兼论两汉社会风尚的变迁》，载《学术月刊》1985 年第 10 期，第 75 页。

② 司马迁：《史记·游侠列传》，中华书局 1959 年版，第 3188 页。

所以早在战国末期的韩非子就曾经注意到了这一点，并在《五蠹》篇中指出：“侠以武犯禁”影响治安的现实问题。

“侠”对城市社会治安秩序所造成的负面影响主要有以下几种情况：

第一种情况就是所谓的“椎剽”和“发冢”。“椎”就是椎埋，具体的含义是指杀人劫财后为掩盖犯罪事实真相，将所杀之人掩而埋之，《史记·酷吏列传》中记载：“王温舒者，阳陵人也。少时椎埋为奸。”裴骃集解引徐广曰：“椎杀人而埋之”，就是我们常说的拦路抢劫，杀人劫财等不法犯罪行为。而“发冢”所指的就是掘冢，也就是所谓盗墓行为，因为墓葬中往往会陪葬大量的金银财宝，为了获取这些财物，只能发掘墓葬，这种行为在汉代较为普遍存在，而行为的实施者则大多是所谓的“侠”，如郭解的“少时阴贼，慨不快意，身所杀甚众。以躯借交报仇，藏命作奸剽攻，休乃铸钱掘冢，固不可胜数。”① 再如《史记·酷吏列传》中记载的义纵：“河东人也。为少年时，尝与张次公俱攻剽为群盗”。王温舒的“阳陵人也。少时椎埋为奸”。说明这些抢劫杀人、盗掘坟墓是其经常的行为。

第二种情况就是所谓的“受赇报仇”。“受赇报仇”是指接受别人的钱财为其替人复仇的行为，因此有时候这种行为又被称为“受任报仇”，就是当别人有仇家需要复仇暗杀时，这时的“侠”在经济上为了获取别人的钱财，于是替其去完成复仇杀人的任务，相当于被雇佣的杀手，对汉代的这种复仇行为司马迁和班固则分别称之为“借交报仇”和“借友报仇”。而“侠”在替人报仇则多用“借客”“使客”“结客”“募客”“选客”等词语。

在秦汉之际，由于受到儒家思想文化的影响，复仇的风气在当时社会上非常盛行，因此，这种雇凶杀人的治安事件往往较多，如《汉书·尹赏传》中记载：

> “永治、元延间，上怠于政，贵戚骄恣，红阳长仲兄弟交通轻侠，臧匿亡命。而北地大豪浩商等报怨，杀义渠长妻子六人，往来长安中。丞相御史遣掾求逐党与，诏书召捕，久之乃得。长安中奸滑浸多，闾里少年群辈杀吏，受赇报仇，相与探丸为弹，得赤丸者斫武吏，得黑丸者斫文吏，白者主治丧；城中薄暮尘起，剽劫行者，死伤横道，枹鼓不绝。”

《后汉书·郅恽传》中记载了东汉郅恽替患重病的友人报父仇之事件：

> “恽友人董子张者，父先为乡人所害。及子张病，将终，恽往候之。子

① 司马迁：《史记·游侠列传》，中华书局1959年版，第3185页。

张垂殁，视恽，歔欷不能言。恽曰：‘吾知子不悲天命，而痛仇不复也。子在，吾忧而不手；子亡，吾手而不忧也。’子张但目击而已。恽即起，将客遮仇人，取其头以示子张。子张见而气绝。恽因而诣县，以状自首。”

游侠原涉与王游有仇，于是原涉便“选宾客，遣长子初从车二十乘劫王游公家。……遂杀游公父及子，断两头去”① 汉初，大侠郭解也曾“以躯借交报仇”，还有的如贯高欲刺杀刘邦事件，东汉末年的许贡门客为其复仇而刺杀孙策之事件，等等。

随着时间的推移，汉代的复仇之风到了西汉中后期更为炽烈，因此，许多“闾巷之侠”也随之逐渐变成了职业刺客，而“暴豪之侠”开始豢养了大批的刺客，以此替人复仇获利，所以从整体上看，这时期的“侠”已经变成了一个刺客群体，《汉书·游侠传》中对此记载到：“箭张回、酒市赵君都、贾子光，皆长安名豪，报仇怨养刺客者也。”这对当时的城市治安构成的影响可想而知了。

到东汉时期的汉桓帝和汉灵帝期间，复仇之风依然盛行，而且出现了两个新的变化：第一个变化就是这时期的复仇刺杀行为开始参与到政治斗争中来，开始受雇于政治斗争的一方，这种情况如单匡雇刺客刺杀卫羽；赵子贱雇用刺客刺杀李固的儿子李燮；阳球派遣刺客刺杀蔡邕，等等。这时期的第二个变化就是在东汉以后，“受赇报仇”开始逐渐形成了职业化和制度化。

这时期出现了所谓的“会任之家”，也就是委托杀人者与刺客之间的中间联系人：

“洛阳至有主谐合杀人者，谓之‘会任之家’，受人十万，谢客数千。又重馈部吏，吏与通奸，利入深重，幡党盘牙，请至贵戚宠臣，说听于上，谒行于门。是故虽严令、尹，终不能破坏断绝。……今案洛阳主杀人者，高至数十，下至四五，身不死则杀不止。”②

可见这种雇凶杀人的非法过程已经逐渐形成了所谓的“产业化”，能够上下合作，从利益的分配到具体的分工都有详细明确的规定。

正是由于“侠”在汉代社会中扮演着重要的角色和起着重要的作用，并且对稳定国家的统治秩序产生着巨大的负面影响，因此汉代从立国之初就对“侠”这一阶层进行打击和限制措施，如汉文帝时期“（郭）解父任侠，孝文时诛死。”③

---

① 班固：《汉书·原涉传》，中华书局 1962 年版，第 3718 页。
② 彭铎：《潜夫论笺校正·述赦篇》（《新编诸子集成》第一辑），中华书局 1985 年版，第 183 页。
③ 班固：《汉书·游侠传》，中华书局 1962 年版，第 3701 页。

至汉武帝时，郭解最终被冠以“大逆无道”罪名而被族诛。《史记·郭解传》中对此作出了详细的记载：

“解入关，关中贤豪知与不知，闻其声，争交欢解。解为人短小，不饮酒，出未尝有骑。已又杀杨季主。杨季主家上书，人又杀之阙下。上闻，乃下吏捕解。解亡，久之，乃得解。轵有儒生侍使者坐，客誉郭解，生曰：‘郭解专以奸犯公法，何谓贤！’解客闻，杀此生，断其舌。吏以此责解，解实不知杀者。杀者亦竟绝，莫知为谁。吏奏解无罪。御史大夫公孙弘议曰：‘解布衣为任侠行权，以睚眦杀人，解虽弗知，此罪甚于解杀之。当大逆无道。’遂族郭解翁伯。”

汉景帝时期，“济南瞯氏、陈周肤亦以豪闻，景帝闻之，使使尽诛此属。”① 班固在《汉书·酷吏传》中记载了这次诛杀济南瞯氏的过程：

“济南瞯氏宗人三百余家，豪猾，二千石莫能制，于是景帝拜（郅）都为济南守。至则诛瞯氏首恶，余皆股栗。”

再如在成帝时，王尊捕杀长安城中的豪侠，据《汉书·游侠传》中记载：

“河平中，王尊为京兆尹，捕击豪侠，杀章及箭张回、酒市赵君都、贾子光，皆长安名豪，报仇怨养刺客者也。”

敢对势力强大的豪侠进行打击甚至是灭族者往往都是所谓的“酷吏”，因此，在汉代的官吏之中有一部分人因为使用比较残酷的方法进行统治的官吏，被史家称之为“酷吏”，“酷吏”对豪侠进行了残酷无情的镇压与打击，如“王温舒……为驿自河内至长安，部吏如居广平时方略，捕郡中豪猾，相连坐千余家。”②

汉代政府为了能够对全国各地区的豪侠进行有效打击，不但重用“酷吏”，还对限制豪强和豪侠作出了明文规定，如在汉武帝时期制定的所谓“六条问事”《汉书·百官公卿表上》中记载：

“武帝元封五年初置部刺史，掌奉诏条察州，秩六百石，员十三人。

① 班固：《汉书·游侠传》，中华书局1962年版，第3701页。
② 班固：《汉书·酷吏传》，中华书局1962年版，第3656页。

成帝绥和元年更名牧，秩二千石。哀帝建平二年复为刺史，元寿二年复为牧。”

颜师古注引《汉官典职仪》云：

“一条，强宗豪右，田宅逾制，以强凌弱，以众暴寡。二条，二千石不奉诏书，遵承典制，倍公向私，旁诏守利，侵渔百姓，聚敛为奸。三条，二千石不恤疑案，风厉杀人，怒则任刑，喜则淫赏，烦扰刻薄，剥截黎元，为百姓所疾，山崩石裂，妖祥讹言。四条，二千石选署不平，苟阿所爱，蔽贤宠顽。五条，二千石子弟恃怙荣势，请托所监。六条，二千石违公下比，阿附豪强。通行货赂，割损正令。”

虽然这“六条问事”主要是以考察官吏为主的，但是在这六条之中的第一条和第六条均涉及了“豪民”，“一条，强宗豪右，田宅逾制，以强凌弱，以众暴寡”“六条，二千石违公下比，阿附豪强。通行货赂，割损正令。”这些规定对于当时社会所谓的“豪侠”的限制和打击意图也是非常明显的。

西汉后期，开始为了能够有效打击“游侠”，治理“侠”对城市治安社会秩序的破坏，并且希望在最大程度上降低其打击的成本，汉代政府于是开始采取了“以侠治侠”的方法和手段，这样就为“侠入公门”提供了契机，因此在汉中后期大量出现了“侠官”。

综上，我们不难看出，汉代政府为了维护和巩固城市中的社会治安秩序，对居住于城市之中的各类型的“侠”采取了多种方法与策略进行抑制和打击，这在一定程度上缓解了城市治安环境的压力，对维护封建国家的整体统治与利益具有重要的影响及意义。

第三节　恶　少　年

在秦汉时期，除了有“豪强”“游侠”等特殊阶层之外，这时期还有另外一个特殊阶层，就是“恶少年”，在这时期的许多文献记载中常常也将其称之为“少年”“闾巷少年”“城中少年”“闾里少年”“邑中少年”等不同的称呼。《史记·大宛列传》中记载：“而欲侯宠姬李氏，拜李广利为贰师将军，发属国六千骑，及郡国恶少年数万人，以往伐宛。”这段史料中就明确提到了“郡国恶少年”。

再如《汉书·昭帝纪》中记载："六月，发三辅及郡国恶少年吏有告劾亡者，屯辽东。"颜师古注曰："恶少年谓无赖子弟也。"也明确指出了"恶少年"的存在，所谓的"恶少年"或"少年"主要是指处于当时社会下层之中终日游手好闲的抑或是从事一些卑贱职业的"无赖子弟"。

王子今先生在其《秦汉社会史论考》著作之中对秦汉之际的所谓"少年"与"恶少年"定义为："城市中往往背离正统，与政府持不合作态度的社会力量。他们的活动，对社会的'治'与'安'表现出显著的消极影响。在政局动荡时，他们则往往率先成为反政府力量的中坚，就其年龄划分大约是三十岁以下的未婚男子。"①

由于这些所谓的"恶少年"多为年轻人，而且终日游手好闲无正当职业，对社会治安就会构成一定的威胁，所以《淮南子·诠言训》中对此总结为："凡人之性，少则猖狂，壮则暴强。老则好利，一人之身，既数变矣。"

因此，这些"恶少年"就会出现经常杀人越货，为害一方等触犯国家法律的行为，《史记·货殖列传》中对这些"少年"的不法行为给予了概括：

"闾巷少年，攻剽椎埋，劫人作奸，掘冢铸币，任侠并兼，借交报仇，篡逐幽隐，不避法禁，走死地如骛，其实皆为财用耳。"

司马迁对这些"少年"的行为概括得非常到位，也深刻地指出了这些人从事危害社会治安事件的行为背后的根本目的就是"皆为财用耳"。

《西京杂记》卷六中记载到：

"广川王去疾好聚无赖少年，游猎毕弋无度，国内冢藏，一皆发掘。"

《汉书·文三王传》中记载：

（济东王）彭离"昏莫私与其奴亡命少年数十人行剽，杀人取财物以为好。所杀发觉者百余人，国皆知之，莫敢夜行。所杀者子上书言。汉有司请诛，上不忍，废以为庶人，迁上庸。"

我们从上述史料中可以看出，在这些扰乱城市治安的违法犯罪活动中，均能看见有"少年"的身影，而且这些活动的中心目标进一步印证了司马迁的说法，也就是"皆为财用耳"。

《史记·袁盎列传》中记载：

① 王子今：《秦汉社会史论考》，商务印书馆2006年版，第19~40页。

“袁盎虽家居，景帝时时使人问筹策。梁王欲求为嗣，袁盎进说，其后语塞。梁王以此怨盎，曾使人刺盎。刺者至关中，问袁盎，诸君誉之皆不容口。乃见袁盎曰：‘臣受梁王金来刺君，君长者，不忍刺君。然后刺君者十余曹，备之！’袁盎心不乐，家又多怪，乃之棓生所问占。还，梁刺客后曹辈果遮刺杀盎安陵郭门外。”

这里面刺客就明确提到了“臣受梁王金来刺君”，虽然说这里我们不确定这里的刺客一定是“少年”，但是我们可以肯定的是刺客行刺杀人多是为钱财驱使。

但是这之中有一种现象需要引起我们的注意，就是济东王彭离危害城市治安的不法行为已经严重到“国皆知之，莫敢夜行”程度时，当相关部门准备对其进行相关法律惩治之时，却出现了“上不忍，废以为庶人”的情景，本来对其严惩是在维护城市治安环境，这种做法无疑是正确的，但是皇帝却出于私情不许可，虽然最后给予彭离贬为庶人的处罚，但与其所犯罪行是极其不相符的，从这件事情中我们可以看出，在某种程度上，汉代的社会治安环境有时候皇帝也起着不利的影响和作用，在一定程度上让有些不法之徒有恃无恐。

《汉书·赵广汉传》中记载：

“长安少年数人会穷里空舍谋共劫人，坐语未讫，广汉使吏捕治具服。富人苏回为郎，二人劫之。有顷，广汉将吏到家，自立庭下，使长安丞龚奢叩堂户晓贼，……二人惊愕，又素闻广汉名，即开户出，下堂叩头。”

《赵广汉传》中虽然记载了几名少年“谋供劫人”，该“劫人”案件还只是处于谋划的阶段，尚未付诸实践行动，最后被赵广汉及时制止了，但是我们要清醒地认识到，不见得这些“少年”的所有犯罪行为在案发之前都能得到及时有效的制止。

《后汉书·阳球传》中记载：

“阳球，字方正，渔阳泉州人也。家世大姓冠盖。球能击剑，习弓马。性严厉，好申、韩之学。郡吏有辱其母者，球结少年数十人，杀吏，灭其家，由是知名。”

由于阳球家庭背景是“家世大姓冠盖”，不是普通的家庭，结果却出现了“郡吏有辱其母者”的情况，这是阳球作为人子所不能接受的，于是为了报辱母之仇，便纠集数十名“少年”将辱其母的案犯“郡吏”不但进行了手刃，还将

“郡吏”全家进行了“灭其家”的恶性“灭门”治安事件。而从“由是知名”一句中我们可以看出，汉代复仇之风的盛行，以及百姓在对复仇问题上所持有的价值取向。

秦汉时期所谓的“少年”由于整日游手好闲，所以在和平时期就会做出一些杀人越货等影响治安的事件，如果在社会动荡的时候，这些“少年”就会被卷入起义的浪潮中来，对封建社会统治秩序就会产生巨大的冲击，如在秦朝末年，由于秦朝的苛政，最终导致陈胜、吴广大泽乡起义，在这种情况影响之下，各地“少年”积极参与响应：

《史记·秦始皇本纪》中记载：

> “山东郡县少年苦秦吏，皆杀其守尉令丞反，以应陈涉，相立为侯王，合从西乡，名为伐秦，不可胜数也。”

《史记·项羽本纪》中也有类似记载：

> “项梁乃以八千人渡江而西。闻陈婴已下东阳，使使欲与连和俱西。陈婴者，故东阳令史，居县中，素信谨，称为长者。东阳少年杀其令，相聚数千人，欲置长，无适用，乃请陈婴。婴谢不能，遂强立婴为长，县中从者得二万人。少年欲立陈婴便为王，异军苍头特起。”

《史记·高祖本纪》中记载：

> “于是刘季数让。众莫敢为，乃立季为沛公。祠黄帝，祭蚩尤于沛庭，而衅鼓旗，帜皆赤。由所杀蛇白帝子，杀者赤帝子，故上赤。于是少年豪吏如萧、曹、樊哙等皆为收沛子弟二三千人，攻胡陵、方与，还守丰。”

《史记·樊郦滕灌列传》中记载：

> “曲周侯郦商者，高阳人，陈胜起时，郦商聚少年东西略人，得数千。沛公略地至陈留，郦商以将卒四千人属沛公于岐。”

由以上“少年”参加反秦大起义可知，在义军中有大量的“少年”参与其中，而且其参与人数也是非常之多，人数由几千人到数万人不等，他们在反秦起义中起到了推波助澜、加速秦灭亡的作用。

随着历史发展到新莽末期时期，这些所谓的“少年”在反对王莽中再一次彰显了其影响力，《汉书·王莽传》中记载：

“城中少年朱弟、张鱼等恐见卤掠，趋欢并和，烧作室门，斧敬法闼，呼曰：‘反虏王莽，何不出降?’火及掖庭承明，黄皇室主所居也。”

王莽在起义的声浪中最后被杀于渐台之上，这时的“少年”又一次在改朝换代的激烈斗争中，再一次显示和发挥了巨大的作用，这是在改朝换代过程中“少年”群体的威力；在社会承平时期，这些人聚集在一起，极容易形成犯罪集团，对国家的正常社会秩序会构成一定的冲击。

由“少年”人员所组成的犯罪集团，其实就是史料中记载的“群盗”之一，关于“群盗”中的“群”具体指的是多少数，其说法不一，有人认为对构成“群”其标准最少要三人以上者；也有人认为构成“群”要在五人以上者，如《晋书·刑法志》中对能称之为“群”的人数标准最少是“三人谓之群”，也就是认为能够被冠以“群盗”称呼的，其人数标准至少要达到三个人以上。而《睡虎地秦墓竹简·封诊式》中对此则作出了五人为基数的标准：

“群盗爰书：某亭校长甲、求盗才（在）某里曰乙、丙缚诣男子丁，斩首一，具弩二、矢廿，告曰：‘丁与此首人强攻群盗人，自昼甲将乙等徼循到某山，见丁与此首人而捕之。此弩矢丁及首人弩矢殹（也）。首人以此弩矢□□□□□□乙，而以剑伐收其首，山俭（险）不能出身山中。’【讯】丁，辞曰：‘士五（伍），居某里。此首某里士五（伍）戊殹（也），与丁以某时与某里士五（伍）己、庚、辛，强攻群盗某里公士某室，盗钱万，去亡。己等已前得。丁与戊去亡，流行毋（无）所主舍。自昼居某山，甲等而捕丁戊，戊射乙，而伐杀收首。皆毋（无）它坐罪。’诊首毋诊身可殹（也）。”

在这份“群盗爰书”中，涉及的人数已经达八人之多，主要包括亭校长甲、求盗、群盗人乙、丙、丁、戊、己、庚、辛，等等，据《张家山汉简〈二年律令·盗律〉》中记载：“盗五人以上相与功（攻）盗，为群盗”。

这说明在汉代时期人们将“群盗”人数界定标准在五人，只要犯罪者达到了五人就可以定为“群盗”，于豪亮先生在其著作《秦律丛考》中也持有相同的观点：“五人盗即群盗”。

在汉代社会中就曾有许多人有过“群盗”的犯罪前科，如《史记·袁盎列传》中记载："爰盎字丝。其父楚人也，故为群盗，徙安陵。"颜师古曰："群盗者，群众相随而为盗也"。《史记·酷吏列传》中记载："义纵者，河东人也。为少年时，尝与张次公俱攻剽，为群盗。"

由于汉代盛行复仇之风，所以在众多的复仇者之中，我们也常常能够看到参与复仇行动中有"少年"的身影，"父兄被诛，子弟怨愤，至告讦刺史二千石，或报杀其亲属。"①

这些"恶少年"在被人利用和金钱的收买下，参与到各种复仇杀人案件中来，如《后汉书·酷吏列传》中记载阳球："能击剑，习弓马。性严厉，好申韩之学。郡吏有辱其母者，球结少年数十人，杀吏，灭其家，由是知名"。《汉书·王莽传》中记载了琅邪女子吕母，散家财以报子仇，"初，吕母子为县吏，为宰所冤杀。母散家财，以酤酒买兵弩，阴厚贫穷少年，得百余人，遂攻海曲县，杀其宰以祭子墓。引兵入海，其众浸多，后皆万数。"

从阳球和吕母进行报仇的过程，我们会发现，都有"少年"参与其中，阳球是"球结少年数十人"；吕母则是"阴厚贫穷少年"，这些"少年"参与到复仇杀人行动中来，对汉代城市社会治安秩序则会产生巨大的危害。

由于"群盗"人数较单个犯罪案件的参与者要多出许多人，因此，"群盗"对社会影响和危害性也较大，由于两汉时期以"少年"组成的"群盗"犯罪集团，对当时城市治安和封建统治秩序构成的影响与威胁是较大的，所以汉代政府对待"群盗"的处罚也是极其严厉的，汉律《捕律》140简规定：

> "群盗杀伤人、贼杀伤人、强盗，即发县道，县道亟为发吏徒足以追捕之，尉分将，令兼将，亟诣盗贼发及之所，以穷追捕之。毋敢□界而环（还）。"

这条简文主要规定在维持社会治安时，如果一旦发生"群盗"杀伤人、贼杀伤人、强盗等扰乱社会治安秩序的行为时，规定在案发地相应的主管官吏，需要火速前往缉捕"群盗"，同时在快速缉捕过程中，为了能够给缉捕人员在抓捕过程中提供最大的便利条件，简文明确规定了可以跨越县或道边界追捕，相关人员如果在办案或缉捕过程中麻痹大意，是要给予处罚的。

如《汉书·酷吏传》中记载：

> "自温舒等以恶为治，而郡守、都尉、诸侯二千石欲为治者，其治大抵

① 班固：《汉书·地理志》，中华书局1962年版，第1656页。

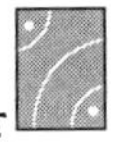

尽放温舒，而吏民益轻犯法，盗贼滋起。南阳有梅免、白政，楚有殷中、杜少，齐有徐勃，燕赵之间有坚卢、范生之属。大群至数千人，擅自号，攻城邑，取库兵，释死罪，缚辱郡太守、都尉，杀二千石，为檄告县趣具食；小群以百数，掠卤乡里者，不可胜数也。于是天子始使御史中丞、丞相长史督之。犹弗能禁也，乃使光禄大夫范昆、诸辅都尉及故九卿张德等衣绣衣，持节，虎符发兵以兴击，斩首大部或至万馀级，及以法诛通饮食，坐连诸郡，甚者数千人。数岁，乃颇得其渠率。散卒失亡，复聚党阻山川者，往往而群居，无可柰何。于是作'沈命法'，曰群盗起不发觉，发觉而捕弗满品者，二千石以下至小吏主者皆死。"

我们从"群盗起不发觉，发觉而捕弗满品者，二千石以下至小吏主者皆死"一句就可以看出，汉代在对待打击"群盗"问题上的坚决态度。

所以汉代政府在治理城市时，严厉打击这些"恶少年"就成为政府和相关人员所要面对的问题了，如《汉书·尹赏传》中记载了尹赏在担任长安令时，在治理长安城治安时的情况：

"永治、元延间，上怠于政，贵戚骄恣，红阳长仲兄弟交通轻侠，臧匿亡命。而北地大豪浩商等报怨，杀义渠长妻子六人，往来长安中。丞相御史遣掾求逐党与，诏书召捕，久之乃得。长安中奸滑浸多，闾里少年群辈杀吏，受赇报仇，相与探丸为弹，得赤丸者斫武吏，得黑丸者斫文吏，白者主治丧；城中薄暮尘起，剽劫行者，死伤横道，枹鼓不绝。赏以三辅高第选守长安令，得壹切便宜从事。赏至，修治长安狱，穿地方深各数丈，致令辟为郭，以大石覆其口，名为'虎穴'。乃部户曹掾史，与乡吏、亭长、里正、父老、伍人，杂举长安中轻薄少年恶子，无市籍商贩作务，而鲜衣凶服被铠捍持刀兵者，悉籍记之，得数百人。赏一朝会长安吏，车数百两，分行收捕，皆劾以为通行饮食群盗。赏亲阅，见十置一，其余尽以次内虎穴中，百人为辈，覆以大石。数日壹发视，皆相枕藉死，便舆出，瘗寺门桓东，楬著其姓名，百日后，乃令死者家各自发取其尸。亲属号哭，道路皆歔欷。长安中歌之曰：'安所求子死？桓东少年场。生时谅不谨，枯骨后何葬？'赏所置皆其魁宿，或故吏善家子失计随轻黠愿自改者，财数十百人，皆贳其罪，诡令立功以自赎。尽力有效者，因亲用之为爪牙，追捕甚精，甘耆奸恶，甚于凡吏。赏视事数月，盗贼止，郡国亡命散走，各归其处，不敢窥长安。"

在尹赏担任长安令之前，由于长安的政治地位和人员成分的复杂，导致长安城的治安状况非常复仇和不理想，经常出现一些治安事件，在这些犯罪案件之中就有“少年”，即“长安中奸猾浸多，闾里少年群辈杀吏，受赇报仇。”

于是尹赏采用了分化瓦解的方法与措施，“与乡吏、亭长、里正、父老、伍人，杂举长安中轻薄少年恶子”，最后在尹赏的大力治理与打击之下，长安城最后达到了“数月，盗贼止”的理想效果。

在秦汉时期，这些所谓的“少年”主要居住和活动在城市之中的闾里之内，《汉书·游侠传》中多处就对此有所记载：

> “布衣游侠剧孟、郭解之徒驰骛于闾阎，权行州域，力折公侯。”；
>
> “及王莽时，诸公之间陈遵为雄，闾里之侠原涉为魁。”
>
> “萬章字子夏，长安人也。长安炽盛，街闾各有豪侠，章在城西柳市，号曰‘城西萬子夏’。”

在游侠原涉所居住的闾里中，挤满了许多仰慕投奔他的人：

> “先是涉季父为茂陵秦氏所杀，涉居谷口半岁所，自劾去官，欲报仇。谷口豪桀为杀秦氏，亡命岁余，逢赦出。郡国诸豪及长安、五陵诸为气节者皆归慕之。涉遂倾身与相待，人无贤不肖阗门，在所闾里尽满客。或讥涉曰：‘子本吏二千石之世，结发自修，以行丧推财礼让为名，正复雠取仇，犹不失仁义，何故遂自放纵，为轻侠之徒乎？’涉应曰：‘子独不见家人寡妇邪？始自约敕之时，意乃慕宋伯姬及陈孝妇，不幸壹为盗贼所污，遂行淫失，知其非礼，然不能自还。吾犹此矣！’涉自以为前让南阳赙送，身得其名，而令先人坟墓俭约，非孝也。乃大治起冢舍，周阁重门。”

我们通过上面的史料就能够看出，这时期的“少年”主要活动在城市之中的闾里之中，因为这些是不甘于寂寞的人，在城市之中资源多，条件远比乡村要好得多，所以他们大部分人愿意居住在城市之中，但是他们对城市治安来说却是一种极其不稳定的因素，带来影响也是巨大的，这种情况在《史记·货殖列传》中有明确的记载：

> “其在闾巷少年，攻剽椎埋，劫人作奸，掘冢铸币，任侠并兼，借交报仇，篡逐幽隐，不避法禁，走死地如骛者。”

所以汉代政府将其列入严厉打击和遏制的对象就不难理解了。

第四节 复仇之风

儒家自产生之后，特别是在汉武帝接受董仲舒的“罢黜百家，独尊儒术”之后，儒家的思想观念对封建统治者及百姓产生了深远的影响。由于儒家在思想道德观念上对“孝道”“恩义”“耻辱”较为看重，因此对汉代时期的“复仇”行为持有肯定的观点和态度。

也正是在这种儒家思想观念的引导之下，对汉代的复仇行动给予了推波助澜作用，先秦时期的这种复仇风气就已经存在，《周礼·秋官·朝士》中记载：“凡报仇雠者，书于士，杀之无罪。”报仇的人，只要先向政府进行报告，杀人者则便可认定为无罪。

《礼记·檀弓上》中记载：

> “子夏问于孔子曰：‘居父母之仇如之何？’夫子曰：‘寝苫枕干，不仕，弗与共天下也。遇诸市朝，不反兵而斗。’曰：‘请问居昆弟之仇如之何？’曰：‘仕弗与共国，衔君命而使，虽遇之不斗。’曰：‘请问居从父昆弟之仇，如之何？’曰：‘不为魁，主人能则执兵而陪其后。’”

这充分说明了儒家在思想观念上，对于各种原因及形式的“复仇”行为是给予认同和支持的，认为这是一种义务与责任。

大量的关于复仇思想在《春秋公羊传》中也所体现：

> “君弑，臣不讨贼，非臣也；子不复仇，非子也。”
> “父不受诛，子复仇可也；父受诛，子复仇，推刃之道也。”

这其中不仅对“复仇”行为给予了肯定，承认了“复仇”制度在理论上的合法性，而且还在思想意识领域中对复仇举动给出了合理的解释，这种情况发展到秦汉时期，尤其是在汉武帝执政时期，随着董仲舒儒家思想取得“独尊”的地位以后，并且“春秋决狱”制度在汉代也逐渐开始的盛行，因此汉代政府在处理有关复仇治安案件时，对犯罪者的惩处也是相当宽容的，这在某种程度上助长了汉代的复仇之风。随着历史的发展，这种复仇的观念也为当时社会各个阶层和群体普遍所接受。

汉代复仇的事件在史籍中留下了大量丰富的记载。

《后汉书·刘玄刘盆子列传》中记载：

“刘玄字圣公，光武族兄也。弟为人所杀，圣公结客欲报之。客犯法，圣公避吏于平林。吏系圣公父子张。圣公诈死，使人持丧归春陵，吏乃出子张，圣公因自逃匿。”

《后汉书·安城孝侯刘赐列传》中记载了东汉光武帝族兄刘赐：

“安城孝侯赐字子琴，光武族兄也。祖父利，苍梧太守。赐少孤。兄显报怨杀人，吏捕显杀之。赐与显子信卖田宅，同抛财产，结客报吏，皆亡命逃伏遭赦日。会伯升起兵，乃随从攻击诸县。”

《后汉书·李王邓来列传》记载了王莽末年的王常：

“王常字颜卿，颍川舞阳人也。王莽末，为弟报仇，亡命江夏。久之，与王凤、王匡等起兵云杜绿林中，聚众数万人，以常为偏裨，攻傍县。后与成丹、张卬别入南郡蓝口，号下江兵。引军与荆州牧战于上唐，大破之，遂北至宜秋。”

《后汉书·祭遵传》中记载祭遵：

“祭遵字弟孙，颍川颍阳人也。少好经书。家富给，而遵恭俭，恶衣服。丧母，负土起坟。尝为部吏所侵，结客杀之。”

我们通过上述史料中的记载可以窥视出，汉代复仇风气之烈，复仇事件之多，涉及的社会层面之广泛。

虽然我们通过分析上面史料会发现，汉代报仇行为者均是男性，但是由于汉代复仇之风弥散于整个社会阶层之中，其复仇观念和行为也深深地影响了当时的女性群体，因此在汉代诸多的复仇事件之中也往往有一些妇女参与其中。

如《汉书·王莽传》中记载了琅邪女子吕母，散尽家财以报子仇的事件：

“临淮瓜田仪等为盗贼，依阻会稽长州，琅邪女子吕母亦起。初，吕母子为县吏，为宰所冤杀。母散家财，以酤酒买兵弩，阴厚贫穷少年，得百余人，遂攻海曲县，杀其宰以祭子墓。引兵入海，其众浸多，后皆万数。”

《后汉书·列女传》中也记载了赵娥为父报仇的事件：

“酒泉庞淯母者，赵氏之女也，字娥。父为同县人所杀，而娥兄弟三人，时俱病物故，仇乃喜而自贺，以为莫己报也。娥阴怀感愤，乃潜备刀兵，常帷车以候仇家。十余年不能得。后遇于都亭，刺杀之。因诣县自首。曰：‘父仇已报，请就刑戮。’禄福长尹嘉义之，解印绶欲与俱亡。娥不肯去。曰：‘怨塞身死，妾之明分；结罪理狱，君之常理。何敢苟生，以枉公法！’后遇赦得免。州郡表其闾。太常张奂嘉叹，以束帛礼之。”

在“吕母为子复仇”的事件中，吕母为了能够顺利地实现报仇，意识到光凭一己之力是无法完成的，所以在“贫穷少年”的帮助下，最终“杀其宰以祭子墓”，为爱子报了仇，实现了复仇的愿望。

在“赵娥为父复仇”的事件中，赵娥的父亲被人杀死后，身为女性的赵娥在自己的兄弟们先后亡故的情况之下，为了能够完成为父报仇的愿望，毅然地承担起这份义务与责任。功夫不负有心人，赵娥用十年时间寻找刺杀仇人的机会，最后在“都亭”找到了机会，手刃了仇人，实现为父报仇的夙愿。

当时知情者无论是百姓、官吏还是政府，对于赵娥作为女性为父复仇的行为给予了支持和极高的赞许，从“州郡表其闾”就能很好地看出来，而且“太常张奂嘉叹，以束帛礼之。”这些都足以说明复仇行为在当时社会舆论中有着较大的支持率，这也说明了汉代复仇之风盛行的一个内在原因了。

但是这里有一个问题需要引起我们的注意，那就是为何赵娥“父为同县人所杀”之后，这一影响治安的案件中的凶手，也就是赵娥欲追杀者，为何没有被缉捕归案，受到应有的处罚，而是逍遥法外十余年，如果不是在“都亭”被赵娥所杀，那么凶手会依然逍遥法外，这其中的原因是什么？由于史料中没有明确记载，我们今天便不得而知了，所以在汉代，如果罪犯能够得到应有的法律惩处，想必汉代的复仇之风也不会这么炽烈了，这也从一个侧面说明和体现了汉代在维护城市治安中存在着一定的疏漏和问题。

在这种复仇大的背景之下，不光是普通的百姓从事复仇活动，就连当时的皇族、官员也往往会发生因怨恨而复仇杀人的事情。

如《史记·袁盎列传》中记载：

“袁盎虽家居，景帝时时使人问筹策。梁王欲求为嗣，袁盎进说，其后语塞。梁王以此怨盎，曾使人刺盎。刺者至关中，问袁盎，诸君誉之皆不容口。乃见袁盎曰：‘臣受梁王金来刺君，君长者，不忍刺君。然后刺君者十余曹，备之！’袁盎心不乐，家又多怪，乃之棓生所问占。还，梁刺客后曹辈果遮刺杀盎安陵郭门外。”

这次刺杀袁盎事件的起因是袁盎阻止汉景帝立梁孝王为嗣，于是梁孝王对袁盎怨恨在心，为了解除心头之恨，于是便密令刺客刺杀袁盎，这一案件中的参与者与受害者身份与地位都是比较高的。

再如《史记·李将军列传》中记载的李敢刺杀卫青事件：

“李敢以校尉从骠骑将军击胡左贤王，力战，夺左贤王鼓旗，斩首多，赐爵关内侯，食邑二百户，代广为郎中令。顷之，怨大将军青之恨其父，乃击伤大将军。大将军匿讳之。居无何，敢从上雍，至甘泉宫猎，骠骑将军去病与青有亲，射杀敢。去病时方贵幸，上讳云鹿触杀之。”

李敢出于怨恨卫青陷害其父亲，所以将卫青击伤了，然而作为卫青外甥的霍去病则因此对李敢的行为非常不满，于是找个机会射杀了李敢，这也属于复仇的范围，最后汉武帝为了掩盖事实真相，竟然说李敢是被鹿撞击而死的，这是汉武帝有意袒护霍去病。

再如《汉书·薛宣传》中记载了哀帝时期：

“博士申咸给事中，亦东海人也，毁宣不供养行丧服，薄于骨肉，前以不忠孝免，不宜复列封侯在朝省。宣子况为右曹侍郎，数闻其语，赇客杨明，欲令创咸面目，使不居位。司隶缺，况恐咸为之，遂令明遮斫咸宫门外，断鼻唇，身八创。”

汉哀帝在即位之初，薛况出任的职务是右曹侍郎，在听闻到博士给事中申咸用语言攻击他的父亲，薛况于是“赇客杨明”，使其在宫门之外等候时机用刀砍伤了申咸的面部，这样由于形象问题而导致其不能居位。

这一切都说明了复仇之风在汉代时期不但在社会下层中较为盛行，就是在统治阶级等上层社会中也大有市场。

汉代的复仇风气虽然比较盛行，但是有些地区的复仇之风与其他地区比较会更加酷烈，据统计秦汉时期复仇最盛的地区，当推关中、南阳、颍川、太原、上党、巴蜀与会稽等地。① 然而我们通过分析这些地区会发现一个问题，就是这些

① 周天游：《古代复仇面面观》，陕西人民教育出版社 1992 年版，第 91 ~95 页。

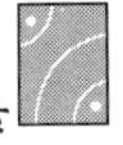

复仇比较严重的地区往往也是“任侠”风气较盛行的地区，说明“任侠”在一定程度上对复仇之风有助推作用，于是出现了“任侠之风”与“复仇之风”互为表里、互相影响的局面。

由于复仇之风在汉代的盛行，对汉代各地区的城市治安与社会秩序的稳定构成了较大的威胁，特别是有时候发生大规模复仇行为时，对城市治安构成了巨大危害，如《后汉书·马援传》中记载：“傍县尝有报仇者，吏民惊言羌反，百姓奔入城郭。”百姓能误将报仇的行为视为羌族造反，这充分说明了当时这种复仇行为可能引发了大规模的双方群众武斗的行为，百姓为了自身的安全，全部躲入城郭之中，这也充分说明这种复仇行为不仅给当地治安造成了危害，而且对当地百姓的生产和生活带来了诸多的负面影响。

第五节　财富不均

中国古代社会以农业经济为基础，其主要特点是男耕女织、自给自足，是国家正常统治秩序得以维持的经济基础，因此农业生产历来受到国家的重视与保护，秦汉时期对于农业生产的态度也不例外。

因此，这时期同样执行“重农抑商”“重本抑末”的经济政策，这样既可以限制商业等末业的发展，更为重要的是，又维护农业经济的生产发展。

汉代政府为让百姓能够“逐本弃末”，禁止各种形式的与农争利，至汉武帝时期则更有了明文规定：“贾人有市籍者，及其家属，皆无得籍名田，以便农。敢犯令，没入田僮。”[①] 因为土地是农业生产过程中最为主要的生产资料，而且土地也是封建社会财富的终极象征，因此，在封建社会的官僚、地主、商人等不同的社会阶层都欲大量占有土地，将其手中的财富购买、兼并土地等不动产。

司马迁在撰写《史记·货殖列传》中就曾经探讨过致富的不同途径和手段，认为有：“本富”“末富”“奸富”三种形式，所谓的“本富”主要是指依靠农田致富；“末富”则是以工商致富；“奸富”是指官商相互勾结，运用行政资源进行垄断并致富。司马迁认为，在这三种致富的方法中，“本富为上，末富次之，奸富最下。”同时司马迁在《货殖列传》中也提出各行业获利的次序，“用贫求富，农不如工，工不如商，刺绣文不如倚市门”。

但是在中国封建社会还有一个特殊的现象，就是人们通过经营商业获利后，

---

① 司马迁：《史记·平准书》，中华书局1959年版，第1430页。

往往会将资金用来购买土地，司马迁对此概况为："以末致财，用本守之"，因为土地是不动产，即使社会发生动荡，土地比金银财宝会更安全，所以在汉代时期，虽然政府对土地的兼并问题是明令禁止的，但是官僚、地主和商人则会凭借其在经济上的巨大优势，通过购买、放贷等不同的手段使得农民手中的土地逐渐地被兼并，《汉书·食货志》中就曾感叹"商人兼并农人"。

《史记·酷吏传》中记载了汉武帝时期的宁成兼并土地情况：

"宁成，南阳穰人也。……武帝即位，徙为内史。外戚多毁成之短，抵罪髡钳。是时，九卿死即死，少被刑，而成刑极，自以为不复收，及解脱，诈刻传出关归家。称曰：'仕不至二千石，贾不至千万，安可比人乎！'乃贳貣陂田千余顷，假贫民，役使数千家。数年，会赦，致产数千万，为任侠，持吏长短，出从数十骑。其使民，威重于郡守。"

再如这时期居于颍川的灌夫也拥有大量的土地，其家族势力也是非常强大的。

汉武帝在其执政时期，面对这种土地兼并的情况，于是决定对此进行禁止，在元封五年时给十三州部刺史制定了所谓的"六条问事"《汉书·百官公卿表》中记载：

"刺史班宣，周行郡国，省察治状，黜陟能否，断治冤狱，以六条问事，非条所问，即不省。一条，强宗豪右田宅逾制，以强凌弱，以众暴寡。二条，二千石不奉诏书遵承典制，倍公向私，旁诏守利，侵渔百姓，聚敛为奸。三条，二千石不恤疑狱，风厉杀人，怒则任刑，喜则淫赏，烦扰刻暴，剥截黎元，为百姓所疾，山崩石裂，祆祥讹言。四条，二千石选署不平，苟阿所爱，蔽贤宠顽。五条，二千石子弟恃怙荣势，请托所监。六条，二千石违公下比，阿附豪强，通行货赂，割损正令也。"

在这六条中，第一条就是明令禁止强宗豪右对土地大肆兼并，汉代政府希望通过各种限制土地兼并的措施来达到此目的，但是汉代土地兼并的趋势却越来越严重。

当西汉进入中后期时，土地兼并的问题越来越突出，其程度已经达到了"大者倾都，中者倾县，下者倾乡里者不可胜数"① 的局面，《汉书·食货志》中董仲舒对这种土地兼并情况也有所谈及：

① 司马迁：《史记·货殖列传》，中华书局 1959 年版，第 3282 页。

“……至秦则不然，用商鞅之法，改帝王之制，除井田，民得卖买，富者田连阡陌，贫者无立锥之地，又颛川泽之利，管山林之饶，荒淫越制，逾侈以相高；邑有人君之尊，里有公侯之富，小民安得不困？又加月为更卒，已，复为正，一岁屯戍，一岁力役，三十倍于古；田租口赋，盐铁之利，二十倍于古，或耕豪民之田，见税什五，故贫民常衣牛马之衣，而食犬彘之食。重以贪暴之吏，刑戮妄加，民愁亡聊，亡逃山林，转为盗贼，赭衣半道，断狱岁以千万数。汉兴，循而未改。”

当土地被大量兼并之后，对治安的秩序也会产生诸多的危害与影响，如《后汉书·仲长统传》中对这种危害有所记载：

“井田之变，豪人货殖，馆舍布于州郡，田亩连于方国。身无半通青纶之命，而窃三辰龙章之肥；不为编户一伍之长，而有千室名邑之役。荣乐过于封君，势力侔于守令。财赂自营，犯法不坐。刺客死士，为之投命。至使弱力少智之子，被穿帷败，寄死不敛，冤枉穷困，不敢自理。”

当土地被一些人兼并之后，这些人在当地的势力也会随之变得非常之大，而且甚至出现了“犯法不坐。刺客死士，为之投命”的局面，而百姓却是“至使弱力少智之子，被穿帷败，寄死不敛，冤枉穷困，不敢自理。”这种情况对城市治安秩序的稳定无疑会产生重要的负面影响。

第六节　自然灾害

我们上面谈到影响城市治安的诸多因素，这些因素可以对其概括总结为“人为因素”，同时我们在通过对影响汉代城市治安因素的分析与研究过程中，发现这些因素中除了“人为因素”外，还有“自然因素”因素的影响，这些“自然因素”有时候也会对汉代城市治安环境的秩序构成一定的影响和威胁，这种所谓的“自然因素”主要表现为各种自然灾害。

自然界中的各种自然灾害对汉代的城市治安环境也有着较大的影响，对封建统治秩序也起着冲击作用。

汉代时期，自然灾害类型较多，如旱灾、水灾、虫灾、地震、雹灾、风灾、霜灾、瘟疫等诸多灾害，而且在两汉时期，这些灾害发生频率也较高，有学者曾经对此进行过认真地分析与统计，如邓云特认为，秦汉时期共计发生各类灾害

375 次[①]；卜风贤认为，在秦汉时期发生重大的农业灾害（包括水灾、河决、雨灾、旱灾、风灾、雹灾、雪灾、霜灾、低温灾、冻灾、蝗灾、虫灾、畜病、鼠害、兽害、沙尘暴、水土流失）共 291 次[②]；李辉认为："自汉高祖元年（公元前 206 年）至汉献帝建安二十五年（公元 220 年）的 425 年间，共有 292 个年份发生自然灾害，包括水灾 121 次，旱灾 106 次，地震 104 次，虫灾 62 次，疫灾 49 次，风灾 33 次，雹灾 35 次，低温度灾害 31 次，山崩地裂 39 次，共计 580 次主要自然灾害"[③] 通过以上学者的分析与统计，我们可以看出，汉代的自然灾害数量之多，而且涉及了各种类型的灾害。

两汉时期自然灾害不但总量之多，而且有许多自然灾害爆发时，往往是多种灾害并发，这样一来，这些自然灾害对百姓的日常生产生活以及整个社会统治秩序都会构成极大的负面影响。当大灾来临之时，百姓通常会困窘不堪，《后汉书·冯衍传》中记载："元元无聊，饥寒并臻，父子流亡，夫妇离散，庐落丘墟，田畴芜秽""间者岁比不登，民多乏食，夭绝天年。"[④] 每当发生大规模的灾害时，不但对百姓的财产构成了较大的损失，而且在人员数量上也往往会造成大量的伤亡，"四垂之人，肝脑涂地，死亡之数，不啻太半"[⑤]"是岁，京师及郡国四十一雨水雹。并、凉二州大饥，人相食。"[⑥]

《汉书·谷永传》中记载："百姓财竭力尽，愁恨感天，灾异屡降，饥谨仍臻。流散冗食，餧死于道，以百万数。"《汉书·孔光传》中也记载："岁比不登，天下空虚，百姓饥谨，父子分散，流离道路，以十万数。"

这种自然灾害对汉代时期人口数量的影响有时候会非常大，甚至一度出现"人相食，城郭皆空，白骨蔽野"[⑦]"千里无烟，无鸡鸣犬吠之声"[⑧] 的悲惨景象。

因此，当灾害发生的时候，汉代政府往往会通过实施各种措施来缓解自然灾害所带来的不利影响，如《汉书·景帝纪》中记载：

> "春正月，诏曰：'间者岁比不登，民多乏食，夭绝天年，朕甚痛之。郡国或硗狭，无所农桑畜或地饶广，荐草莽，水泉利，而不得徙。其议民欲徙宽大地者，听之。'"

---

① 邓云特：《中国救荒史》，北京出版社 1998 年版，第 15 页。
② 卜风贤：《周秦两汉时期农业灾害时空分布研究》，载《地理研究》2002 年第 4 期，第 464 页。
③ 李辉：《试论两汉时期自然灾害的主要特点》，载《社会科学战线》2004 年第 4 期，第 164 页。
④ 班固：《汉书·景帝纪》，中华书局 1962 年版，第 139 页。
⑤ 范晔：《后汉书·冯衍传》，中华书局 1965 年版，第 966 页。
⑥ 范晔：《后汉书·安帝纪》，中华书局 1965 年版，第 214 页。
⑦ 范晔：《后汉书·刘盆子传》，中华书局 1965 年版，第 484 页。
⑧ 范晔：《后汉书·祭祀志》，中华书局 1965 年版，第 3166 页。

《汉书·平帝纪》中记载汉平帝时期：

“郡国大旱，蝗，青州尤甚，民流亡。安汉公、四辅、三公、卿大夫、吏民为百姓困乏献其田宅者二百三十人，以口赋贫民。遣使者捕蝗，民捕蝗诣吏，以石斗受钱。天下民赀不满二万，及被灾之郡不满十万，勿租税。民疾疫者，舍空邸第，为置医药。赐死者一家六尸以上葬钱五千，四尸以上三千，二尸以上二千。罢安定呼池苑，以为安民县。起官寺市里，募徙贫民，县次给食。至徙所，赐田宅什器，假与犁、牛、种、食。又起五里于长安城中，宅二百区，以居贫民。”

虽然汉代政府在灾害来临时积极地赈灾减灾，但是有时候收到的效果也不是很理想。

因此，当暴发自然灾害以后，农业生产往往会受到重创，粮食短缺问题就会随之而来，于是百姓为了能够活命则会四处求食，这样原本被土地和户籍束缚的百姓就会开始成为脱籍的流民。

《盐铁论·未通》中记载：

“树木数徙则，虫兽徙居则坏，故代马依北风，风鸟翔故巢，莫不哀其生。由此观之，民非利避上公之事而乐流亡也。”

百姓四处乞食流亡是一种无奈之举，有时候这种因自然灾害而导致的流民则会大量地出现，如《汉书·石奋传》中记载：“（武帝）元封四年，关东流民二百万口，无名数者四十万。”在汉武帝执政时期的元封四年（公元前107年），关东地区的流民总量粗略估计已经达到了二百多万人，其中脱离户籍的则有四十多万人。桓帝永兴元年黄河决溢，导致“流冗道路，至有数十万户”①。《汉书·孔光传》中也有因自然灾害而成为流民者：“岁比不登，天下空虚，百姓饥谨，父子分散，流离道路，以十万数。”

有时候，由于自然灾害而引发的大规模流民潮，会演变成为危害社会治安的“盗贼”。《后汉书·光武帝纪》中记载：“莽末，天下连岁灾蝗，寇盗锋起。地皇三年，南阳荒饥，诸家宾客多为小盗……。”“惟贫困饥寒，犯法为非，大者群盗，小者偷穴，不过二科”②。《汉书·吾丘寿王传》中记载：“稍迁，会东郡盗

① 范晔：《后汉书·孝桓帝纪》，中华书局1965年版，第298页。
② 班固：《汉书·王莽传》，中华书局1962年版，第4171页。

贼起，拜为东郡都尉。上以寿王为都尉，不复置太守。是时，军旅数发，年岁不熟，多盗贼。”

有时候，对流民处理不好则直接诱发农民起义，这种情况的出现对于城市治安的维护有极大影响，史料中对此也有大量的记载。

《汉书·孔光传》中记载：

“灾异重仍，日月无光，山崩河决，五行失行……阴阳错谬，岁比不登，天下空虚，百姓饥谨，父子分散，流离道路，以十万数。而百官群职旷废，奸轨放纵，盗贼并起，或攻官寺，杀长吏。”

《汉书·咸宣传》中对此也有所记载：

“吏民益轻犯法，盗贼滋起。南阳有梅免、百政，楚有段中、杜少，齐有徐勃，燕赵之间有坚卢、范主之属。大群至数千人，擅自号，攻城邑，取库兵，释死罪，缚辱郡守都尉，杀二千石，为檄告县趋具食。小群以百数，掠掳乡里者，不可称数。”

《汉书·张敞传》中记载：

“胶东、勃海左右郡岁数不登，盗贼并起，至攻官寺，篡囚徒，搜市朝，劫列侯。吏失纲纪，奸轨不禁。”

《后汉书·申屠刚传》中记载：

“今承衰乱之后，继重敝之世，公家屈竭，赋敛重数，苛吏夺其时，贪夫侵其财，百姓困乏，疾疫夭命。盗贼群辈，且以万数，军行众止，窃号自立，攻犯京师，潘烧县邑。至乃讹言积弩入宫，宿卫惊惧。自汉兴以来，诚未有也。”

至王莽末年时期，这种情况也是存在的，由于青、徐等地区暴发了灾害，所以农民起义首先在这些地区爆发，“扬、徐、青三州首乱，兵革横行，延及荆州。”①

在王莽末年，南方爆发了历史上著名的绿林赤眉大起义，究其原因就是由于

① 范晔：《后汉书·祭祀志》，中华书局1965年版，第3166页。

南方地区出现了自然灾害，大量的饥民、流民最后聚集在绿林山和泰山地区而形成。

《后汉书·刘玄传》中对此记载：

> "王莽末，南方饥馑，人庶群入野泽，掘凫茈而食之，更相侵夺。……于是诸亡命马武、王常、成丹等往从之；共攻离乡聚，臧于绿林中，数月间至七八千人。"

这种情况在《后汉书·刘盆子传》中也有相关的记载：

> "后数岁，琅邪人樊崇起兵于莒，众百余人，转入太山，自号三老。时青、徐大饥，寇贼蜂起，群盗以崇勇猛，皆附之，一岁间至万余人。崇同郡人逄安，东海人徐宣、谢禄、杨音，各起兵，合数万人，复引从崇。"

史料中所谓的"寇贼蜂起"，究其根本原因就是"时青、徐大饥"所引起的。《汉书·王莽传》中记载：

> 王莽始建国三年（公元 11 年）"民弃城郭流亡为盗贼，并州、平州优盛。"
>
> 天凤五年（公元 18 年），"……连年久旱，百姓饥穷，故为盗贼……"。
>
> 天凤六年（公元 19 年）"清、徐民多弃乡里流亡，老弱死道路，壮者入贼中。"

这种由于自然灾害原因引起的农民起义在东汉时期也经常出现，其中黄巾起义就是典型的一例。

由于自然灾害而引发的农民被迫四处流亡并最终聚集起义，这种情况不仅会对城市治安产生重要的影响，同时也会动摇封建国家的统治秩序，王莽政权的覆灭和东汉政权的衰亡就是最为有力的例证。

第七章

汉代城市治安措施

第一节 相关立法

汉代的法律制度是在继承秦朝的法律制度之上逐渐丰富和完善起来的，汉代政府为了加强对社会治安秩序的控制，维护其封建的统治能够实现长治久安的目的，制定了诸多相关的法律、法规，汉代的法律制度主要是以“律”“令”“科”“比”等具体的形式体现出来的。

所谓的“律”是指国家所颁布的正式法典，在商鞅改“法”为“律”以后，奠定了“律”的至高地位。“律”具有普遍的适用性以及稳定性，是中国古代治安的法律依据。而所谓的“令”则指的是以皇帝以诏书的形式所颁布的诏令，具有一定的随机性和灵活性的特点。

通常情况下，“令”所具有的法律效力要高于“律”，一般是对“律”规定不足的弥补。所谓的“科”则是“科条”，是对于刑罚的一种法律规范。而“比”则通常是指现实中发生的典型案例，在“律”中无正条解释情况之下，通常可以运用以往的典型司法案例进行司法审判。

一、三章之法

在秦末农民战争中，刘邦率领农民起义军队率先攻入秦的都城——咸阳，强大的秦王朝迅速灭亡，刘邦在进入关中之后，为了能够及时稳定关中的社会秩序，于是便提出了“约法三章”。

《史记·高祖本纪》中对此记载：

“汉元年十月，沛公兵遂先诸侯至霸上。秦王子婴素车白马，系颈以组，封皇帝玺符节，降轵道旁。……召诸县父老豪桀曰：‘父老苦秦苛法久矣诽谤者族偶语者弃市吾与诸侯约先入关者王之吾当王关中。与父老约，法三章耳：杀人者死，伤人及盗抵罪。余悉除去秦法。诸吏人皆案堵如故。凡吾所以来，为父老除害，非有所侵暴，无恐！且吾所以还军霸上，待诸侯至而定约束耳。’乃使人与秦吏行县乡邑，告谕之。秦人大喜，争持牛羊酒食献飨军士。沛公又让不受，曰：‘仓粟多，非乏，不欲费人。’人又益喜，唯恐沛公不为秦王。”

刘邦进入咸阳灭掉秦朝之后，如何才能快速地将关中地区的社会治安秩序稳定下来，成为刘邦能否取得最后胜利的因素，因此刘邦与当时的关中百姓进行了一项约定，这项约定也就是“约法三章”，而所谓的“余悉除去秦法”实际上也只是废除了族诛、连坐以及《史记·高祖本纪》中所说的“诽谤者族，偶语诗书者弃市”，等等，秦朝的基本法律制度是不可能被全部废除的。

刘邦在入关之初，虽然宣布实行“三章之法”，但具体到实际之中却很难得到实行。因为刘邦在灭秦朝之后，却执行了“诸吏人皆案堵如故”的政策，从这一句的文献中我们可以看出，汉初刘邦几乎保留了秦的司法人员和司法体系，所以我们今天看当时刘邦的所谓的“三章之法”，其实就是一种安抚关中百姓的权宜之策。

所以《汉书·刑法志》中对此认为：

“汉兴，约法三章，网漏吞舟之鱼，然其大辟尚有夷三族之令。又考惠帝四年始除挟书律，吕后元年始除三族罪、妖言令，文帝元年始除收孥诸相坐律令，二年始除诽谤律，十三年除肉刑，然则秦法未尝悉除，三章徒为虚语，《续古今考》所谓‘一时姑为大言以慰民也’。盖三章不足禁奸，萧何为相，采摭秦法，作律九章，疑此等皆在九章之内，史公只载入关初约耳。”

我们认为刘邦入关后所谓的“三章之法”，与其说是法律，还不如说是一种收买关中百姓人心的政治口号，这种政治口号在提出后就立刻得到了关中百姓的认可和拥护，于是才会出现《史记·高祖本纪》中的“秦人大喜，争持牛羊酒食献飨军士”的高涨热情，更为重要的是达到了刘邦的“唯恐沛公不为秦王”收买人心的目的。而且从长远来看，刘邦的“三章之法”为后来在楚汉战争中能够拥有关中稳固的后方补给基地，并最终赢得“楚汉战争”的胜利，并奠定了坚实的基础。

二、《九章律》

汉初，随着社会经济的恢复与发展以及社会整体形势的变化，汉代统治者开始意识到原来的“三章之法”已不再适应当时社会发展的现实需要，因此《汉书·刑法志》中对此记载：

“汉兴，高祖初入关，约法三章……其后四夷未附，兵革未息，三章之法不足以御奸，于是相国萧何捃摭秦法，取其宜于时者，作律九章。”

颜师古注曰：“捃摭，谓收拾也。”

“九章律”的制定者是当时汉代三杰之首的丞相萧何，萧何在以秦律为蓝本的基础上进行编订，这主要是因为萧何在随刘邦进入秦的帝都咸阳之后，将所有秦代的图书典籍进行了收集整理和保护，《史记·萧相国世家》中记载：

“沛公至咸阳，诸将皆争走金帛财物之府分之。（萧）何独先入收入秦丞相御史律令图书藏之。沛公为汉王，以何为丞榴……汉王所以具知天下厄塞、户口多少，强弱之处，民所疾苦者，以何具得秦图书也。”

因此《汉书·刑法志》中所谓的“捃摭秦法”就指的是萧何收藏秦的律令图书的事件。萧何在制定《九章律》过程中，大量借鉴了秦律的指导思想、原则以及定刑的具体标准，等等，对秦律中一些不适合汉朝统治的具体内容进行了删除、调整和修改。

在汉朝中最重要的法典就当属《九章律》，之所以被称之为“九章”，其原因就是在《法经》中的六篇（盗、贼、囚、捕、杂、具）以外，萧何又增加了户、兴、厮三篇，这样合在一起共计有九篇，因此被称之为“九章之律”。

而汉代将秦代所有的苛法尽除工作直到文、景时期还在继续，如汉文帝执政时期，文帝废除了肉刑，这就使得先秦时期以来以残损人体为主的墨、劓、刖、宫、大辟所谓的“五刑”被废除；而且还规定了刑徒具体的刑期，这样就改变了以往的刑徒没有具体的服刑期限，需要终身服刑的制度；同时也废除了收孥法，这样就可以在最大程度上限制家族连坐的范围。汉代在这些法律制度上的改革与之前秦法的繁苛相比无疑具有巨大的进步性，这就积极地促进了传统刑罚体系的进步。

汉代虽然在一定程度上废除了秦代的苛法，如吕后元年和文帝二年曾经两次

下诏声明要废除妖言、诽谤之罪，《汉书·文帝纪》中记载：

“古之治天下，朝有进善之旌，诽谤之木，所以通治道而来谏者也。今法有诽谤妖言之罪，是使众臣不敢尽情，而上无由闻过失也。将何以来远方之贤良其除之。民或祝诅上以相约，而后相谩，吏以为大逆。其有他言，吏又以为诽谤。此细民之愚，无知抵死，朕甚不取。自今以来，有犯此者，勿听治。”

但是，在司法实践过程中对此却没有很好地执行，在史书中记载了许多人因触犯该两项罪名而最终获罪，如《汉书·眭弘传》中记载了昭帝时的眭弘：

“眭弘字孟，鲁国蕃人也。少时好侠，斗鸡走马，长乃变节，从嬴公受《春秋》。以明经为议郎，……孟意亦不知其所在，即说曰：‘先师董仲舒有言，虽有继体守文之君，不害圣人之受命。汉家尧后，有传国之运。汉帝宜谁差天下，求索贤人，禅以帝位，而退自封百里，如殷、周二王后，以承顺天命。’孟使友人内官长赐上此书。时，昭帝幼，大将军霍光秉政，恶之，下其书廷尉。奏赐、孟妄设祆言惑众，大逆不道，皆伏诛。”

元凤年间出现了各种灾异现象，睦弘依据《春秋》之意，上书给汉政府，要求汉政府能够接受其求贤的建议，并且还建议禅让帝位，最终结果是被霍光定以“妖言惑众，大逆不道”的罪名而被处死，说明妖言罪在汉代还是继续存在的，并没有完全被废除。

《汉书·严延年传》中记载了汉宣帝时期的严延年也因获此罪而被杀：

“严延年字次卿，东海下邳人也。其父为丞相掾，延年少学法律丞相府，归为郡吏，举侍御史。……自矜伐其能，终不衰止。（府）丞义年老颇悖，素畏延年，恐见中伤。延年本尝与义俱为丞相史，实亲厚之，无意毁伤也，馈遗之甚厚。义愈益恐，自筮得死卦，忽忽不乐，取告至长安，上书言延年罪名十事。已拜奏，因饮药自杀，以明不欺。事下御史丞按验，有此数事，以结延年，坐怨望非谤政治不道弃市。”

《后汉书·章帝纪》中记载了汉章帝曾下诏曰：“诸以前妖恶禁锢者，一皆蠲除之，以明弃咎之路。”《后汉书·安帝纪》中记载汉安帝永初四年（110 年）曾下诏书：“乙亥，诏自建初以来，诸妖言它过坐徙边者，各归本郡，其没入官为奴婢者，免为庶人”。

例如，在高后元年时期曾经将“三族罪”废除，但是《汉书·景帝纪》中仍有“大逆不道，父母妻子同产皆弃市”的规定，在实际中有许多人就曾经受到过该法律的惩处，如汉文帝时期的新垣平被夷三族，晁错、李陵乃至东汉时期的董卓、董承、伏完等均给予灭族的处罚，这些都证明了“三族”之刑没有被完全废除，这充分说明了一切都是以统治阶级的意志为转移的，说明了汉代在法律制度的改革上存在不彻底性。

汉朝除了重要的法典《九章律》以外，刘邦为了弥补《九章律》的不足之处，于是下令让叔孙通作傍章律 18 篇。

《汉书·刑法志》中记载武帝时：“招进张汤、赵禹之属，条定法令，作见知故纵、监临部主之法，缓深故之罪，急纵出之诛。”说明到了汉代强盛的武帝时期，张汤又制定了《越宫律》27 篇，赵禹作《朝律》6 篇。这是有关朝贺制度的规定，之后为了能够有效打击诸侯王势力，汉朝统治者又陆续地制定了“酎金律”“左官律”“沈命法”“附益法”等相关的法律法规。

经过汉朝中前期统治者们在《九章律》的基础上不断地补充和发展，到了西汉中期，大约汉宣帝时期，汉代法律的概况大体呈现出的情景在《魏书·刑罚志》中有所记载：

> “宣帝善之。痛乎！狱吏之害也久矣。故曰，古之立狱，所以求生；今之立狱，所以求杀人。不可不慎也。于定国为廷尉，集诸法律，凡九百六十卷，大辟四百九十条，千八百八十二事，死罪决比，凡三千四百七十二条，诸断罪当用者，合二万六千二百七十二条。后汉二百年间，律章无大增减。”

这说明汉代法律体系是非常庞大的。

三、令、科、比

汉代的主要法律除了前文提到的“律”之外，还有“令”“科”“比”等不同的形式。

“令”通常是汉代法律的重要形式之一，“令”在汉代的数量大约有三百余篇，“汉朝皇帝除有钦定法律的大权外，他的诏令和制语往往具有超出法律至上的效力。”①

① 朱绍侯：《中国古代治安制度史》，河南大学出版社 1994 年版，第 131 页。

《汉书·宣帝纪》中记载:“令甲，死者不可生，刑者不可息。”颜师古注:“文颖曰:‘……天子诏所增损，不在律上者为令。令甲者，前帝第一令也。’如淳曰:‘令有先后，故有令甲、令乙、令丙。’如说是也。甲、乙者，若今之第一、第二篇耳。”《晋书·刑法志》:“又汉时决事，集为《令甲》以下三百馀篇。”

由于中国古代的皇帝是最高权力的代表者，所以其发布的诏令不但具有权威性，而且其还可以对现行法律进行更改和补充，因此其涉及内容和数量也是极为繁多的。

据《史记·袁盎晁错列传》中记载:

“晁错者，颍川人也。以文学为太常掌故。错为人峭直刻深。……景帝即位，以错为内史。错常数请间言事，辄听，宠幸倾九卿，法令多所更定。迁为御史大夫，请诸侯之罪过，削其地，收其枝郡。奏上，上令公卿列侯宗室集议，莫敢难，独窦婴争之，由此与错有隙。错所更令三十章，诸侯皆喧哗疾晁错。”

说明汉代至景帝时期，晁错就开始将“令”结集为章了。

在汉代，“令”与“律”在法律上所起的作用几乎是相同的，如在《史记·杜周传》中记载:“君为天下决平，不循三尺法，专以人主意指为狱，狱者固如是乎?”有人对杜周办案表示不满，认为他在处理具体的案件时，不能尽以法律规章条为审判的准绳，而是以皇帝的意旨为转移，而杜周对此进行的反驳是:“三尺安出哉!前主所是，着为律;后主所是，疏为令，当时为是，何古之法乎!”杜周认为，所谓的“法律”从实质上来讲其实就是以皇帝意旨为准绳，其说法表面看有些牵强，但是实质就是其所说的，也可以看出汉代“令”所具有的法律效力。

而且汉代在进行统计法律条目及刑名的时候，通常将“律”与“令”并提，《汉书·刑法志》中记载:

“禁网浸密。律令凡三百五十九章，大辟四百九条，千八百八十二事，死罪决事比万三千四百七十二事。文书盈于几阁，典者不能遍睹。是以承用者驳，或罪同而论异，奸吏因缘为市，所欲活则傅生议，所欲陷则予死比，议者咸冤伤之。”

主要说明的是汉武帝时期法律条文的繁杂与严酷，在这之中就将“律、令”

并提。

在汉武帝以后，这种状况非但没有改变，反而愈演愈烈，因此，《汉书·刑法志》中记载了汉成帝对此问题的看法：

> “今大辟之刑千有余条，律令烦多，百有余万言，奇请它比，日以益滋，自明习者不知所由，欲以晓喻众庶，不亦难乎！”

《后汉书·陈宠传》中也记载：

> “永元六年，宠代郭躬为廷尉。性仁矜。及为理官，数议疑狱，常亲自为奏，每附经典，务从宽恕，帝辄从之，济活者甚众。其深文刻敝，于此少衰。宠又钩校律令条法，溢于《甫刑》者除之。曰：臣闻礼经三百，威仪三千，故《甫刑》大辟二百，五刑之属三千。礼之所去，刑之所取，失礼则入刑，相为表里者也。今律令死刑六百一十，耐罪千六百九十八，赎罪以下二千六百八十一，溢于《甫刑》者千九百八十九，其四百一十大辟，千五百耐罪，七十九赎罪。《春秋保乾图》曰：‘王者三百年一蠲法。’汉兴以来，三百二年，宪令稍增，科条无限。又律有三家，其说各异。宜令三公、廷尉平定律令，应经合义者，可使大辟二百，而耐罪、赎罪二千八百，并为三千，悉删除其余令，与礼相应，以易万人视听，以致刑措之美，传之无穷。”

这不但说明汉代法律条文的繁苛复杂，而且也同样是将“律、令”并提，说明汉代“律”与“令”可能在法律作用上具有同等作用。

“科”与“比”同样也是西汉法律的重要形式之一，《后汉书·恒谭传》中记载：“今可令通义理明法律者，校定科比”。李贤注曰：“科谓事条，比谓类例。”

“科”主要是指惩处汉代官吏在职务上犯罪处罚的相关法律法规，如《后汉书·陈忠传》中所记载：“言已不得终竟子道者，亦上之耻也。高祖受命，萧何创制，大臣有宁告之科，合于致忧之义。”这就是最好的说明。

以往的学者普遍认为“科”是汉代法律重要的表现形式之一，但也有对此持有反对意见者，认为“科”其实就是“律”和“令”的事项条目或条款。直至曹魏时期，“科”才最终发展成为独立的法律形式，而随着秦汉考古的发展，在居延地区发现的大量简牍的整理与公布后，印证了传统观点的正确性。

“科”在汉代的内容是相当广泛的，如《后汉书·明帝纪》永平十二年诏曰：

“昔曾、闵奉亲，竭欢致养；仲尼葬子，有棺无椁。丧贵致哀，礼存宁俭。今百姓送终之制，竞为奢靡。生者无担石之储，而财力尽于坟土。伏腊无糟糠，而牲牢兼于一奠。縻破积世之业，以供终朝之费，子孙饥寒，绝命于此，岂祖考之意哉！又车服制度，恣极耳目。田荒不耕，游食者众。有司其申明科禁，宜于今者，宣下郡国。”

《后汉书·梁统传》中提到：

“武帝值中国隆盛，财力有余，征伐远方，军役数兴，豪桀犯禁，奸吏弄法，故重首匿之科，著知从之律，以破朋党，以惩隐匿。宣帝聪明正直，总御海内，臣下奉宪，无所失坠，因循先典，天下称理。”

《后汉书·陈忠传》中也提到：

“臣窃见元年以来，盗贼连发，攻亭劫掠，多所伤杀。夫穿窬不禁，则致强盗；强盗不断，则为攻盗；攻盗成群，必生大奸。故亡逃之科，宪令所急，至于通行饮食，罪致大辟。而顷者以来，莫以为忧。”“高祖受命，萧何创制，大臣有宁告之科，令於致忧之义。”

而“比”就是我们通常所说的“决事比”，由于在司法审判中，有些特殊的案件在律令中并没有给出具体相应的处罚规定，所以在现实的审判中，只能比照判案的典型判例来进行断案，并且报呈给最高统治者进行最后批准，以此来弥补律令中规定的不足之处。

而“比”早在先秦时期就已经作为一种法律形式存在了，《礼记·王制》中记载：

“凡听五刑之讼，必原父子之亲，立君臣之义，以权之意论轻重之序，慎测浅深之量，以别之。悉其聪明，致其忠爱，以尽之。疑狱，泛与众共之，众疑，赦之。必察小大之比以成之。成狱辞，史以狱成告于正，正听之，正以狱成告于大司寇，大司寇听之棘木之下，大司寇以狱之成告于王，王命三公参听之，三公以狱之成告于王，王三又，然后制刑。凡作刑罚，轻无赦。”

其中的“必察小大之比以成之”郑玄注曰：“已行故事曰比。比，例也。”

《荀子·王制》篇中记载：

> “故法法而不议，则法之所不至者必废。职而不通，则职之所不及者必坠。故法而议，职而通，无隐谋，无遗善，而百事无过，非君子莫能。故公平者，职之衡也；中和者，听之绳也；其有法者以法行，无法者以类举，听之尽也；偏党而无经，听之辟也。故有良法而乱者有之矣；有君子而乱者，自古及今，未尝闻也。传曰：‘治生乎君子，乱生乎小人。’此之谓也。”

《后汉书·陈忠传》中也记载：

> “陈伯始，本名陈忠，字伯始，后汉陈宠子。永初中辟司徒府，三迁廷尉正，以才能有声称。司徒刘恺举忠明习法律，宜备机密，于是擢拜尚书，使居三公曹。忠自以世典刑法，用心务在宽详。初，父宠在廷尉，上除汉法溢于《甫刑》者，未施行，及宠免后遂寝。而苛法稍繁，人不堪之。忠略依宠意，奏上二十三条，为《决事比》，以省请谳之敝。”注曰：“比，例也。”

从以上对“比”的解释来看，就是在当时的法律规定之中，对某些特殊的情况没有做出清晰的明文规定，在司法审判中操作方式就是采用“类比”的方法为判案者提供一个参考，以便做出裁决，这种司法审判的方法就被称之为“比”。而且这些经典案例的审判也就成为日后处理相似案件司法审判的理论依据，这也成为所谓的“决事比”。这种情况从一个侧面说明了当时立法水平的欠发达。

汉代“决事比”是在继承秦代“廷行事”演变发展而来的，是汉代法律形式之一。

秦代在运用“比”来进行司法审判时，通常就是直接援引与该案情最为相近的法律条文，秦简《法律答问》中有很多这样的“比”，如：

> “臣强与主奸，何论？比欧主。”
> “斗折脊项骨，何论？比折肢。”
> “铍、戟、矛有室者，拔以斗，未有伤也，论比剑。”
> “或与人斗，决人唇，论何也？比疻痏。”
> “或斗，啮人頯若颜，其大方一寸，深半寸，何论？比疻痏”
> “殴大父母，黥为城旦舂。今殴高大父母，可（何）论？比大父母。”

秦代在司法中的这种“比”，通常情况是案件相对简单，犯罪者的犯罪行为与法典中的条文较为接近，所以面对这种情况，通常就以“比”的方式进行审判。

有时候，犯罪案件的案情可能会比较复杂，在司法审判时就需要援引不同的法律条文，这就给案件的审判带来较大的难度，而且最后判理的结果也相差较大。面对这种现实情况，秦汉时期就产生了如果有疑罪就需要上报的“奏谳”制度，由下级的主管部门逐级上报，最后上报给廷尉，并最终送达至最高统治者——皇帝手中进行最后裁决，这种审判方式就是所谓的“已行故事”，这也是“比”的一种形式。

张家山汉简《奏谳书》中就收录了众多案例，这也是断狱的理论依据之一，除此以外，《奏谳书》还有前代的大量案例，如秦代乃至春秋时期的经典案例均有所收录。

这就导致汉代“比”的数量相当庞杂，《汉书·刑法志》中记载：

> “禁网浸密。律令凡三百五十九章，大辟四百九条，千八百八十二事，死罪决事比万三千四百七十二事。文书盈于几阁，典者不能遍睹。是以承用者驳，或罪同而论异，奸吏因缘为市，所欲活则傅生议，所欲陷则予死比，议者咸冤伤之。”

《汉书·刑法志》中记载了汉高祖时的规定：

> “县道官疑狱者，各谳所属二千石官，二千石官以其罪名当报之。所不能决者，皆移廷尉，廷尉亦当报之。廷尉所不能决，谨具为奏，傅所当比律令以闻。”

在汉武帝之后，“比”开始成为法律形式，并在汉代的司法审判实践过程中开始运用，据《汉书·刑法志》中记载：“其后奸猾巧法，转相比况，禁网寖密。律令凡三百五十九章，大辟四百九条，千八百八十二事。”

这种情况在秦代是没有出现过的，而且随着汉代历史的发展，“决事比”的数量逐年增多，至汉武帝时期，“死罪决事比”的数量就已经达到上万件之多。这种情况的存在，说明在客观上成为汉代中后期司法黑暗的重要表现和原因之一。

至东汉时期，基本延续着前汉王朝所制定和颁布的法令，只有在汉和帝和汉献帝时期曾经对此做过一些适当的修订工作，特别是东汉政府为了能够减刑赎罪和缓和当时的社会矛盾，因此曾经发布过“弛禁诏书”。

西汉时期董仲舒等人所提倡的以《春秋》经义决狱的方法在东汉的司法审判

中更为盛行，结果导致这些解释非常庞杂，《晋书·刑法志》中对此记载："凡断罪所当由用者，合二万六千二百七十二条，七百七十三万二千二百余言，言数益繁，览者益难。"

四、自设条教

在秦汉之际，统治者为了维护社会治安秩序的同时，除了制定一些国家的法典之外，由于地区不同，各种因素也不尽相同，因此有些地区会依据本地区的具体情况，制订适合本地区情况的法规和条教，特别是在城市治安的管理上，会依据治安的具体情况制定并执行一些具有针对性的法律条文，以便更好地维护社会秩序。

1975年，在今天湖北云梦地区发现了睡虎地十一号墓，在墓中出土了大量的秦简，这其中的绝大部分是"秦律"，在这之中有《语书》（被称其为《南郡守文书》），其对秦代南郡的各方面进行了详细的描述，是当时担任南郡守的"腾"向所属的下级各县发出的一份具体的文告，《睡虎地秦墓竹简·语书》中记载：

> "今法律令已具矣，而吏民莫用，乡俗淫佚之民不止，是即废主之明法也，而长邪僻淫佚之民，甚害于邦，不便于民……故腾为是而修法律令、田令及为间私方而下之，令吏明布，令吏民皆明知之，毋距于罪。"

秦简中所提到的"修法律令"就是指的"田令"，也就是关于农田的法令，是属于国家层面的法律；而其中所提到的"间私方"，则是指关于地方在维护治安方面的法令。南郡太守"腾"所颁布的"为间私方"等关于南郡地方性的治安法规，并且该法令、法规在制定之后，要求南郡辖区中的所有百姓必须遵守，也就是"毋距于罪"，这就说明在秦代时期，郡守是具有自设条教、立法治安之权力的。

《汉书·循吏传·序》中记载了汉宣帝对郡守地位及作用的认识：

> "'庶民所以安其田里而亡叹息愁恨之心者，政平讼理也。与我共此者，其唯良二千石乎！'以为太守，吏民之本也，数变易则下不安，民知其将久，不可欺罔，乃服从其教化。故二千石有治理效，辄以玺书勉厉，增秩赐金，或爵至关内侯，公卿缺则选诸所表以次用之。是故汉世良吏，于是为盛，称中兴焉。"

于是一些郡守就会依据本地区的具体实际情况等特点，自设一些条教和法规，鼓励发展农业生产、惩恶扬善、树立道德楷模、注重社会风尚、维护当地社会治安秩序、打击犯罪行为等诸多的规定，郡守制定的这些措施对于稳定一个地区的治安、发展经济无疑具有一定的积极作用，史料中记载了汉代许多较为著名的郡的太守，在其任职太守期间就曾经通过自设条教使得当地社会经济与治安秩序得到了较好的发展与维护。

《汉书·循吏传》中记载：

> "黄霸字次公，淮阳阳夏人也。武帝末以待诏入钱赏官，补侍郎谒者，后入沈黎郡，使领郡钱谷计。簿书正，以廉称，察为河南太守丞。霸为人明察内敏，又习文法，然温良有让，足知，善御众。为丞，处议当于法，合人心，太守甚任之，吏民爱敬焉。霸为颍川大守，时上垂意于治，数下恩泽诏书，吏不奉宣。太守霸为选择良吏，分部宣布诏令，令民咸知上意，使邮亭乡官皆畜鸡豚，以赡鳏寡贫穷者。然后为条教，置父老师率伍长，班行之于民间。劝以为善防奸，及务耕桑，节用殖财，种树畜养。米盐靡密，初若烦碎，然霸力能行之。尝欲有所司察，择长年廉吏遣行，属令周密。吏出，不敢舍邮亭，食于道旁，乌攫其肉。民有欲诣府口言事者适见之，霸与语，道此。后日吏还谒霸，霸见迎劳之，曰：'甚苦！食于道旁乃为乌所盗肉。'吏大惊，以霸具知其起居，所问毫厘不敢有所隐。鳏寡孤独有死无以葬者，乡部书言，霸具为区处。某所大木可以为棺，某亭猪子可以祭，吏往皆如言。其识事聪明如此，吏民不知所出，咸称神明。奸人去入它郡，盗贼日少。霸力行教化而后诛罚，务在成就全安长吏。许丞老，病聋，督邮白欲逐之，霸曰：'许丞廉吏，虽老，尚能拜起送迎，正颇重听，何伤？且善助之，毋失贤者意。'或问其故，霸曰：'数易长吏，送故迎新之费及奸吏缘绝簿书盗财物，公私费耗甚多，皆当出于民，所易新吏又未必贤，或不如其故，徒相益为乱。凡治道，去其泰甚者耳。'霸以外宽内明得吏民心，户口岁增，治为天下第一。征守京兆尹，秩二千石。"

黄霸在担任颍川太守之时，凭借着其卓越的治理才能，将颍川地区治理得非常好，达到了"户口岁增，治为天下第一"良好的治理效果，由于其治理上的政绩和其治理的能力最后被调任为京兆尹，汉政府对于黄霸在担任颍川郡守时在治安方面所作出的贡献，受到了汉政府的特别首肯，于是皇帝特意下诏对其表扬，《汉书·循吏传》中记载：

“天子以霸治行终长者，下诏称扬曰：‘颍川太守霸，宣布诏令，百姓向化，孝子弟弟贞妇顺孙日以众多，田者让畔，道不拾遗，养视鳏寡，赡助贫穷，狱或八年亡重罪囚，吏民向于教化，兴于行谊，可谓贤人君子矣。《书》不云乎？‘股肱良哉！’其赐爵关内侯，黄金百斤，秩中二千石。’而颍川孝弟有行义民、三老、力田，皆以差赐爵及帛。后数月，征霸为太子太傅，迁御史大夫。”

因在维护城市社会治安中取得了较好的效果而被升迁者，在汉代还有许多人，如《汉书·循吏传》中还对朱邑在担任北海郡太守的事迹进行了详细地记载：

“朱邑字仲卿，庐江舒人也。少时为舒桐乡啬夫，廉平不苛，以爱利为行，未尝笞辱人，存问耆老孤寡，遇之有恩，所部吏民爱敬焉。迁补太守卒史，举贤良为大司农丞。迁北海太守，以治行第一入为大司农。为人淳厚，笃于故旧，然性公正，不可交以私。天子器之，朝廷敬焉。”

朱邑在北海郡担任太守期间，能够勤于政务，在治理北海郡的过程中取得了“治行第一”的良好效果，也正是由于其取得的卓越成绩及本人较强的工作能力，后被汉政府调任至中央担任大司农一职，以示对其嘉奖鼓励。

在自设条教的过程中，有时候会出现自设条教可能与中央已有的法规不相符，但这种自设的条件具有较强的可行性、针对性、具体性等特点，所以在一个地区推行的过程中，取得的效果也会更为显著。

如汉宣帝执政时期的渤海郡太守龚遂在其任职内，就曾经非常巧妙地设置条教，解散本地区的“盗贼”，对渤海郡的社会治安秩序的维护起到了极大的积极作用，《汉书·循吏传》中对此记载：

“龚遂字少卿，山阳南平阳人也。以明经为官，至昌邑郎中令，事王贺。……宣帝即位，不久，渤海左右郡岁饥，盗贼并起，二千石不能禽制。上选能治者，丞相、御史举遂可用，上以为渤海太守。时，遂年七十余，召见，形貌短小，宣帝望见，不副所闻，心内轻焉，谓遂曰：‘渤海废乱，朕甚忧之。君欲何以息其盗贼，以称朕意？’遂对曰：‘海濒遐远，不沾圣化，其民困于饥寒而吏不恤，故使陛下赤子盗弄陛下之兵于潢池中耳。今欲使臣胜之邪，将安之也？’上闻遂对，甚说，答曰：‘选用贤良，固欲安之也。’遂曰：‘臣闻治乱民犹治乱绳，不可急也；唯缓之，然后可治。臣愿丞相、御史且无拘臣以文法，得一切便宜从事。’上许焉，加赐黄金，赠遣乘传。

至渤海界，郡闻新太守至，发兵以迎，遂皆遣还，移书敕属县悉罢逐捕盗贼吏。诸持锄钩田器者皆为良民，吏毋得问，持兵者乃为盗贼。遂单车独行至府，郡中翕然，盗贼亦皆罢。渤海又多劫略相随，闻遂教令，即时解散，弃其兵弩而持钩锄。盗贼于是悉平，民安土乐业。遂乃开仓廪假贫民，选用良吏，尉安牧养焉。

遂见齐俗奢侈，好末技，不田作，乃躬率以俭约，劝民务农桑，令口种一树榆，百本薤、五十本葱、一畦韭，家二母彘、五鸡。民有带持刀剑者，使卖剑买牛，卖刀买犊，曰：'何为带牛佩犊！'春夏不得不趋田亩，秋冬课收敛，益蓄果实菱芡。劳来循行，郡中皆有蓄积，吏民皆富实。狱讼止息。

数年，上遣使者征遂，拜为水衡都尉。水衡典上林禁苑，官职亲近，上甚重之。以官寿卒。"

第二节　相关治安措施

一、户籍制度

户籍制度在中国有着悠久的历史，然而何为户籍，《辞海》中对此的解释是："等级居民户口的册籍""中国古代的户籍法是指国家为将人口有序地组织在一个相对稳定的社会肌体之中，通过采取相应的管理手段使人们能够服从于国家的治安管理的法律规范的总和"①。

户籍制度早在西周之际就已经有了，至战国之际，以当时秦国为代表的国家就已经确立了非常完备的户籍登记和管理制度，例如，《商君书·画策》中对此记载到：

"强国知十三数：竟（境）内仓口之数，壮男、壮女之数，老弱之数，官士之数，以言说取食者之数，利民之数，马、牛、刍、稿之数。"

商鞅认为在治理国家之时，要想达到所谓的强国、富国的目的，就要求对统治辖区之内的百姓的具体情况有详细的了解，否则"富国强兵"也只能是纸上谈兵。

① 邢建华：《中国古代基层治安制度研究》，黑龙江大学硕士学位论文，2008年，第20页。

到了汉代时期，统治者为了巩固封建国家的统治，维护城市治安的需要，曾推行了一系列的相关制度及措施，其中户籍管理的制度就是其中最为重要之一，对维护汉代城市社会治安的稳定发挥了较大的作用。

然而在汉代，将户籍通常称之为“名籍”，《汉书·高帝纪》中曾记载：“诸将故与帝为编户民”，颜师古注曰：“编户者，言列次名籍也。”户籍有时候也可以称之为“名数”。《汉书·王子侯表》曰：“坐知人脱亡名数。”颜师古注曰：“脱亡名数，谓不占户籍也。”

所以我们由上述史料中可以看出，汉代对户籍称谓较多，有“名籍”“名数”等不同称呼，但是其所指则是相同的。

汉代户籍具有非常重要的作用，除了征发劳役、徭役以外，还是征收赋税的重要依据，同时户籍在维护社会治安中也起着巨大的不可或缺的作用。

《中论·民数》认为：

> “户口漏於国版，夫家脱於联伍，避役者有之，弃捐者有之，浮食者有之，於是奸心竞生，伪端并作矣。小则盗窃，大则攻劫，严刑峻法不能救也。”①

因此，朱绍侯先生对此认为户籍“也是维护社会治安的工具”。②

加强户籍的管理可以将人口牢牢掌控在国家控制之中，对维护城市社会治安具有较大的作用，所以建立健全户籍制度就显得格外重要，《汉书·宣帝纪》中记载：“其令郡国岁上系囚以掠笞若瘐死者所坐名、县、爵、里。”颜师古注曰：“名，其人名也。县，所属县也。爵，其身之官爵。里，所居邑里也。”这说明了在汉代时期人们的籍贯形式通常是以“名县爵里”形式反映出来的。

汉代的户籍的这种登记的形式在汉简中也有所体现③：

> 河南郡河南县北中里公乘史游，年卅二，长七尺二寸，黑色。
>
> 43·7
>
> 河南郡荥阳桃邮里公乘庄盱，年廿八，长七尺二寸，黑色。
>
> 43·16，43·18
>
> 马长吏即吏卒民屯士亡者，县署郡县、名姓、年、长、物色、所衣服、赍操、初亡年月日人数白。
>
> 303·15，513·17

---

① 徐干：《中论》（四部丛刊本），上海书店1989年版，第44~45页。

② 朱绍侯：《中国古代治安制度史》，河南大学出版社1994年版，第184页。

③ 以下数字部分代表竹简的编号，全书同。

通过以上史料我们可以发现，汉代的户籍登记形式主要能够体现出户籍之上所载人的姓名、居住地（详细到乡里）、爵位、登记人的年龄、性别、身高、肤色等诸多的详细信息，甚至有时候还会涉及该人的社会关系、财产情况、家庭具体人口等多方面信息，记载的可谓是非常详细。我们今天的户籍都与之无法相比，虽然汉简中所体现的户籍形式是汉代边郡的户籍形式的反映，但是韩连琪先生对此认为："内郡人民的户籍当也是如此"。①

由于户籍制度在汉代是赋税征收的重要依据，同时也是维护社会稳定的重要手段，因此在登记户籍过程中就需要保证户籍所登记内容的准确性。《史记·商君列传》中对此记载："四境之内，丈夫女子，皆有名于上，生者著，死者削。"这里的"生者著"就是指刚出生的人口需要在户籍上进行登记；"死者削"则是指死去亡故的人则需要从原来的户籍记录中删除掉，也就是说，要在最大限度之内保证户籍登记的内容与具体实际情况相符合，因为只要这样做，才能实现"国富民强"。《商君书·去强篇》对此持有相同的观点："举名众口数，生者著，死者削，民不逃粟，野无荒草，则国富，国富则强"。

这种户籍的重新登记行为在秦代被称之为"更籍"，如果在户籍登记时，出现了与实际情况不相符的情景，管理户籍的相关人员是要受到严厉处罚的，据睡虎地秦简《法律答问》中记载：

"可（何）如为大误？人户、马牛及者（诸）货材（财）直（值）过六百六十钱为大误，其它为小。"

《效律》则曰："人户、马牛一以上为大误。"说明在秦代如果出现户籍登记不实，与实际情况有一定的出入，则会依据相关出入的标准进行惩罚："人户、马牛一，赀一盾；自二以上，赀一甲。"

睡虎地秦墓竹简《法律答问》中又载：

"今咸阳发伪传，弗智（知），即复封传它县，它县亦传其县次，到关而得，今当独咸阳坐以赀，且它县当尽赀？咸阳及它县发弗智（知）者当皆赀。……甲徙居，徙数谒吏，吏环，弗为更籍，今甲有耐、赀罪，问吏可（何）论？耐以上，当赀二甲。"

---

① 韩连琪：《汉代的户籍和上计制度》，载《文史哲》1978年第3期，第16页。

《秦律杂抄·傅律》中记载：

“匿敖童，及占（癃）不审，典、老赎耐，百姓不当老，至老时不用请，敢为酢（诈）伪者，赀二甲；典、老弗告，赀各一甲；伍人，户一盾，皆（迁）之。”

说明在秦代对于已到年龄而未登记入籍，以及各种与实际不相符合的行为，参与户籍登记的相关责任人员是要受到惩罚的，其目的就是要保证户籍的记录与百姓的实际情况相符，要求其准确性，防止出现任何偏差。

到了汉代时期，汉代政府对待户籍准确性的要求也是极其严格的，为能及时准确地掌握实际最新数据情况，汉代规定在每年八月份需要对户籍进行重新检查与登记，这种重新登记的行为在秦代称之为“头会”；而在汉代则往往被称之为“貌阅”“案比”“八月算人”等不同称呼，在“案比”之时，百姓需要去亲自到场接受户籍登记人员的实际检查与验视，并如实将各项信息登记在册，被登记的百姓无论身体状况如何，汉代政府均要求本人亲自到达现场验视，这种情况在《后汉书·江革传》就有生动的记载：

“建武末年，（江革）与母归乡里。每至岁时，县当案比，革以母老，不欲摇动，自在辕中挽车，不用牛马，由是乡里称之曰‘江巨孝’。”

说明在接受“案比”的时候，所有百姓均要前来参加，哪怕是身体健康状况不好，行动不便的人也要亲自前来，江革的母亲由于年龄比较大，行动不方便，所以江革亲自拉车载母亲前来，江革不用牛拉车而自己亲自拉车，是因为这样车子不会颠簸，对于车上的母亲来说会比较舒服一些，江革拉车载母接受验视的案例就是这种制度最好的证明。

汉代对户籍的管理也是极其严格的，如果百姓欲脱离户籍是要受到严厉处罚的，《张家山汉墓竹简·奏谳书》中记载：

“诸无名数者，皆令自占书名数，令到县道官，盈姗日，不自占书名数，皆耐为隶臣妾，锢，勿令以爵、赏免，舍匿者与同罪。”

在登记的时候也如同秦朝一样严格，如果与实际情况不符，管理户籍的人员是要受到处罚的，《二年律令·户律》中规定：

“民皆自占年。小未能自占，而毋父母、同产为占者，吏以□比定其年。自占、占子、同产年不以实三岁以上，皆耐。”

汉代尽最大努力来管理和完善户籍制度，因为户籍制度在维护城市社会治安中具有非常大的作用。

《云梦秦简·封诊式》中记载：

“乡某爰书：以某县丞某书，封有鞫者某里士五（伍）甲家室、妻、子、臣妾、衣器、畜产。甲室、人：一宇二内，各有户，内室皆瓦盖，木大具，门桑十木。妻曰某，亡，不会封。子大女子某，未有夫。子小男子某，高六尺五寸。臣某，妾小女子某。牡犬一？几讯典某某、甲伍公士某某：‘甲党（倘）有它当封守而某等脱弗占书，且有罪。’某等皆言曰：‘甲封具此，毋（无）它当封者。’即以甲封付某等，与里人更守之，侍（待）令。”

这是一封查封报告书，报告书中主要涉及被查封人的具体个人情况及家庭情况，这些情况的数据相当翔实，这种翔实的情况可能主要源自当时户籍中的记载。

一旦当危害治安的事件发生后，户籍的治安作用就更能发挥出来，“这种详细的户籍记录有利于案发后缉捕罪犯，为治安人员提供罪犯的详细资料，往往成为官府逮捕罪犯的重要依据和线索。”①

汉代抓捕罪犯时的“通缉文书”，就其内容看，主要依据户籍登记内容来的，汉简中提到过这种通缉文书，不过史籍中往往将其称之为“逮书”。

敦煌悬泉汉中简载：

狱所遝（逮）一牒：河平四年四月癸未朔甲辰，效榖长增谓县（悬）泉啬夫、吏，书到，捕此牒人，毋令泄漏，先阅知，得遣吏送……（A）/掾赏、狱史庆。(B)②

I 0210①：54

居延汉简中也有类似记载：

① 关荣波：《汉代户籍治安职能探析》，载《山西档案》2016年第3期，第141页。
② 字母代表汉简的A、B两面。

逻戍卒觻得安成里王福，字子文。敌以 逻书捕得福，盗械。

58·17，193·19

诏所名捕：平陵长雚里男子杜光，字长孙。故南阳杜衍，多□，黑色，肥，大头，少发，年可卌七、八，□□□□五寸，□□□杨伯。初亡时，驾騩牡马乘蓝轝车，黄车茵，张白车蓬，骑騩牡马。因坐役使流亡□户百廿三，擅置田监史，不法不道，丞相御史□执金吾，家属所，二千石奉捕。

183·13

文献中的“牒”和“逻（逮）书”就其性质来说是一样的，都是以户籍所登记的内容而写成的缉捕文书，这种详细的记载对于发生治安案件以后，对抓捕逃跑的罪犯是非常有利的，能够在第一时间掌握犯罪者个人的所有信息。

汉代为了加强对百姓的掌控，平时禁止百姓无故脱离户籍，汉代政府对百姓无故擅自离开户籍所在地的行为是要给予严厉制裁的，因为百姓的随意流动，会对社会层治安构成严重的威胁，“亡逃之科，宪令所急。”① 于是在汉武帝执政时设立了禁止百姓流动的“流民法”，这在《汉书·石奋传》中有所记载：“惟吏多私，征求无已。去者便，居者扰，故为流民法……。”

如果现实中真的出现了脱籍现象，那么相关涉案人员也要受到惩处，张家山汉墓竹简中的《亡律》中记载：“吏民亡，盈卒岁，耐不盈卒岁，系城旦舂；公士、公士妻以上作官府，皆偿亡日。其自出也，笞五十。给通事，皆籍亡日，附数盈卒岁而得，亦耐之。”又“女子已坐亡赎耐而后复亡当赎耐者，耐以为隶妾。司寇、隐官坐亡罪隶臣以上，输作所官。”②

张家山汉墓竹简中的《置后律》则曰：“诸当拜爵者后者，令典若正、伍里人毋下五人任占。”“父母及妻不幸死者已葬三十日，子、同产产、大父母、大父母之同产使五日之官。”③

汉代为了发挥户籍在维护社会治安中的作用，通常禁止脱离户籍，一旦百姓或罪犯脱离户籍，发现者要立即举报，禁止窝藏罪犯，即所谓的“舍匿”或“首匿”。

《汉书·季布传》中记载：“项籍灭，高祖购求布千金，敢有舍匿，罪三族。”颜师古注曰：“舍，止；匿，隐也。”

《汉书·淮南厉王传》中记载：“亡之诸侯，游宦事人，及舍匿者，论皆有法。”注引颜师古曰：“舍匿，谓容止而藏隐也。”

汉代可能在某些个别地区还存在着特殊的名籍，《汉书·尹翁归传》中就记

---

① 范晔：《后汉书·陈宠传》，中华书局1965年版，第1559页。
② 张家山二四七号汉墓竹简整理小组：《张家山汉墓竹简》，文物出版社2001年版，第154页。
③ 张家山二四七号汉墓竹简整理小组：《张家山汉墓竹简》，文物出版社2001年版，第184～185页。

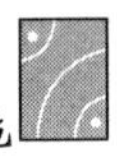

载了:“奸邪罪名亦县县有名籍。”在这种特殊的“名籍”上明确地记载了本地区的所有人的各种事迹，包括贤能之人，以及不肖者，也就是平时行为不端者的奸邪罪名者等具体情况，记载的可谓非常翔实。当出现治安事件时，该“名籍”往往就会成为侦破案件的关键所在，如《汉书·尹翁归传》记载了尹翁归在汉宣帝时期曾经担任右扶风:

“盗贼发其比伍中，五家为伍，若今五保也。翁归辄召其县长吏，晓告以奸黠主名，教使用类推迹盗贼所过抵，类常如翁归言，无有遗脱。京师畏其威严，扶风大治，盗贼课常为三辅最。”

尹翁归在“课殿最”的时候能够取得“三辅最”的好成绩，与他的这种记录有劣迹的人档案有关，因此在进行抓捕罪犯时，才会有“类常如翁归言，无有遗脱”的效果。

汉代通过建立完善的户籍管理体系，在维护社会治安中不仅可以将百姓控制在户籍所在地，而且在发生影响治安稳定的事件以后，可以依据户籍上的相关信息，对犯罪分子展开有效地缉捕和打击，而且实践也证明了户籍在维护治安中的独特作用。

二、关津制度

关，通常是指关口。津，主要是指在河流分布地区建立的渡口。汉朝建立之后，控制着非常辽阔的疆域与土地，为了加强对全国的控制与管理，在秦朝的基础之上建立了更为发达的交通网络系统，同时为了加强各地区间的政治、经济、文化之间的联系，汉代在一些地理位置较为重要的地区设立有关津，并且制定了一套完备的管理制度，重点是对过往的行人进行稽查，防止罪犯逃脱，防止非法人员随意出入关津，对社会治安构成威胁。

汉代为了加强对各地区的管控，在一些位置险要之处均设有关口，如在中原地区较为重要的有:函谷关、武关、散关、常山关、萧关、天井关以及洛阳地区的一些关口。

在边郡地区较重要的关口主要有:阳关、玉门关、居延关、居庸关，等等，为了加强对关口的管理与把守，汉代在关口则会驻扎军队，“太初四年(公元前101年)，冬，徙弘农都尉治武关，税出入者以给关吏卒食。”① 通过这一段史料，

① 班固:《汉书·武帝纪》，中华书局1962年版，第202页。

我们会发现，这不仅是关于汉代开始征收关税的最早记录，而且也说明了汉代的关口是有国家正规军队长年驻扎把守的。

西汉时期较为重要的关口要属函谷关了，起着保护三辅地区的作用，对汉代京畿地区的治安起着至关重要的作用。《汉书・魏相传》中记载了西汉宣帝时期的权臣霍光曾说道："以为函谷京师之固，武库精兵所聚，故以丞相弟为关都尉，子为武库令。"

由于该关口地位的重要，特别设立了"函谷关都尉"一职，而且汉代各关口的关门每天都有固定的启闭时间，至于具体详细情况由于史料缺乏，目前还无法得知，但是在1973年通过相关的考古，在汉朝居延金关遗址中发现了一件红色的织物，正面书写着"张掖都尉棨信"，经过学者研究认定他是边关高级官吏。"用来传令启闭关门"[①] 说明了汉代关门的启闭也有着一定的严格管理制度。

汉代通过户籍制度严格控制百姓的流动来维护治安秩序，但也并不是绝对完全禁止人口的正常流动，百姓如果需要外出办理事情，需要提前向当地政府提出申请，并且一定需要得到批准，并获得合法手续，这种申请就是所谓的"过所""符传"，即出入汉代各个关津时的通行凭证，又称之为"传"。《释名・释书契》中记载："传，转也，转移所在执以为信也，亦曰过所，过所到关津以示之也。""不持者，厨传勿舍，关津苛留。"[②] 说明行人如果没有通关凭证的所谓"传"，是不可以出入关津的，但是据《汉书・文帝纪》中记载："四年春，复置诸关用传出入。"注引应劭曰："文帝十二年除关无用传，至此复用传。以七国新反，备非常。"《汉书・景帝纪》中记载了在汉景帝时期的规定："四年春，复置诸关用传出入。"说明西汉在文帝时期曾经有过一段时间过关是不需要"传"的，百姓可以自由出入关口，但是不久之后，发生了吴楚七国的诸侯叛乱，为了加强警戒，所以景帝四年（公元前153年）一度又将废止的关传制度开始恢复了。

作为通关凭证的"传"，早在周代就已存在了，《周礼・地官・司关》中记载："凡所达货贿者，则以节传出之。"这里的"传"就指的是通关时的身份证明，"传"有时候又被称之为"过所"，罗振玉先生于《流沙坠简》中认为："过所者，后汉以来行旅券之称，周时及汉初谓之曰传。"李均明先生根据汉简的记载，进一步指出"传"称"过所"是在东汉以后的事。[③] 这就说明"传""过所"其本质是相同的，都是过关时候的凭证，只是在不同时期其称谓上有所差异罢了。

晋朝的崔豹在《古今注・问答释义》中记载了"传"的具体形制：

① 李学勤：《谈"张掖都尉棨信"》，载《文物》1978年第1期，第43页。
② 班固：《汉书・王莽传》，中华书局1962年版，第4122页。
③ 李均明：《汉简所见出入符、传与出入名籍》，载《文史》1983年第19辑，第33页。

“凡传皆以木为之，长五寸，书符信于上，又以一板封之，皆封以御史印章，所以为信也，如今之过所也。”

这里的“传”指的是用木板制成的、在上面书写有过关者的个人信息，并且用另外一块木板封上，加盖御史的印章，过关时过关者将其交给把守关口的士兵，这样可以有效地防止罪犯逃亡，“亡逃之科，宪令所急。”①

汉代在没有符传情况下是不能够自由出入关口的，否则就是“阑出”，《史记·汲郑列传》中记载：“愚民安知市买长安中物而文吏绳以为阑出财物于边关乎?”裴骃集解：“应劭曰：‘阑，妄也。律，胡市，吏民不得持兵器出关。虽于京师市买，其法一也。’瓒曰：‘无符传出入为阑。’”颜师古注引孟康曰：“私出塞交易。”“阑”主要是指没有符传而擅自出入边关，擅自出疆界，对此则会按照“无符传出入为阑”进行治罪。

汉代这种“阑出”的现象不多，但是在史籍中也还是有所体现的，《史记·高祖功臣年表》中记载：“阳平侯杜相夫阑出函谷关。”《汉书·匈奴传上》中记载：“汉使马邑人聂翁壹间阑出物与匈奴交易。”《汉书·宁成传》中记载：“诈刻传出关归家。”

在汉代因“阑出”而受到相应处罚的人大有人在，如：

《史记·高祖功臣侯者年表》中记载：“元封四年，侯相夫坐为太常与乐令无可当郑舞人擅繇不如令，阑出函谷关，国除。”

《汉书·五行志》中记载：“成帝绥和二年八月庚申，郑通里男子王褒，衣绛衣小冠，带剑入北司马门殿东门……下狱死。”

《汉书·高惠高后文功臣表》中记载：“（平阳嗣侯曹宗）阑入宫掖门，入财赎完为城旦。”

《汉书·外戚传》中记载：“……（上官）桀妻父所幸充国为太医监，阑入殿中，下狱当死。”

《汉书·功臣表》中记载：（太常杜相夫）“阑出入关，免。”

我们通过上述史料中可以看出，因“阑出”而受到的处罚结果有“国除”“入财赎完为城旦”“下狱死”“免职”，等等，我们可知汉代政府对“阑出”处罚的力度是相当大的，后果处理的也是相当严重，不是国除就是死刑，免官算是处罚最轻的了。

---

① 范晔：《后汉书·陈宠传》，中华书局1965年版，第1559页。

在相关的简牍中也有相关对此处罚的记载，据云梦龙岗秦简记载秦时：“窦出入及毋（无）符传而阑入门者，斩其男子左趾，口女（子）”“诈伪、假人符传及攘人符传者，皆与阑入门同罪”。[①] 贾谊《新书》也记载到：“天子宫门曰司马，阑入者为城旦，……殿门俱为殿门，阑入之罪亦俱弃市。”

汉代如果在没有“符传”的情况下，除了首先出入不了各关口外，路途之上也不能得到相关的食宿服务，即所谓的“传舍”，王莽时曾经明文规定：“吏民出入，持布钱以副符传，不持者，厨传勿舍，关津苛留。”颜师古注曰：“旧法，行者持符传，即不稽留。”[②] 史料中的“不持者，厨传勿舍”说的最为明白，“不持”就是没有持“符传”，“厨传勿舍”就是不提供相关的食宿安排，这对长途出行的人来说是非常困难的，对于逃犯来说就更为困难，首先逃犯是不可能持有“符传”的，当然也就不能出关口，不能远距离逃亡，不能得到补给，在这种条件下是坚持不了多久的，这样这些因素都集中在一起，有利于对逃犯的缉捕。

既然“符传”对出行人员这么重要，那么如何获得呢？居延汉简中对此有所记载：

> 永始五年闰月己巳朔丙子，北乡啬夫忠，敢言之，义成里崔自当自言为家私市居延，谨案自当毋官狱征事，当得取传，谒移肩水金关、居延县索关，敢言之。闰月丙子，觻得丞彭移肩水金关居延县索关，书到如律令。/缘晏、令史建。
>
> 15·19
>
> 建平五年十二月辛卯朔庚寅东乡啬夫护敢言之嘉平□□□□□案忠等毋官狱征事谒过所县邑门亭河津关毋苛留敢言之。
>
> 495·11，506·20A

由上面的汉简来看，要想获得出入关津所必备的“符传”，通常的申领程序是先向乡啬夫提出申请，再由乡啬夫对申请人进行考察，认为申请人“毋官狱征事”，之后将情况上报县令并获其批准，这样就获得了申请人所在县颁发的通行证——“符传”。

当申请人获得“符传”之后，就可以在经过的关口时，将“符传”交给守关人员，守关人员要对通过者进行登记，记录行旅者的姓名、年龄、通关事由、过关时间等各项信息，将登记的记录一式两份，其中一份上报政府留存，

---

① 中国文物研究所、湖北省文物考古研究所编：《龙岗秦简》，中华书局2001年版，第71页。

② 班固：《汉书·王莽传》，中华书局1962年版，第4122页。

另外一份则要留在所通行的关口，以备查验，这种情况通常被称为“出入籍”或“致籍”。

如张家山汉简《津关令》中有两段简文：

> 禁民毋得私买马以出〈扜〉关、郧关、函谷［关］、武关及诸河塞津关。其买骑、轻车马、吏乘、置传马者，县各以所买506名匹数告买所内史、郡守，内史、郡守各以马所补名为久久马，为致告津关，津关谨以藉（籍）、久案阅，出。507
>
> 关外郡买计献马者，守各以匹数告买所内史、郡守，内史、郡守谨籍马职（识）物、齿、高，移其守，及为致告津关，津关案阅，509津关谨以传案出入之。510

汉简还有出入关相关的“致”，通常称“致籍”。

> 竟宁元年正月
>
> EPT51：136
>
> 吏妻子出入关致籍
>
> 元始三年七月，玉门大煎都万世候长马阳所赍操妻子、从者、奴婢出关致籍敦
>
> 795

李均明先生在经过认真地分析之后，认为这类简文是“出入籍”，[①] 裘锡圭先生则认为：“有关官府把需要出入关的人员等情况记下来移送所出入的关口，跟输物给人用致书有相似之处，所以称记载这种情况的文书为致或致籍。”[②]

汉代为加强对关梁的管理，对过往的行人给予严格的检查与审核，主要出于治安角度的考虑，这对维护社会治安秩序起着不可忽视的作用。

三、什伍制度

“什”与“伍”在中国起源是非常早的，而且两者是两种不同的编制形式，早在西周之际，存在着“国”“野”的差别。在“国”中居住的是所谓的“国

① 李均明：《汉简所见出入符、传与出入名籍》，载《文史》1983年9月，第十九辑，第33~35页。
② 裘锡圭：《古文字论集》，中华书局1992年版，第591~593页。

人”，在鄙野中居住的是“野人”，国人的组织单位和军事编制都是以五人为基础的，即“五人一伍”。减知非先生认为，早期主要以车兵为主要作战形式时，编制“五人一伍”是春秋时期步兵独立发展并盛行后的结果。[①] 而野人继承着殷王朝十进制的传统，以“十夫一沟”为其生产组织和公社组织的单位。[②]

《管子·立政》中记载：“十家为什，五家为伍，什伍皆有长焉。”《国语·齐语》中也记载管仲在齐国的改革措施：

> “五家为轨，轨为之长。十轨为里，里有司……以为军令；五家为轨，故五人为伍，轨长帅之。十轨为里，故五十人为小戎，里有司帅之……。”

从上述史料中我们可以看出，春秋时期的齐国，“国”与“野”仍是有所差别的，后来随着战争规模的扩大，各国在兵源问题上出现短缺问题，于是逐渐将野人也纳入了征兵范围。“国”与“野”的区别逐渐缩小，在“野”之内也出现了伍的编制，于是什、伍也慢慢地开始结合起来。

到了战国时期，各国已经普遍开始实行了什伍制度。如楚国也实行了该制度，《鹖冠子·王鈇》中记载：“五家为伍，伍为之长。十伍为里，里置有司。”[③] 后来秦国也开始实行，《史记·秦始皇本纪》中也记载：“（献公）十年，为户籍相伍。”

到商鞅时期，在秦孝公支持下进行变法之时，秦国则开始了全面推行什伍制度，而且该项制度与连坐制度相互结合，最后形成了“什伍连坐”制度。

所谓“连坐”，又被称之为“从坐”“缘坐”“随坐”，主要指的是本人因他人的违法犯罪而受其牵连入罪的制度，《史记·商君列传》中对此有明确记载：“令民为什伍，而相收司连坐。不告奸者腰斩，告奸者与斩敌首同赏。”索隐曰：“收司，谓相纠发也。一家有罪而九家连举发，若不纠举则十家连坐。恐变令不行，故设重禁。”《韩非子·定法》篇中则云：“公孙鞅之治秦也，设告相坐而责其实，连什伍而同其罪。”

在同什伍之中的百姓要相互监视，如果同伍之中有人犯罪，那其他人有义务也有责任及时举报告发，否则会因“连坐”制度受到相应的处罚。

由于秦代在商鞅变法后，这种“什伍连坐”的制度就成为秦代定制，睡虎地秦律《秦律杂抄》中记载：

① 减知非：《先秦什伍乡里制度试探》，载《人文杂志》1994 年第 1 期，第 70 页。
② 减知非：《先秦什伍乡里制度试探》，载《人文杂志》1994 年第 1 期，第 69 页。
③ 陆佃：《鹖冠子》，上海古籍出版社 1990 年版，第 23 页。

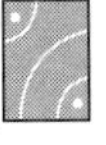

“匿敖童，及占瘩（癃）不审，典、老赎耐，百姓不当老，至老时不用请，敢为酢（诈）伪者，赀二甲；典、老弗告，赀各一甲；伍人，户一盾，皆（迁）之。”

如果一旦在户籍登记中出现了登记不实的行为，这种行为在秦代是非法的，相关人员是要受到处罚的，这其中也包括“伍人”，就是指四邻，什么是四邻？《法律答问》给予了非常明确的解释：“何谓‘四邻’？‘四邻’，即伍人谓也。”

什伍连坐制度推行的目的主要是从维护治安角度出发的，主要作用是防奸，“然则去微奸之道奈何？其务令之相规（窥）其情者也，即使相窥奈何？曰：盖里相坐而已。禁尚有连于己者，理不得不相窥，唯恐不待免，告过者免罪受赏，失奸者必株连刑。”① 让百姓之间相互监督，降低犯罪率。

为了加强对犯罪者的打击力度，连坐大体上可以划分为以下三种：

第一种是“什伍连坐”。上文对此已经有所涉及，这种又可称为“邻里连坐”，是指邻居之间的连坐，睡虎地秦简《法律答问》：“可（何）谓‘四邻’？‘四邻’即伍人谓殹（也）。”

《秦律杂抄》对此也有类似记载：“百姓不当老，至老时不用请，敢为酢（诈）伪者，赀二甲；典、老弗告，赀各一甲；伍人，户一盾，皆迁之。·傅律。”

《史记·商君列传》中则曰：“令民为什伍，而相牧司连坐。”据司马贞《索隐》中解释：“牧司谓相纠发也。一家有罪，而九家连举发。若不纠举，则十家连坐。”

说明了如果同伍或邻里中一旦出现有人逃避徭役，里典等相关人员对此犯罪行为不进行任何的纠举与告发，依据连坐制度是要受到与罪犯同等处罚的；如果同伍的人对犯罪情况实不知情，则可以不受此牵连，这之中关键是要看是否知情，有时候对于是否知情很难下定论。

睡虎地秦简《法律答问》中对此曾明确规定：

“贼入甲室，贼伤甲，甲号寇，其四邻、典、老皆出不存，不闻号寇，问当论不当？审不存，不当论；典老虽不存，当论。”

有盗贼入“甲”者之家进行抢劫，而甲在与歹徒搏斗过程中受伤，甲在受伤时大声呼救，希望得到其他人的帮助，在这种情况之下，如果同伍之人、里典、三老等人均不在家，对于这种情况完全不知晓，同伍之人可以免于连坐处罚，这

① 陈奇猷：《韩非子新校注》，上海古籍出版社 2000 年版，1260 页。

种处理是非常合情合理的，但是里典等相关人员就是在不知情的情况之下，也要受到连坐法牵连的，什伍连坐之法也是适用的，究其原因是由于里典、三老等人员本身就有维护社会治安的职责，所以一旦发生治安事件后，不论知情与否，都是要受到相应的处罚。

这说明了秦代的法律有些具体的规定还具有一定的合理性，但是在“审不存”的过程中，“审”是如何进行的？如何进行取证？我们不得而知，但这项工作却是处理整个案件的核心部分，难度也较大。

第二种是“同居连坐”。也就是犯罪者的家庭成员和亲属要连坐，睡虎地秦墓竹简《法律答问》中解释说：

“盗及者（诸）它罪，同居所当坐，可（何）谓‘同居’？户为同居。可（何）谓‘室人’？可（何）谓‘同居’？‘同居’，独户母之谓殹（也）。‘室人’者，一室，尽当坐罪人之谓殹（也）。”

这里的“同居”主要是指具有血缘关系的亲属，同时也可以指没有血缘关系，但是要共同居住在一起的人，这里主要指代的是具有血缘关系的亲属为主，《史记·商君列传》中也记载：“事末利及怠而贫者，举以为收孥。”指从事“末”业等商业活动和不积极农耕生产的劳作者，最后导致贫穷，其处罚的结果是其妻子、儿女是要籍没为官府奴婢的，究其原因就是运用的同居连坐之法。

睡虎地秦简《法律答问》中记载：“削（宵）盗，臧（赃）直（值）百一十，其妻、子智（知），与食肉，当同罪。”

丈夫如果夜间行窃，偷盗了一百一十钱，他的妻子和子女知道偷盗的犯罪事实，用偷盗来的钱买肉一起食用，最后的结果是虽然妻子、子女没有参与偷盗的行为，但是对丈夫的这种行为是知晓的，那么他的妻子与子女是要因连坐制度受到“同罪”的处罚。

第三种是“职务连坐”。是指官吏如果向政府举荐他人为官之后，被举荐之人在上任以后，一旦如果出现违法犯罪等事情后，不但违法者要受到处罚，同时举荐者也要承担“连坐”责任。《史记·范雎列传》中记载了：“秦之法，任人而所任不善者，各以其罪罪之”。

汉朝建立之后，为了维护保持社会治安的环境，汉代社会也全面地推行什伍制度，《二年律令·户律》中记载：

“自五大夫以下，比地为伍，以辨□为信，居处相察，出入相司。有为盗贼及亡者，辄谒吏、典。”其中的“伍”就是“编户民”。

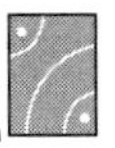

《汉书·高帝纪》中记载："诸将故与帝为编户民。"颜师古注曰："编户者，言列次名籍也。""以辨□为信"之"辨□"，当为身份凭证，类似今天身份证。①

"自五大夫以下，比地为伍。"说明汉初是以二十等爵作为基础，实行什伍编制的，以五大夫爵为标准，将五大夫以下的编户齐民都纳入什伍编制之中。②《二年律令·钱律》中规定："盗铸钱及佐者，弃市。同居不告，赎耐。正典、田典、伍人不告，罚金四两。或颇告，皆相除。"《钱律》中的"伍人"就是与《户律》中的"五大夫以下，比地为伍"相对而言的。

《盐铁论·周秦篇》中记载：

> "一室之中，父兄之际，若身体相属，一节动而知於心。故今自关内侯以下，比地於伍，居家相察，出入相司。父不教子，兄不教弟，舍是谁责乎?"

这充分说明了到西汉中期，以二十等爵为基础的什伍制度不但继续存在，而且将关内候以下的居民也逐渐编入什伍之中。到东汉时期这种以爵制为基础的什伍制度也是依然存在的，《续汉书·百官志》中记载："里有里魁，民有什伍，善恶以告。"本注曰："里魁掌一里百家。什主十家，伍主五家，以相检察。民有善事恶事，以告监官。"

高敏先生对此认为："《续汉书》所载虽为东汉之事，但东汉之制直接承西汉而来，可证西汉之制也是如此。表明西汉不仅在什、伍、里的户口编制系统和所管户的多少等方面，均同秦一致；在什、伍居民相互纠察、监督方面也同秦制相同；所不同者，仅西汉废除了什伍连坐之律而已。"③

汉初之所以要废除连坐制度，主要是出于当时的具体社会环境考虑，当时刘邦为了能够在楚汉战争中获得关中地区百姓的拥护，于是实行了一些举措，在《汉书·高帝纪上》中记载："与父老约法三章耳：杀人者死，伤人及盗抵罪。余悉除去秦法。吏民皆按堵如故。"集解注引张晏曰："秦法，一人犯罪，举家及邻伍坐之。今但当其身坐。"

说明刘邦在先行进入关中之后，为了笼络人心，将秦朝的连坐制度废除了，《晋书·刑法志》中记载："汉承秦制，萧何定律，除参夷连坐之罪。"则更进一步印证了这一说法。

但是我们要对此事有清醒的认识，虽然西汉初期曾将连坐制度废除了，但是

① 李均明：《张家山汉简所见规范人口管理的法律》，载《政法论坛》2002年第5期，第19页。

② 张鹤泉：《〈二年律令〉所见二十等爵对西汉初年国家统治秩序的影响》，载《吉林师范大学学报》2005年第3期，第85页。

③ 高敏：《秦汉的户籍制度》，载《求索》1987年第1期，第77页。

什、伍之间相互监督和纠发的功能在社会之中还是存在的，据《汉书·尹敞传》中记载："与乡吏、亭长、里正、父老、伍人，杂举长安中轻薄少年恶子，无市籍商贩作务，而鲜衣凶服被铠捍持刀兵者，悉籍记之，得数百人。"颜师古注曰："五家为伍。伍人者，各其同伍之人也。"

说明汉政府虽然开始取消连坐之律，但是当影响治安事件发生之时，同伍之人有义务和责任进行相互监督，必要之时还要向上级部门进行及时举报。

如果发生了影响社会治安的犯罪事件时，在案发地的百姓，也就是所谓的同伍之人对犯罪分子要积极地协助相关人员追捕犯罪分子，如《汉书·鲍宣传》中所载："部落鼓鸣，男女遮列。"本注曰："言闻枹鼓之声，以为有盗贼，皆当遮列而追捕也。"只有建立这种联防的有效机制，才能形成良好的社会治安环境，才能达到《管子·禁藏篇》所认为的："辅之以什，司之以伍，伍无非其人，人无非其里，里无非其家，故奔亡者无所匿，迁徙者无所容，不求而约，不召而来，故民无流亡之意，吏无备追之忧"的较为稳定的、和谐的社会治安环境。

随着历史的发展，当西汉王朝进入中后期之时，出于治安方面的考虑，什伍连坐制度又再度得以恢复，如汉元帝时期史游的《急就篇》中就明确记载："变斗杀伤捕五邻。"颜师古注曰："有犯变斗杀伤者，则同伍及邻居之人皆被收掩也。"非常明显的就是秦朝时期的什伍连坐制度，但此时已经是西汉中后期了，说明汉代中后期此制度又恢复了。

《汉书·王莽传》中记载："敢盗铸钱及偏行布货，伍人知不发举，皆没入为官奴婢。"

《王莽·王莽传》还谈到吕母时记载：

> "琅邪女子吕母亦起。初，吕母子为县吏，为宰所冤杀。母散家财，以酤酒买兵弩，阴厚贫穷少年，得百余人，遂攻海曲县，杀其宰以祭子墓。引兵入海，其众浸多，后皆万数。莽遣使者即赦盗贼，还言'盗贼解，辄复合。'问其故，皆曰愁法禁烦苛，不得举手。力作所得，不足以给贡税。闭门自守，又坐邻伍铸钱挟铜，奸吏因以愁民。民穷，悉起为盗贼。"

《汉书·食货志下》中记载："私铸作泉布者，与妻子没入为官奴婢；吏及比伍，知而不举告，与同罪。"

上述几段史料说明在西汉末年至王莽统治的时期，什伍连坐制度在维护社会治安中依然发挥着重要的作用，其恢复的原因可能与新莽时期推行的货币改革及社会动荡相关，这也深刻地表明了什伍连坐制度在社会动荡不安时的巨大功能，否则统治者是不会将已经取消的制度再次恢复的，但是什、伍相互纠发的功能，

也不是一成不变的，随着历史的发展而处在不断发展变化之中。

臧知非先生通过对秦汉时期的什伍连坐制度的认真研究后认为：为了达到“居处相察，出入相司”的目的，在进行什伍编制时，将人民按照爵位相等，贫富相当标准进行编制，尊卑不同是不能为同伍的，在居住空间上也要分区居住，后来随着爵位的变化及贫富的分化，什伍相互监督告发的职能逐步处于弱化中。①

在秦代时期，人们就已经依据家庭的经济情况为标准进行分区定居，家庭经济情况比较富足的，可以居于“闾右”；而家庭经济情况不好的，比较贫弱者则要居于“闾左”。

《史记·陈涉世家》中记载：“发闾左，适戍渔阳九百人。”司马贞索引：“闾左谓居闾里之左也。又云，凡居以富强为右，贫弱为左。秦役戍多，富者役尽，兼取贫弱者也。”《汉书·食货志上》曰：“至于始皇，遂并天下，内兴功作，外攘夷狄，收泰半之赋，发闾左之戍。”陈胜在大泽乡起义之前，被戍边到渔阳，就是由于“发闾左之戍”，陈胜为何会居于闾左，贾谊在《过秦论》中给出了明确的答案：“然陈涉瓮牖绳枢之子，氓隶之人，而迁徙之徒也”陈胜由于家庭经济状况较为贫困，所以居住的区域也只能是“闾左”。王爱清先生对这种什伍编制的制度，也持有同样的观点。②

总之，汉代对里中居民实行什伍编制，有时还与连坐制度相结合，这对汉代基层治安秩序的稳定，无疑起到了巨大的作用。

四、舍匿法

汉朝在治理城市社会治安过程中，为了能够迅速地将出逃的盗贼或罪犯缉捕归案伏法，进行强有力的打击罪犯，营建一个良好的社会秩序，汉政府制定了“舍匿法”，《论衡》中曰：“汉正首匿之罪。”所以“舍匿法”又被称为“首匿”或“舍匿”。

所谓“首匿之罪”其具体的含义是什么？《急救篇》中曰：“首匿为头首而藏匿罪人也。”《汉书·宣帝纪》中记载：“凡首匿者，言为谋首而藏匿罪人。”《汉书·淮南厉王传》则曰：“亡之诸侯，游宦事人，及舍匿者，论皆有法。”颜师古注曰：“舍匿，谓容止而藏隐也。”《汉书·季布传》中记载：“项籍灭，高祖购求布千金，敢有舍匿，罪三族。”颜师古注曰：“舍，止；匿，隐也。”《后

① 臧知非：《秦汉里制与基层社会结构》，载《东岳论丛》2005 年第 6 期，第 13 ~ 16 页。

② 王爱清：《关于秦汉里与里吏的几个问题》，载《社会科学辑刊》2006 年第 4 期，第 137 ~ 138 页。

汉书·梁统传》李贤注曰："凡首匿者，每为谋首，藏匿罪人。"

"武帝值中国隆盛，财力有余，出兵命将，征伐远方，军役数兴，百姓罢弊，豪杰犯禁，奸吏弄法，故设遁匿之科。"① 所以汉代有时候将"舍匿"又称之为"遁匿"。

通过上述诸多史料中的记载我们总结来看，文献中所谓的"舍匿""首匿""遁匿"虽然有着不同的称呼，但是其本质所指是一样的，均指藏匿、隐藏犯罪分子的行为，而"舍匿法"的制定说明汉代禁止百姓藏匿逃犯，对故意收留、藏匿罪犯的行为要给予严厉处罚。

在《汉书·咸宣传》中记载了汉武帝时期为加强社会治安，防止舍匿罪犯，减轻相关缉捕人员的抓捕压力，"于是作沈命法"，注引应劭曰："沈，没也。敢蔽匿盗贼者，没其命也。"如果有人敢对罪犯隐匿，是要给舍匿者处以死刑的，说明汉代政府对触犯舍匿行为者给予严厉制裁。

《二年律令·亡律》中也记载了汉代对于触犯"舍匿法"者的相关处罚规定：

"匿罪人，死罪，黥为城旦舂，它各与同罪。其所匿未去而告之，除。诸舍匿罪人，罪人自出，若先自告，罪减，亦减舍匿者罪。所舍。一六七"

"取（娶）人妻及亡人以为妻，及为亡人妻，取（娶）及所取（娶），为谋（媒）者，智（知）其请（情），皆黥以为城旦舂，其真罪重，以匿罪人律论。弗智（知）一六八至一六九"

"诸舍亡人及罪人亡者，不智（知）其亡，盈五日以上，所舍罪当黥赎耐；完城旦舂以下到耐罪，及亡收、隶臣妾、奴婢及亡盈十二月以上□一七0赎耐。一七一"

"取亡罪人为庸，不智（知）其亡，以舍亡人律论之。所舍取未去，若已去后，智（知）知其请（情）而捕告，及（詗）告吏捕得之，皆除其罪，勿购。一七二"

通过"亡律"简牍中相关的法律条文来看，舍匿者如果在舍匿之前，明明知道所被舍匿的相关人员是罪犯，还要将其藏匿起来，法律上会依据被舍匿罪犯所犯罪行的轻重具体情况，来区别对待和处罚舍匿者，即如果被舍匿的罪犯犯的是

① 陆心国：《晋书刑法志注释》，群众出版社 1986 年版，第 21 页。

死罪，舍匿者要受到“黥以城旦舂”（在罪犯脸上刺墨字，并处以强制性劳动）的处罚；如果罪犯所犯的罪行不是死罪，那么舍匿者要与被舍匿者受到相同的处罚，这条规定明显使用了连坐规定；如果舍匿者不知道所收住者是罪犯，那么处罚舍匿者的办法就依据舍匿的具体天数来处罚；如果发现被舍匿者为罪犯，舍匿者进行了举报，那么对舍匿者是不处罚的，所以我们能够看出汉初对窝藏隐匿罪犯的行为是要给予严厉处罚的。

汉代为了维护城市社会治安秩序，有效降低犯罪率，汉政府积极鼓励犯罪者本人能够主动投案，也鼓励舍匿者积极举报，因为在汉律“自告”会相应减轻处罚的。

依据被“首匿”者所犯罪行的不同，汉代法律可以大体上将首匿罪划分为四类：

第一类：“首匿亡命”罪：

《汉书·王子侯表》中记载：“五凤三年，嗣侯延寿坐知女妹夫亡命，笞二百，首匿罪免。”

《汉书·燕刺王传》中记载：“后坐藏匿亡命，削良乡安次文安三县。”

第二类：“首匿群盗”罪：

《汉书·王子侯表》中记载：“元康元年，（修故候福）坐首匿群盗，弃市。”

第三类：“首匿谋反”罪：

《汉书·百官公卿表》中记载：“始元五年，军正齐王平子心为廷尉，坐纵首匿谋反者弃市。”

第四类：“首匿亡虏”罪：

《汉书·功臣表》中记载：“候参，坐匿朝鲜亡虏，下狱，病死”。

汉代统治者认为，对封建统治秩序构成严重影响的莫过于“谋反”和“群盗”等行为，因此对此罪的处罚往往是处以弃市，如《汉书·杜延年传》中记载：“迁知父谋反而不谏争，与反者无异，侯史吴故三百石吏，首匿迁，不与庶人匿随从者等，吴不得赦。”这就是有力的证明。

汉代在处理“首匿罪”具体的司法程序是怎样的？随着简牍研究的不断发现

与研究的深入，为我们后人提供了生动的案例，在张家山汉简《奏谳书》中，第14例案例就记载了“安陆丞忠刻（劾）狱史平舍匿无名数大男子”一案，该案发生在汉高祖八年：

“八年十月己未，安陆丞忠刻（劾）狱史平舍匿无名数大男子种一月，平曰：诚智（知）种无【名】数，舍匿之，罪，它如刻（劾）。种言如平。问：平爵五大夫，居安陆和众里，属安陆相，它如（辞）。鞫：平智（知）种无名数，舍匿之，审。当：平当耐为隶臣，锢，毋得以爵当赏（偿）、免。·令曰：诸无名数者，皆令自占书名数，令到县道官，盈卅日，不自占书名数，皆耐为隶臣妾，锢，毋令以爵赏（偿）、免，舍匿者与同罪，以此当平。南郡守强、守丞吉、卒史建舍治。八年四月甲辰朔乙巳，南郡守强敢言之，上奏七牒，谒以闻，种县论，敢言之。”

其整个案件审理的过程是“安陆丞忠”首先举报“狱史平”，罪名是“舍匿无名数大男子种”，也就是舍匿了没有登记户籍者“种”，并且舍匿时间长达一月之久，在接到举报之后，相关人员开始分别对“平”和“种”两人进行讯问，查清事实后，进行了定罪，舍匿者“平”最终被处以“耐隶臣”之处罚，参与处理的人员则是“南郡守强、守丞吉、卒史建舍治”。

在整个案件中，较为让人疑惑之处就是“安陆丞忠”为何要首先举报，其原因何在？通过上文我们知道，在汉初时期什伍连坐制度已经被取消，在法律层面上看，“忠”不会因“平”的犯罪而受到连坐，对这种情况我们可以推测，虽然什伍连坐制度在汉初被废止，但是由于秦朝实行连坐制度已经很久了，百姓对此项法律规定也必定非常熟悉，已经融入日常生活状态之中，并逐渐养成一种行为习惯，所以一旦出现一些治安犯罪事件之后，人们还是本能地进行举报，而且本案的举报者不是普通百姓，而是县“丞”，本身就负责维护社会治安秩序，所以再发现犯罪的治安事件之后，无论是出于原有的习惯，还是出于其具体的职务，都有义务进行揭发举报，从中我们也能够深深体会到什伍连坐影响的深远，也正因为如此，后来汉朝又恢复了连坐制度。

通过本案分析可知，汉朝不仅对“首匿罪”进行了立法，而且在现实维护治安之中也将其付诸实施，而且还规定了“毋得以爵当赏（偿）、免。”可见其对舍匿者处罚的力度，这样可以使得犯罪分子即使不在案发现场被抓捕，就是在逃亡之后也出于无容身之所的境地，这对于汉代缉捕工作的顺利开展是十分有利和必要的。

汉代在禁止舍匿罪犯的同时，有一种特殊情况，即“亲亲相隐”的问题。

“亲亲相隐”是指包括父母血亲在内的近亲，即便有了过失和犯罪行为，也不忍苛责追究，之间应当互相藏匿和隐瞒。

该制度起源较早，可以追溯到西周时代，《国语·周语》中记载了周襄王二十年（公元前632年），卫大夫元咺讼其君卫成公于晋文公，因为晋文公是当时的诸侯盟主，周襄王对晋文公受理此案表示反对，原因是：“夫君臣无狱，君臣皆狱，父子将狱，是无上下也。”周襄王为君与臣、父与子之间不应产生诉讼，因为在法律诉讼中的主体间是平等的，这样就会破坏君与臣、父与子之间上下等级秩序的伦理关系。

春秋时期的孔子是最早明确提出父子之间是可以相互隐匿的，从儒家的理论角度给予了高度的肯定和倡导，《论语·子路》篇中载：

> “叶公语孔子曰：‘吾党有直躬者，其父攘羊，而子证之。’孔子曰：‘吾党之直者异于是：父为子隐，子为父隐，直在其中矣。’”

孔子从儒家的伦理道德出发，认为父子之间有着最亲的血缘关系，相互之间隐匿也是理所应当的，从孔子之后，这种“亲亲相隐”开始，得到了广大百姓的认可和支持。

春秋时期儒家所提倡的“亲亲相隐”还往往体现出一种道德观念，最终体现在法律制度上则是在秦代，《秦律》中就明确规定：“子告父母，臣妾告主，非公室，勿听。而行告，告者罪。”也就是说，如果有子女去官府告发自己的父母，臣妾去举报自己的主人，政府对这种情况的处理态度不仅不应受理，反而还要判处行告者有罪。

汉朝建立之后，对外宣称是以“孝”治天下的，所以“亲亲相隐”在汉朝的司法实践中得到了较好的推行，这就出现了汉初所制定的“首匿相坐”规定与当时“亲亲相隐”的道德伦理观念不符。

汉朝在经过汉初“黄老无为”的休养生息之后，汉初的经济得到了一定的恢复与发展，国家实力增强了，面对这种形式的变化，原来的“无为”思想已经不再适应社会发展需要了，在这种情况之下，儒家思想日渐提升，而且在汉武帝时期，董仲舒的“罢黜百家，独尊儒术”的主张开始被汉朝所接受，儒家思想成为社会主流思想，这时有些人士开始对“亲亲相隐”的规定给予了批判，桓宽在其《盐铁论》中就说：“自首匿相坐之法立，骨肉之恩废而刑罪多。闻父母之于子，虽有罪犹匿之，岂不欲服罪尔？子为父隐，父为子隐，未闻父子之相坐也。”

在董仲舒及桓宽等人的影响之下，据《汉书·宣帝纪》中记载汉宣帝于地节四年（公元前66年）下达诏书：

“父子之亲，夫妇之道，天性也。虽有患祸，犹蒙死而存之。诚爱结于心，仁厚之至也，岂能违之哉。自今子首匿父母，妻匿夫，孙匿大父母，皆勿坐。其父母匿子，夫匿妻，大父母匿孙，罪殊死，皆上请廷尉以闻。”

这说明在公元前66年时，汉代最终在法律上肯定了“亲亲相隐”的合法性，即隐匿尊长者时可以不受法律处罚，如子女隐匿父母、妻子隐匿丈夫、孙子隐匿祖父母时；相反，如果尊长隐匿卑幼，在一般情况下也是不需要承担责任的，如祖父母隐匿孙子、父母隐匿儿子、丈夫隐匿妻子，但是如果犯的是死罪等重罪，则由中央的廷尉审理，往往结果也不会很严重。

汉代政府之所以能在法律中对“亲亲得相首匿”给予承认，其根本的出发点是既考虑到道德意义，也考虑到了社会治安稳定，认为：“骨肉之恩废，则刑罪多”[①] 在维护社会治安过程中，如果对“舍匿”的具体情况不进行区分，那么不但会对汉代的道德构建造成冲击，也会对社会治安构成潜在的威胁，“相隐之道离，则君臣之义废，君臣之义废，则犯上之奸生矣”。[②]

五、见知故纵

在上文谈汉代社会治安措施中，我们曾提到过“什伍连坐”制度，什伍连坐制度可以有效地降低案件的发生率，但是这里有一个问题，那就是“什伍连坐”制度其推行的范围毕竟是有限的，主要是限定在什伍之中，如果发现治安事件者不在什伍之中，那么按照这一规定单独来看，发现者就可以不举报，也不会受到相应的连带处罚，面对这种情况，汉代统治早已经意识到了“什伍连坐”制度在实施过程中的这一局限性问题了，于是在这一制度之外，又推行了一个制度进行弥补。

在汉代，为了能够最大限度地打击影响社会治安的各种犯罪事件，能够在第一时间对犯罪分子进行抓捕，汉代在司法实践中实行了另外一项规定，即“见知故纵”罪，《汉书·食货志下》张晏注云：“吏见知不举劾为故纵”；《汉书·刑法志》中记载：“于是招进张汤、赵禹之属条定法令，作见知故纵、监临部主之法，缓深故之罪，急纵出之诛。”颜师古注曰：“见知人犯法不举告为故纵，而所监临部主有罪并连坐也。”

“纵”即“故纵”，“故纵”为汉律罪名之一，其主要的含义是指无论是普通

① 王利器：《盐铁论校注·周秦》（《新编诸子集成》第一辑），中华书局1992年版，第585页。
② 房玄龄：《晋书·刑法志》，中华书局1974年版，第939页。

百姓还是国家各级的官吏，如果见知有人违法犯罪，特别是其中的“盗贼”，必须第一时间进行举报，否则相关知情者就要依据“故纵”罪，而受到与犯法者同罪的处罚，这一规定弥补了“什伍连坐”制度在实行中的不足，使得无论是否是什伍组织之中的人，只要对案发过程知晓、了解，那么就有责任和义务在第一时间进行举报告发，否则就会受到相关的法律处罚。

《二年律令·具律》中规定：

“鞫狱故纵、不直，及诊、报、辟故弗穷审者，死罪，斩左止（趾）为城旦。它各以其罪论之。(93号简)”

汉代因此而受到处罚的也大有人在：

《汉书·百官公卿表下》中记载：“始元五年，军正齐王平子心为廷尉，坐纵首匿谋反者弃市。”在西汉昭帝的始元5年（公元前82年）时，廷尉刘心因为他有放“纵”，而且还藏匿谋反者的行为，本应将罪犯逮捕、纠举，但却故意听任罪犯逃亡，在经过审讯核实之后，认为刘心所触犯为“故纵”与“舍匿”二罪，这种情况在汉律中规定，犯罪分子如果同时获有多项罪名，则采取“二罪从重”原则，即以各自罪行相应之最重刑罚，于是刘心于“故纵”与“舍匿”之罪中被处以最重之处罚，即最终被处以“弃市”的严厉惩处。

《汉书·昭帝纪》中记载：“廷尉李种坐故纵死罪弃市。”颜师古注曰：“纵谓容放之。”

《汉书·昭帝纪》中记载：“夏四月，少府徐仁、廷尉王平、左冯翊贾胜胡皆坐纵反者，仁自杀，平、胜胡皆要斩。”

《资治通鉴》中记载：“会九月尝酎，祭宗庙，列侯以令献金助祭。少府省金，金有轻及色恶者，上皆令劾以不敬，夺爵者百六人。辛巳，丞相赵周坐知列侯酎金轻，下狱，自杀。”

到了东汉时期，“见知故纵”罪也是依然存在的，《后汉书·光武帝纪下》：“吏虽逗留回避故纵者，皆勿问，听以禽讨为效。”这就是有力的说明。

六、禁夜制度

在秦汉时期，为了维护夜间社会治安，实行宵禁法，也就是禁夜制度，即夜晚城市中的所有城门、各个关口、里门都要求定时关闭，夜间禁止百姓无故随意外出和走动，之所以要实行禁夜制度，主要是因为犯罪分子在夜色的掩护之下，容易发生违法犯罪之事，于是政府利用强制手段，在夜晚时将百姓尽量限制在自己的家庭之中。《文选·乐府八首》鲍明远的《放歌行》中记载："钟鸣犹未归。"李善注引崔寔《政论》曰："钟鸣漏尽，洛阳城中，不得有行者。"其中的"不得有行者"就指的是这种禁夜制度。

这种夜晚禁止行人出行的"禁夜制度"很早就已存在，《周礼·秋官·司寇》中就曾记载："司寤氏掌夜时。以星分夜，以诏夜士夜禁。御晨行者，禁宵行者、夜游者。"郑玄注曰："备其遭寇害及谋非公事。"就是这种制度存在的最好说明。

汉代推行禁夜制度的目的在于降低危害社会治安事件的发生率，当所有城门关闭之后，到了宵禁时间之后，相关的治安人员需要率领随从进行四处巡查，在夜查的过程中，如果一旦遇到了违规的夜行人员，要及时对其进行制止并核查其具体的身份信息，核查时如果发现有可疑之处需要立马对其进行抓捕，防止其逃窜。

汉代为了建立全国有效的治安防控体系，将这种"禁夜制度"在全国的城市和乡里全面推行，城市中禁夜制度据《汉书·景十三王列传》中记载："（赵王）彭祖不好治宫室禨祥，好为吏。上书愿督国中盗贼。常夜从走卒行徼邯郸中。"颜师古曰："徼，谓巡察也。"赵王夜晚带着相关人员在邯郸城中巡查，其目的是"督国中盗贼"，充分说明了其行为就是在执行禁夜制度。

汉代乡里也执行禁夜，乡间之亭有权检测过往行人，执行宵禁法。[①] 说明了在基层社会中"亭"是执行"禁夜制度"的主要职责部门，对"禁夜制度"进行严格的执行，防止有人破坏该项制度。

《汉书·李广传》中记载：

> "（李广）与故颖阴侯屏居蓝田南山中射猎，尝夜从一骑出，从人田间饮。还至亭，霸陵尉醉，呵止广，广骑曰：'故李将军。'尉曰：'今将军尚不得夜行，何故也！'宿广亭下。匈奴入陇西，杀太守，败韩将军。韩将军后徙居右北平，死。于是上乃召拜广为右北平太守。广请霸陵尉与俱，至军而斩之，上书自陈谢罪。"

《汉书·王莽传中》中记载：

> "大司空士夜过奉常亭，亭长苛之，告以官名，亭长醉曰：'宁有符传

① 安作璋、熊铁基：《秦汉官职史稿》（下册），齐鲁书社 1985 年版，第 209 页。

邪？'士以马箠击亭长，亭长斩士，亡，郡县逐之。家上书，莽曰：'亭长奉公，勿逐。'"

《后汉书·酷吏列传》中记载：

"皇后弟黄门郎窦笃从宫中归，夜至止奸亭，亭长霍延遮止笃，笃苍头与争，延遂拔剑拟笃，而肆詈恣口。笃以表闻。诏召司隶校尉、河南尹诣尚书谴问。"

我们从史料中可以看出，汉代虽然实行"禁夜制度"，但是在实际执行的过程中总有一些人触犯该项制度，而且这些人也绝不是普遍的百姓，如李广、士夜、窦笃，李广是"前将军"，是功臣；士夜是"大司空"，是高官；窦笃是"皇后弟黄门郎"，是外戚。三者之中全部身居于当时的社会上层，非富即贵，由此我们可以看出，对此项制度构成破坏的力量主要来自上层社会的权力阶层，而普遍的百姓对此则不敢，但也不能完全说普通百姓没有触犯，可能是普通百姓触犯了该项制度，由于没有特殊身份，所以很难在史书中有所记录，而我们所能见到的主要来自权贵阶层。

虽然违禁者多为权贵阶层，但三位执法者在执法的过程中表现得非常出色，忠于职守，对于破坏"禁夜制度"者均给予了有效制止，而且在三位执法中我们看到了有两位是"亭长"，这充分说明了乡里间执行该制度的执行者是以"亭长"为主的主要治安维护人员，所以王莽才会说："亭长奉公，勿逐。"

依据史籍中所载来看，这些身份显贵的人在夜行时也是要受到严格的检查与限制，胆敢对执法者反抗，则有被杀的风险，如果一旦双方发生冲突，哪怕是给夜行人员造成多大的损失与伤害，由于亭长是在执行公务，所以亭长不需要承担任何法律责任。当时权贵阶层都如此，对于其他普通居民来说后果就可想而知了，这也从侧面说明了汉代在执行该项制度时，执行的效果是非常好的，对维护社会治安无疑具有重要的作用。

关于"禁夜制度"在汉代推行的时间，我们通过《汉书·李广传》《汉书·王莽传中》《后汉书·酷吏列传》中的记载可以分析出大体时间段限，李广是生活于汉武帝时期的人，而王莽则处于西汉末到新莽时期，窦笃则是东汉时期的人，所以以上史料说明这种"禁夜制度"几乎贯穿于整个两汉时期。

这种制度不仅在汉代实行过，也被后代所继承：

《三国志·魏书·田豫传》中记载："年过七十而以居位，譬犹钟鸣漏尽而夜行不休，是罪人也。”

《三国志·魏书·武帝纪》注引《曹瞒传》：“太祖初入尉廨，缮治四门，造五色棒，县门左右各十余枚，有犯禁者，不避豪强，皆棒杀之。后数月，灵帝爱幸小黄门蹇硕叔父夜行，即杀之。京师敛迹，莫敢犯者。”

汉代政府在全国范围推行的“禁夜制度”，对于减少夜间治安事件的发生，维护良好的治安环境，特别是维护城市治安环境，具有积极的作用，而且对后世也产生了积极深远的影响。

七、禁止通行饮食

汉代政府为了能够在治安事件发生之后迅速缉捕罪犯，给罪犯在逃亡中造成诸多的不利与障碍，汉代除了设置“舍匿”法，禁止收留罪犯之外，在法律上还同时设置了“通行饮食”罪，主要是禁止汉代的百姓为罪犯提供各方面的有效信息以及饮食帮助等，也就是说，在汉代遇到逃亡的罪犯时，首先是不可以收留的，同时也不可以给他们提供饮食供给以及各种有利于其逃亡的信息，这对缉捕罪犯的工作开展是非常不利的。

《后汉书》卷四十六《陈宠传》中记载：

“（陈）忠独以为忧，上疏曰：臣闻轻者重之端，小者大之源，故堤溃蚁孔，气泄针芒。是以明者慎微，智者识几。《书》曰：‘小不可不杀。’《诗》云：‘无纵诡随，以谨无良。’盖所以崇本绝末，钩深之虑也。臣窃见元年以来，盗贼连发，攻亭劫掠，多所伤杀。夫穿窬不禁，则致强盗；强盗不断，则为攻盗；攻盗成群，必生大奸。故亡逃之科，宪令所急，至于通行饮食，罪致大辟。”

本注曰：“通行饮食，犹今（唐）律云过致资给，与同罪也。”

陈忠对当时的社会治安情况非常担忧，认为盗贼多发，如果不加以控制则会变成势力比较强大的盗贼，而且这种情况如持续不断，他们就会四处攻击，最终则会形成对社会治安稳定构成极大威胁的“大奸”，因此他认为在抓捕罪犯的过程中，如果有人敢给犯罪分子提供饮食的行为，提供者是要被处以死罪的。

《唐律疏议》谓：“过致资给者，谓指授道途，送过险处，助其运致，资给

衣粮。”①

汉代在《盗律》和《贼律》中则记载了有关“通行饮食”相连坐的律文，如果罪犯在逃亡过程中，百姓有给予其任何资助的行为，所受到的处罚与盗贼“同罪”，可见处罚之重。

《二年律令·盗律》中记载：

> “智（知）人为群盗而通歓（饮）食餽馈之，与同罪；弗智（知），黥为城旦舂。其能自捕若斩之，除其罪，有（又）赏如捕斩。群盗法（发），弗能捕斩而告吏，除其罪，勿赏。”

《盗律》律文中规定得非常明确，如果百姓在知晓对方是盗贼的情况之下，还继续为其提供饮食及信息等方面的帮助，那么对为罪犯提供饮食者的处罚要与盗贼“同罪”；如果在提供饮食的时候，不知晓对方是盗贼，在这种不知情的情况之下为其提供了饮食，提供者也要受到相应的处罚，只是这种处罚不与之“同罪”，而要受到“黥为城旦舂”的处罚，知情与否成为最后处罚轻重的关键性问题。

通过对简文内容的分析，我们会发现，在汉代只要为盗贼提供了饮食等相关方面的帮助，不管是否知晓对方是盗贼的身份，均要受到处罚，只是在具体的量刑标准上会有一定的差异，知晓处罚的重，不知晓的情况处罚会相对轻一些罢了，可见汉代是极力禁止百姓为罪犯在逃亡的路上提供任何的帮助，这样有利于将罪犯缉捕归案伏法，维持治安秩序。

《汉书·酷吏传》中记载：

> “（尹）赏以三辅高第选守长安令，得一切便宜从事。赏至，修治长安狱，穿地方深各数丈，致令辟为郭，以大石覆其口，名为‘虎穴’。乃部户曹掾史，与乡吏、亭长、里正、父老、伍人，杂举长安中轻薄少年恶子，无市籍商贩作务，而鲜衣凶服被铠扞持刀兵者，悉籍记之，得数百人。赏一朝会长安吏，车数百辆，分行收捕，皆劾以为通行饮食群盗。赏亲阅，见十置一，其余尽以次内虎穴中，百人为辈，覆以大石。数日一发视，皆相枕藉死，便舆出，瘗寺门桓东。楬著其姓名，百日后，乃令死者家各自发取其尸。亲属号哭，道路皆歔欷。长安中歌之曰：‘安所求子死？桓东少年场。生时谅不谨，枯骨后何葬？’赏所置皆其魁宿，或故吏善家子失计随轻黠愿

① 长孙无忌：《唐律疏议》，中华书局1983年版，第541页。

自改者，财数十百人，皆贳其罪，诡令立功以自赎。尽力有效者，因亲用之为爪牙，追捕甚精，甘耆奸恶，甚于凡吏。赏视事数月，盗贼止，郡国亡命散走，各归其处，不敢窥长安。”

尹赏在担任长安令之后，开始加大力度治理长安的治安秩序，为了能够把长安城中的“轻薄少年恶子，无市籍商贩作务，而鲜衣凶服被铠扞持刀兵者”抓起来，尹赏给他们罗列的罪名就是“皆劾以为通行饮食群盗”，不但放纵歹徒，而且还为歹徒提供饮食，这在当时是重罪，尹赏采用多种手段和措施进行治理之后，出现了“赏视事数月，盗贼止，郡国亡命散走，各归其处，不敢窥长安”的良好治安环境。

《汉书·鲍宣传》中记载：

“平帝即位，王莽秉政，阴有篡国之心，乃风州郡以罪法案诛诸豪桀，及汉忠直臣不附己者，宣及何武等皆死。时，名捕陇西辛兴，兴与宣女婿许绀俱过宣，一饭去，宣不知情，坐系狱，自杀。”

鲍宣为汉哀帝时期大臣，曾任司隶，可谓是京畿地区的重臣，主要负责监察王公大臣的过失，《汉书·鲍宣传》中记载了鲍宣秉性耿直，“常上书谏争，其言少文多实”，王莽准备篡汉，开始打击排除“汉忠直臣”，因此而处死了数百人，这其中也包括鲍宣，给他定的罪名就是依据“通行饮食”而定的罪。

这里需要解释的是，由于鲍宣本“不知情”，所以在处罚鲍宣时，依据《二年律令·盗律》中的“弗智（知），黥为城旦舂”的规定，鲍宣本应该处罚为“黥为城旦舂”不至于死刑，然而鲍宣最后真正的死因是“坐系狱，自杀”，所以鲍宣的死因是处于在监狱关押期间的“自杀”，而不是判处死刑被杀的。

汉代政府为了维护治安秩序，将“通行饮食”之法的规定与连坐制度相互结合在一起，所以在汉代因此受到处罚的人数相当多，如《汉书·咸宣传》中记载：“及以法诛通行饮食，坐相连郡，甚者数千人。”《汉书·元后传》又云：“及通行饮食坐连及者，大部至斩万余人。”就有力地说明了这一点。

汉代在制定这些惩治罪犯的制度规定时，其出发点无疑是好的，但是在执行过程中，往往会出现意想不到的结果，如前文提到的大范围的惩处，动辄“坐相连郡，甚者数千人”，甚者“大部至斩万余人”，这种情况虽然名为惩治盗贼、纠举罪人、维护城市治安，可是由于牵连范围过广，在一定意义上对当时的社会治安环境的稳定反而造成了非常不利的影响，而且相关的主管官吏畏法惧死，上下相互隐匿、欺谩，以便躲避诛罚，这种情况在《汉书·咸宣传》就有非常形象的记载："其后小吏畏诛，虽有盗，弗敢发，恐不能得，坐课累府。府亦不使言，故'盗贼'寖多，上下相匿，以避文法焉。"

八、禁止群饮

中国在酒发明之后，就成为人们在宴会中非常重要的饮品之一，特别是商朝进入中后期以后，人们饮酒风气更是极盛，《史记·殷本纪》中记载："（王纣）好酒淫乐，嬖于妇人。""大聚乐戏于沙丘，以酒为池，县肉为林，使男女倮相逐其间，为长夜之饮。"其中的"酒池肉林"就是这个时期的典故。

据《战国策·魏策二》卷二十三记载："昔者帝女令仪狄作酒而美，进之禹，禹饮而甘之，遂疏仪狄，绝旨酒，曰：'后世必有以酒亡其国者。'"① 果不其然，大禹的预言成真了，商朝最终是以酒亡国，所以我们看夏朝的"绝旨酒"令应是中国最早的禁酒令。

有鉴于商朝因酒而亡，所以在周朝建立初期，就开始在总结殷商纵酒亡国的经验教训，于是颁布了《酒诰》，以此来进行禁酒。

《尚书·酒诰》篇首言曰："王若曰：明大命于妹邦。"直接指出了该禁酒令的范围是邦内所有人，其中对"群饮"和"荒湎于酒"是明令禁止的。

"禁止群饮"就是禁止三人以上无故饮酒，"禁止群饮"的禁酒法令在中国很早就存在了，到了秦汉时期，鉴于前代的经验与教训，对饮酒也做出了严格的限制与规定，明令禁止无故聚众一起饮酒，《史记·秦始皇本纪》中就明确记载："五月，天下大酺。"张守节正义："欢乐大饮酒也"，说明秦代只有在遇有国家喜庆的时候，在国家允许的前提下，百姓才可以聚在一起饮酒，反映出秦代对饮酒有着严格的规定。

秦代对私自酿酒也是明令禁止的，《秦律十八种·田律》中规定："百姓居田舍者毋敢酤酒，田啬夫、部佐谨禁御之，有不从令者有罪。"秦代对私营酿酒业也是给予禁止的，说明秦代从酒的酿制到酒的销售、饮用都进行着严格的管控，"秦朝对农村禁酒尚如此严格，那么对作为统治中心的城邑的限制会更严，在城邑当有'禁止无故群饮酒'之禁令，因为它完全符合秦朝维护社会治安、维护其专制主义中央集权的目的。"②

因为相对于乡里基层社会来讲，城市中的居民多，而且相对集中，并且成分复杂，如果对无故饮酒不禁止，那么百姓在饮酒之后，在酒精的作用之下，会作

① 刘向：《战国策》，上海古籍出版社 1985 年版，第 846 页。
② 林永强：《关于汉代"群饮酒之禁"的释析》，载《兰州学刊》2008 年第 4 期，第 142 页。

出许多在平时清醒状态下不敢做的事情，特别是一些违法乱纪的事情，这样就会对当时的城市治安构成极大的威胁和负面影响，所以禁止群饮对维护城市治安作用非常大。

到了汉代时期，汉代统治同样是出于维护社会治安秩序的考虑，也是明令禁止百姓无故私自聚众群饮，其相关的记载在史籍中有些被保留了下来：

《汉书·景帝纪》中记载：

“中三年，夏旱，禁酤酒。”“后元年夏，大酺五日，民得酤酒。”颜注“酤为卖酒也。”

《汉书·武帝纪》中记载：

“天汉三年，初榷酒酤。”本注应劭曰：“县官自酤榷卖酒，小民不復得酤也。”

《汉书·昭帝纪》中记载：

“始元六年，秋七月，罢榷酤官，令民得以律占租，卖酒升四钱。”

《汉书·宣帝纪》中记载：

“五凤二年秋八月，诏曰：夫妇婚姻之礼，人伦之大者也；酒食之会，所以行礼乐也。今郡国二千石或擅为苛禁，禁民嫁娶不得具酒食相贺召。由是废乡党之礼。”

《汉书·食货志》中记载：

“（王莽居摄时）羲和鲁匡言：请法古，令官作酒。”

通过上述史料我们可以看出，从汉初时期开始，中间经过景帝、武帝、昭帝、宣帝乃至王莽执政时期，汉代对酿酒、饮酒都有着严格的规定与约束，而且对无故“群饮”的处罚在法律上给出了非常明确的规定，《汉书·文帝纪》中记载：“汉律，三人以上无故群饮酒，罚金四两。”

汉代对于无故群饮的法令不仅在中原内地居民中实行，还将这一制度在边疆

地区也推行，据《居延新简》中记载："甲日初禁酤酒群饮者（E. P. T59：40A）"一旦发现三人以上无故饮酒，饮酒者要受到"罚金四两"的处罚。

这种规定不仅是在西汉时期这样，就是到了东汉之际，无故群饮的禁酒制度也是存在着的。

《后汉书·和帝纪》中记载：

"永元十六年二月己未，诏兖、豫、徐、冀四州比年雨多伤稼，禁酤酒。"

《后汉书·顺帝纪》中记载：

"汉安二年冬十月丙午，禁酤酒。"

《后汉书·桓帝纪》中记载：

"永兴二年九月，诏曰：'朝政失中，云汉作旱，川灵涌水，蝗虫孳蔓……其禁郡国不得卖酒，祠祀裁足。"

《后汉书·桓彬传》中记载：

"时中常侍曹節女壻冯方亦为郎。彬（桓彬）厉志操，与左丞刘歆、右丞杜希同好交善，未尝与方共酒食之会，方深怨之，遂章言彬等为酒党。事下尚书令刘猛，（猛）雅善彬等，不举正其事。節大怒，劾奏猛，以为阿党，请收下诏狱，在朝者为之寒心。猛意气自若，旬日得出，免官禁锢。彬遂以废。"

《历代刑法考·禁酒考》中记载：

"按：酒党之目，为曹節污奏，然可以见东汉之世，酒禁犹严也。"

我们通过以上史料可以看出，东汉时期也继续实行"禁止群饮"制度，在社会治安秩序维护的实践中对群饮的监督和禁止依然是存在的。

汉政府只有在出现所谓的祥瑞、吉庆的时候，在政府许可的前提之下百姓才能聚集在一起饮酒，而且这种群饮的时间也不是无限制的，通常情况下，一般都是"大酺五日"。

当遇到自然灾害时，百姓处于饥馑状态下，汉代政府在这时候对酿酒及饮酒会进行特别的管控，其目的是通过该办法不仅达到节约粮食，缓解市场上粮食短缺的问题，同时更是对社会治安稳定方面的考虑，对此朱绍侯先生认为，其治安意义就是防止众人在饮酒之后失去自控能力，群起滋事。[1] 充分体现了汉代基层社会治安措施的细化程度。

九、里围墙、里门管理

“汉朝城市居民区相对集中，以里为编制单位。每个里环以围墙，封闭管理。”[2] 这说明汉代城市中“里”是最为基本的居住格局，汉代城市中，在里的周围是有围墙以及里门设置的，这样就将“里”在空间上与周围形成了一个相对独立的居住区域。

为了加强对城市的管理，也更是出于对治安层面考虑，里周围的围墙在通常情况下是绝对禁止百姓翻越的，《睡虎地秦墓竹简·法律答问》中记载：“越里中之与它里界者，垣为‘完（院）’不为？巷相直为‘院’；宇相直者不为‘院’。”[3] 张家山汉简《二年律令·杂律》也明确规定：“越邑里、官市院垣，若故坏决道出入，及盗启门户，皆赎黥。其垣坏高不盈五尺者，除。”

通过对其分析，我们知道“里”与“里”之间是有界限的，这种界限就是“垣”，也就是墙垣，里与里之间的围墙则通常被称之为“垣”，居民家庭和家庭间的墙则被称为“院”，“里”与“里”间的垣如果处于两巷相对的位置关系，那么就属于“院”，否则就不是“院”。

如果有人敢翻越里周围的围墙，是要受到处罚的，其处罚的结果是“赎耐”，如果被翻越的围墙是早就破损的，且其高度没有超过五尺高，翻越者是可以免除处罚的，通过这个规定，我们也能得知汉代对里周围的围墙的高度有一定的要求，其高度的标准要应当在五尺以上，这也是出于给翻越者带来不便上考虑的，其治安的意图非常明显。

虽然汉代里周围的围墙平时禁止百姓随意出入翻越，但是一旦遇到特殊情况的时候，特殊身份人员还是可以翻越的，这种特殊的情况主要是指在追捕逃犯的时候，特殊身份的人则主要是指维护社会治安的相关人员，为了能够在最短时间内将罪犯迅速缉捕归案，里周围的围墙在此种情况之下则允许治安人员翻越，据《二年律令·杂律》中记载：“捕罪人及以县官事征召人，所征召、捕越邑里、

---

① 朱绍侯：《中国古代治安制度史》，河南大学出版社 1994 年版，第 197 页。
② 朱绍侯：《中国古代治安制度史》，河南大学出版社 1994 年版，第 196 页。
③ 睡虎地秦墓竹简整理小组：《睡虎地秦墓竹简·法律答问》，文物出版社 1990 年版，第 137 页。

官市院墙，追捕、征者得随迹出入。”[1] 其中的“捕罪人”“追捕”就说明在维护治安抓捕罪犯时，缉捕人员可以“随迹出入”，也就是说，罪犯在逃跑时，为了能够顺利逃脱成功，会选择不同的路径，以便达到最快摆脱相关人员追捕的目的，所以翻越里围墙这种障碍就是其经常采用的手段，如果此时相关的缉捕人员还是按照以往的规定禁止翻越里围墙，这对缉捕工作是非常不利的，也是不切合实际的，汉代统治者和相关的法律人士对这一点的认识是非常清醒的，从这一点来看就足以说明汉代对社会治安的重视程度，尽量为治安人员在办案时，提供一切所能提供的便利条件。

正像学者指出的那样：“及至秦汉帝国统一、社会趋于安定之后，里墙的维护社会治安的功用则日益凸显，逐迹占据主要地位。”[2]

汉代政府为了加强对城市中居民治安环境的治理，对里周围设有围墙，使得每个里都能成为一个相对独立封闭的空间，也正因为里周围有围墙的设置，因此为便于里中百姓日常生活的出入里中，所以在里围墙上设置有门，就是史籍中所谓的“里门”，以供百姓出入方便，在《睡虎地秦简·法律答问》中记载：“旞火延燔里门，当赀一盾；其邑邦门，赀一甲。”《睡虎地秦简·日书》中则曰：“入里门之右，不吉。”

在这两则史料之中，我们就能够非常明显地看出，在秦代作为居民生活居住的“里”周围是设置有里门的，而且这种门应当是木质材料的，否则就不会有“旞火延燔里门”。

秦代时期里中有门，以便于百姓出入，汉代也是同样的情况，在史籍中就保留有许多关于“里门”的记载。

《汉书·龚胜传》中记载：

> “（龚）胜自知不见听，即谓晖等：‘吾受汉家厚恩，无以报，今年老矣，旦暮入地，谊岂以一身事二姓，下见故主哉?’胜因敕以棺敛丧事：‘衣周于身，棺周于衣。勿随俗动吾冢，种柏，作祠堂。’语毕，遂不复开口饮食，积十四日死，死时七十九矣。使者、太守临敛，赐复衾祭祠如法。门人衰绖治丧者百数。有老父来吊，哭甚哀，既而曰：‘嗟乎！熏以香自烧，膏以明自销。龚生竟夭天年，非吾徒也。’遂趋而出，莫知其谁。胜居彭城廉里，后世刻石表其里门。”

---

① 张家山二四七号汉墓竹简整理小组：《张家山汉墓竹简·二年律令·杂律》，文物出版社 2001 年版，第 157 页。

② 周长山：《汉代的里》，载《大同职业技术学院学报》2001 年第 2 期，第 33 页。

《汉书·循吏传》中记载：

“孝昭幼冲，霍光秉政，承奢侈师旅之后，海内虚耗，光因循守职，无所改作。至于始元、元凤之间，匈奴乡化，百姓益富，举贤良文学，问民所疾苦，于是罢酒榷而议盐铁矣。

及至孝宣，由仄陋而登至尊，兴于闾阎，知民事之艰难。”颜师古注曰：“闾，里门也。”

《汉书·石奋传》中记载：

“内史庆醉归，入外门不下车。万石君闻之，不食。庆恐，肉袒谢请罪，不许。举宗及兄建肉袒，万石君让曰：‘内史贵人，入闾里，里中长老皆走匿，而内史坐车中自如，固当！’乃谢罢庆。庆及诸子入里门，趋至家。”

《汉书·游侠传》中记载：

“原涉字巨先。祖父武帝时以豪杰自阳翟徙茂陵。涉父哀帝时为南阳太守。……涉慕之，乃买地开道，立表署曰南阳仟，人不肯从，谓之原氏仟。费用皆仰富人长者，然身衣服车马才具，妻子内困。专以振施贫穷赴人之急为务。人尝置酒请涉，涉入里门，客有道涉所知母病避疾在里宅者。涉即往候……还至主人，对宾客叹息曰：‘人亲卧地不收，涉何心乡此！原撤去酒食。’”

《后汉书·郑玄传》中记载：

“又南山四皓有园公、夏黄公，潜光隐耀，世嘉其高，皆悉称公。然则公者仁德之正号，不必三事大夫也。今郑君乡宜曰‘郑公乡’。昔东海于出仅有一节，犹或戒乡人侈其门闾。矧乃郑公之德，而无驷牡之路！可广开门衢，令容高车，号为‘通德门’。”

《史记·外戚世家》中记载：

“褚先生曰：臣为郎时，问习汉家故事者钟离生。曰：王太后在民间时所生一女者，父为金王孙。王孙已死，景帝崩后，武帝已立，王太后独在。

而韩王孙名嫣素得幸武帝，承间白言太后有女在长陵也。武帝曰：‘何不蚤言！’乃使使往先视之，在其家。武帝乃自往迎取之。跸道，先驱旄骑出横城门，乘舆驰至长陵。当小市西入里，里门闭，暴开门，乘舆直入此里，通至金氏门外止，使武骑围其宅，为其亡走，身自往取不得也。”

《后汉书·列女传》又载：

“沛刘长卿妻者，同郡桓鸾之女也。鸾已见前传。生一男五岁而长卿卒，妻防远嫌疑，不肯归宁。儿年十五，晚又夭殁。妻虑不免，乃豫刑其耳以自誓。宗妇相与愍之，共谓曰：‘若家殊无它意；假令有之，犹可因姑姊妹以表其诚，何贵义轻身之甚哉！’对曰：‘昔我先君五更，学为儒宗，尊为帝师。五更已来，历代不替，男以忠孝显，女以贞顺称。诗云：‘无忝尔祖，聿修厥德。’是以豫自刑翦，以明我情。沛相王吉上奏高行，显其门闾，号曰：‘行义桓厘’，县邑有祀必膰焉。”

在汉代时期，里中有里门是毋庸置疑的，以上大量的史料都能够证明这一点，汉代里中不但有门，而且里门大小规格也是没有固定的要求，各个里门之间多少会有一定的差异，正常情况之下，普通的里门大小应该不是很高大，但是也有特殊情况，将里门修建的较为高大宽敞，如上面史料中提到的汉武帝为了迎接在闾里居住的金氏姐姐，曾经：“乘舆驰至长陵。当小市西入里，里门闭，暴开门，乘舆直入此里，通至金氏门外止。……诏副车载之，回车驰还，而直入长乐宫。”这段记载完全说明汉武帝姐姐金氏所居住的里中所修建的里门应该是很高大宽敞的，否则就不会出现“乘舆直入此里，通至金氏门外止”，如果里门比较狭小，汉武帝所乘之车是完全不可能通过里门直接到达金氏家门之外的。

再如《汉书·石奋传》中所提到的：“徙居陵里。内史庆醉归，入外门不下车”，万石君对其“入外门不下车”行为极其不满意，其子庆与诸子弟不得不“入里门，趋至家”，也说明陵里的里门修建的同样是较为高大和宽敞，否则车是一定不能通过的，车如果不能通过里门，那么也就不会出现“入外门不下车”的事情了，说明汉代时期里门有的修建比较高大，而且我们发现一个现象，在里中居住的居民中如果是有权势者，抑或者经济实力比较强者，里门的修建往往要比普通的里门高大许多。

而且里门的修建通常情况下是由里内的居民共同集资修建的，居民中如果有经济实力较强者的话，里门修建会高大一些，这种情况我们在史料中也能够找到相关的佐证，如《汉书·于定国传》中记载：

“始定国父于公，其闾门坏，父老方共治之。于公谓曰：‘少高大闾门，令容驷马高盖车。我治狱多阴德，未尝有所冤，子孙必有兴者。’至定国为丞相，永为御史大夫，封侯传世云。”

于定国一家所居住的里中，由于里门损坏需要进行重新修建，于定国的父亲建议要将里门修建的高大宽敞一些，可以容纳“驷马高盖车”通行，后以“驷马高门”谓门第显赫。

《后汉书·郑玄传》中记载：

“国相孔融深敬于玄，屣履造门。告高密县为玄特立一乡，曰：昔齐置‘士乡’，越有‘君子军’，皆异贤之意也。郑君好学，实怀明德。昔太史公、廷尉吴公、谒者仆射邓公，皆汉之名臣。又南山四皓有园公、夏黄公，潜光隐耀，世嘉其高，皆悉称公。然则公者仁德之正号，不必三事大夫也。今郑君乡宜曰‘郑公乡’。昔东海于公仅有一节，犹或戒乡人侈其门闾，矧乃郑公之德，而无驷牡之路！可广开门衢，令容高车，号为‘通德门’。”

说明在东汉时期丞相孔融，为了表彰郑玄的功绩，建议在郑玄的故乡“高密县”特设一乡，称为“郑公乡”，并模仿“于公”的事例，建议对其里门修建时一定要高大些，能够容纳四匹马拉的车自由出入，并给这个里门取名为“通德门”，通过这件事情我们也能看出，汉代城市在里中修建的“里门”是出于便于管理出入里中的所有人员，便于维护里中的治安与稳定，里门的修建一般都不是很高大，但是也有一些特殊的，修建的与其他里门相比要高大宽敞，但这只是个别现象。

在古代，“里门”有时候又被称作为“闬”，有时也被称为“闾”，因此里门又可以称为“里闬”抑或是“闾闬”。

《后汉书·马援传》中记载：

“王莽末，四方兵起，莽从弟卫将军林广招雄俊，乃辟援及同县原涉为掾，荐之于莽。莽以涉为镇戎大尹，援为新成大尹。……是时公孙述称帝于蜀，嚣使援往观之。援素与述同里闬，相善，以为既至当握手欢如平生，而述盛陈陛卫，以延援入，交拜礼毕，使出就馆，更为援制都布单衣、交让冠，会百官于宗庙中，立旧交之位。”

注云：“《说文》曰：‘闬，闾也。’”杜预注“《左传》：‘闬，闾门也。’”

《汉书·序传下》中记载：

“信惟饿隶，布实黥徒，越亦狗盗，芮尹江湖。云起龙襄，化为侯王，割有齐、楚，跨制淮、梁。绾自同闬，镇我北疆，德薄位尊，非胙惟殃。吴克忠信，胤嗣乃长。”

应劭注曰：“闬音扞。卢绾与高祖同里，楚名里门为闬。”

《管子·八观》也有关于“闾闬”的记载：

“大城不可以不完，郭周不可以外通，里域不可以横通，闾闬不可以毋阖，宫垣关闭不可以不修。故大城不完，则乱贼之人谋；郭周外通，则奸遁逾越者作；里域横通，则攘夺窃盗者不止；闾闬无阖，外内交通，则男女无别；宫垣不备，关闭不固，虽有良货，不能守也。”

《管子·八观》中对于加强城市中的社会治安的意识非常明确，认为城市周围的围墙、城门、里门的管理对于维护治安都起着非常重要的作用，并提醒统治者要在这些方面给予特别的关注。

汉代里中具体有几个门，是一个，还是两个，抑或更多，关于这一问题，我们认为“闾”作为里门，正常情况下是指里中最外层的那道门；在里中至少可能还有一道门，这道门通常被称作“里中门”，“里中门”这道门在史料中又被称之为“阎”，汉代班固在《西都赋》中曾写道：

“历十二之延祚，故穷泰而极侈。建金城而万雉，呀周池而成渊。披三条之广路，立十二之通门。内则街衢洞达，闾阎且千，九市开场，货别隧分。”

其中的“内则街衢洞达，闾阎且千”一句中就有“闾阎”二字，“闾阎”二字中的“阎”字的含义在《字林》解释为：“闾，里门也。阎，里中门也。”段玉裁注云：“阎，里中门……别于闾闬为里外门也。”

《汉书·循吏传》中记载：

“孝昭幼冲，霍光秉政，承奢侈师旅之后，海内虚耗，光因循守职，无所改作。至于始元、元凤之间，匈奴乡化，百姓益富，举贤良文学，问民所疾苦，于是罢酒榷而议盐铁矣。及至孝宣，由仄陋而登至尊，兴于闾阎，知民事之艰难。”

颜师古注曰："闾，里门也；阎，里中门也。"

《汉书·异姓诸侯王表》中记载：

"秦既称帝，患周之败，以为起于处士横议，诸侯力争，四夷交侵，以弱见夺。于是削去五等，堕城销刃，箝语烧书，内锄雄俊，外攘胡粤，用壹威权，为万世安。然十余年间，猛敌横发乎不虞，适戍强于五伯，闾阎逼于戎狄，响应瘖于谤议，奋臂威于甲兵。乡秦之禁，适所以资豪杰而速自毙也。"

颜师古注曰："闾，里门也。阎，里中门也。陈胜、吴广本起闾左之戍，故总言闾阎。"

在对相关史料分析之后，日本学者宫崎市定先生指出：汉代的里南北各有一门，称闾，里中有墙将全里隔为两部分，但中间有一门相通，此门称为阎。①

所以综上，我们可以得出在秦汉之际，在居民居住的"里"的周围有围墙，围墙上开有一门，即"闾"，这是里的外门；在外门之内的里内还设有多个门，即"阎"也就是所谓的"里中门"。

本来里周围的围墙将"里"与"里"之间构成了一个相对独立的居住空间，但是在每个"里"中又有一道或者几道墙将"里"划分为若干个小的独立空间，在这些道墙上则开有"里"中的门，以便于同一个"里"中不同区域的居民出入通行方便，之所以如此设置，可能是为了便于加强对里中居民的管理及治安等方面的考虑而设置的。

朱绍侯先生对此也认为："汉朝城市居民不得当街开门户，屋宇都在闾阎之中。闾里可容车马出入，门路开阔。每里都有自己的名称，如西汉长安有尚冠里、宣明里等。里之中又分为若干区，较大的宅舍自成一区，皇帝赏赐显贵'甲第一区'，一家独占一区之地。但贫民多住于一区。……按此推断，每里有闾门，内有40区；每区又有阎门（里中门）内住若干居民。"②

这种说法还是比较符合当时的具体情况。

在出土的居延汉简之中，就有许多某里某门的记载：③

居延西道里不更许宗，年卅五，长七尺二寸，自有舍，入里一门

37·23

---

① 张春树：《汉代边地上乡和里的结构——居延汉简集论之二》，载《秦汉中古史研究论集》（大陆杂志史学丛书），大陆杂志社印行1970年版，第3集第2册，第53页。

② 朱绍侯：《中国古代治安制度史》，河南大学出版社1994年版，第196页。

③ 谢桂华、李均明、朱国炤：《居延汉简释文合校》，文物出版社1987年版，第60、485、534页。

觻得安定里随方子惠所，舍在上中门第二里三门东入。

287 · 13

包，自有舍，入里五门东入，舍居延。

340 · 33

通过对三条简文的研究及上述相关文献的分析后，我们会发现，汉代在较大的“里”中往往会被划分为几个居住区，以供百姓分区居住是可信的，这些区往往被称为“第一里”“第二里”，同时在简文还有“入里一门”“第二里三门东”“入里五门东”，在这些“里门”的前面都冠以相关数字，以示区别，张春树先生对此认为：“可能在当时一个里中除了大门之外，内中各户之门又以号数相排，有点像现在的门牌制度。”①

汉代在维护城市治安时，非常注重对城市中里的治安环境的防控，不但在里周围设置围墙，而且明令禁止对其进行无故翻越，因此在维持里中社会治安秩序时，对“里门”的管理就显得格外重要了。

汉代对里中所设置的“门”进行着严格的管控，并安排相关人员对进出里门的任何人都要给予询查和监督。

张家山汉简《二年律令·户律》中记载：

田典更挟里门钥，以时开；三0五伏闭门，止行及作田者；其献酒及乘置乘传，以节使，救水火，追盗贼，皆得行，不从律，罚金二两。三0六

募民欲守县邑门者，令以时开闭门，及止畜产放出者，令民供食之，月二户。三0八

《二年律令·户律》中就明确地提出对里门各项严格管理的制度，“里门”每天要在固定的时间开启和关闭，对其出入里门的百姓及所有人员，均要给予严格地核查，禁止非法的外来人员进入里中，在最大限度上将不稳定因素降到最低。

但是在管理“里门”之时，会遇到一些特殊情况，那么就需要视其具体情况而定，给予特殊的处理，比如，遇到相关治安人员在“救水火，追盗贼”等紧急情况的时候，里门的管理者对这些人员的出入则是不可给予干预和禁止的，需要“皆得行”，如果禁止这些人员出入里门，后果将是“不从律，罚金二两”。而且

① 张春树：《汉代边地上乡和里的结构——居延汉简集论之二》，载《秦汉中古史研究论集》（大陆杂志史学丛书），大陆杂志社印行 1970 年版，第 3 集第 2 册，第 53 页。

看管和把守里门的“守县邑门者”饮食等费用需要“令民供食之”，就是让里中的居民自行给予解决，政府是不负责的，而且实行在百姓中轮流负责制，即“月二户”。

汉代城市治安中对里门的严格管控，不但可以对里中所有的居民进行随时管理和监视，同时又可以在最大程度上有效地防止里外的不法之徒流窜入里中作案，减少外界不良因素对里中治安所构成的威胁，也与此同时有利于当里中一旦发生治安事件时，可以将犯罪分子缩小在一“里”之内，这样更有利于对其进行抓捕，所以才会有《汉书·张敞传》的记载：

> “是时颍川太守黄霸以治行第一入守京兆尹。霸视事数月，不称，罢归颍川。于是制诏御史：‘其以胶东相敞守京兆尹。’自赵广汉诛后，比更守尹，如霸等数人，皆不称职。京师寖废，长安市偷盗尤多，百贾苦之。上以问敞，敞以为可禁。敞既视事，求问长安父老，偷盗酋长数人，居皆温厚，出从童骑，闾里以为长者。敞皆召见责问，因贳其罪，把其宿负，令致诸偷以自赎。偷长曰：‘今一旦召诣府，恐诸偷惊骇，愿一切受署。’敞皆以为吏，遣归休。置酒，小偷悉来贺，且饮醉，偷长以赭污其衣裾。吏坐里闾阅出者，污赭辄收缚之，一日捕得数百人。穷治所犯，或一人百余发，尽行法罚。由是枹鼓稀鸣，市无偷盗，天子嘉之。”颜师古注曰：“闾，谓里之门也。”

汉代政府为了加强城市社会中的治安治理，对居民所居住的“里”不但外围设置有围墙，内部也用围墙将里分割为几部分，并设置有“门”，而且“里门”有专门人员进行看守之外，汉代还在“里”外围的围墙以外挖有一道较深的壕沟，这样会对不法之徒翻越里围墙再添上一道屏障和困难。

《春秋繁露·求雨》中有：

> “季夏祷山陵以助之，令县邑十日壹徙市于邑南门之外，五日禁男子无得行入市，……于南方，皆南乡，其间相去五尺，丈夫五人，皆斋三日，服黄衣而舞之，老者五人，亦斋三日，衣黄衣而立之，亦通社中于闾外之沟，虾蟆，池方五尺，深一尺，他皆如前。”

这里的“亦通社中于闾外之沟”一句中的“沟”就是指的里围墙之外所挖掘的深沟，深沟之中应当有下雨的积水，类似于后代的“护城河”，这样在一定程度上对于翻越里围墙就造成一定困难与障碍，这对于维护里中的治安无疑具有

一定的作用。

从西汉中后期开始直至整个东汉王朝，汉政府为了加强对城市治安掌控的需要，在各里外围除了修建围墙、水沟之外，还建有高大结实的营壁、营垒等，甚至有的还设置门楼以便于观察和瞭望，特别是到了东汉中后期，“里”逐渐演变为对外极具防御力的居民区。

综上所述，我们可以看出，汉代为了加强对城市中社会治安秩序的防控，在里的周围构建有高于五尺以上的围墙，并设置有“里门”，同时还配有“里监门”，负责“里门”定时的启闭和核查出入的行人，一旦城市中发生了治安事件，居民所居住的“里”就会通过里门的监督检查功能，对犯罪分子进行积极地搜捕，在最短时间内将其捉拿归案，不至于使搜捕对象从里中逃脱，因此《淮南子》中才有“闭门闾，大搜客”的记载，这足以显示里门在维护治安中的独特作用。

十、上计制度

汉代政府为了加强对全国各地区的管理，对各项工作情况的开展能有个整体详细的把握，于是汉代政府要求全国各地每年通过“上计”制度的形式将各项工作向中央政府进行统计汇报，同时也是汉代政府对地方官员综合考评的一种手段，以便监督地方官员。

这种“上计”制度早在秦朝时期就已存在了，西汉王权建立后不久，就开始恢复了上计制度，据《汉书·张苍传》中记载：

> “张苍，阳武人也。好书律历。秦时为御史，主柱下方书。有罪，亡归。及沛公略地过阳武，苍以客从攻南阳。……燕王臧荼反，苍以代相从攻荼，有功，封北平侯，食邑千二百户。迁为计相，一月，更以列侯为主计四岁。是时，萧何为相国，而苍乃自秦时为柱下御史，明习天下图书计籍，又善用律历，故令苍以列侯居相府，领主郡国上计者。”

注引文颖曰：“以能计，故号计相”；颜师古注曰：“专主计簿，故号计相。”

这种“计相”其实就是汉代主管全国“上计”的最高职官，说明汉代建立之初就恢复了秦朝的上计制度了。

这种上计制度每年年终由地方官员派遣相关官员携带“计簿”向汉代中央政府进行统计汇报。

汉代“上计”所考察的内容是相当丰富的，涉及统治的各个层面，如户籍的增减情况、土地的开垦情况、财政收入情况、社会治安情况等诸多内容。

《续汉书·百官志》中记载："郡守之职，常以春行所在县，劝人农桑，振救乏绝……岁尽遣吏上计"。郡之下的县令、长，"皆掌之民……秋冬集课，上计属郡国。"刘昭注引胡广曰："秋冬岁尽，各计县户口、垦田、钱谷入出，'盗贼'多少，上其集（计）簿。"

郡守和县令、长的职责之一就是负责"上计"，汉代于每年大约八月份进行制造"计簿"后，于秋冬时候派遣相关人员至所属郡国进行汇报，郡国再向中央政府进行汇报，这样形成逐级汇报的模式。

《后汉书·百官志》中记载：

"凡州所监都为京都，置尹一人，二千石，丞一人，每郡置太守一人，二千石，丞一人。郡当边戍者，丞为长史。王国之相亦如之。每属国置都尉一人，比二千石，丞一人。"

本注曰：

"凡郡国皆掌治民，进贤劝功，决讼检奸。常以春行所主县，劝民农桑，振救乏绝。秋冬遣无害吏案讯诸囚，平其罪法，论课殿最。岁尽遣吏上计。并举孝廉，郡口二十万举一人。尉一人，典兵禁，备盗贼，景帝更名都尉。"

刘昭补注引卢植礼注曰：

"计断九月，因秦以十月为正也。"

汉代"上计"制度每年都要定期举行，时间大多在每年岁尽时举行，由相关的人员带着"计簿"向上级政府部门进行汇报，这种被称之为"常课"；而处于偏远地区的郡县，由于距离中原路途较为遥远，给"上计"带来了许多不便，于是汉代政府面对这种情况，作出了相应的规定，处于边郡地区的"上计"时间大约是三年举行一次，汉代将这种三年一考察的治状称为"大课"。

《汉书·严助传》中记载：

"严助，会稽吴人，严夫子子也，或言族家子也。郡举贤良，……上问所欲，对愿为会稽太守。于是拜为会稽太守。数年，不闻问。赐书曰：'制诏会稽太守：君厌承明之庐，劳侍从之事，怀故土，出为郡吏。会稽东接于

海，南近诸越，北枕大江。间者，阔焉久不闻问，具以《春秋》对，毋以苏秦从横。’助恐，上书谢称：‘《春秋》襄王出居于郑，不能事母，故绝之。臣事君，犹子事父母也，臣助当伏诛。陛下不忍加诛，愿奉三年计最。’”

补注引沈钦朴曰：

“西门豹为邺令，期年上计。汉法亦以岁尽上计、预岁首大会，而遣归。此‘三年计最’，盖远郡如此。”

因此汉代对于一年一上计的通常称之为“常课”，而边远地区的“上计”其频率是三年一次，这种“上计”制度又被称作“大课”，“常课”与“大课”依据所在地区距离汉代京师远近而具体制定的，可见其具有一定的人性化管理。

汉代郡国在进行上计之时，通常的情况之下是由郡守、郡丞或长史来进行具体负责，《汉旧仪》中明确记载：“郡国守丞、长史上计事竟，遣君侯出坐庭上，亲问百姓所疾苦。”其中的“守丞”其实就是汉代的“郡丞”或“太守丞”，是为太守的属下。而“长史”则是国相的属官，其相当于郡的“守丞”。《续汉书·百官志》中记载：“皇子封王，其郡为国，每置傅一人，相一人，皆二千石。”本注曰：“相如太守，有长史，如郡丞。”

《汉书·黄霸传》中记载：“（张）敞奏霸曰：‘窃见丞相请与中二千石博士杂问郡国上计长吏、守承为民兴利除害，成大化，条其对。”这里谈到的“长吏”就是“长史”。

这就充分说明了郡国在组织“上计”之时，郡中通常情况之下是要派“守丞”到汉代中央进行“上计”，而“诸侯国”则是要差“长史”到汉代中央政府进行“上计”汇报，除此情况以外，汉代郡、国负责主管“上计”的还有“上计掾吏”等相关人员，郡国在向中央“上计”之时，“上计掾吏”往往需要伴随着“长史”“守丞”等一同前往汉代中央政府所在地的“京师”进行汇报一年之中所有各项工作的进展和取得的结果等具体情况。

《汉书·朱买臣传》中记载了朱买臣曾经在拜谒会稽郡的太守时的情景：

“朱买臣，字翁子，吴人也。家贫，好读书，不治产业，常艾薪樵，卖以给食，担束薪，行且诵书。……初，买臣免，待诏，常从会稽守邸者寄居饭食。拜为太守，买臣衣故衣，怀其印绶，步归郡邸，直上计时会稽吏方相与群饮，不视买臣。买臣入室中，守邸与共食，食且饱，少见其绶，守邸怪之，前引其绶，视其印，会稽太守章也。”

后在会稽郡的客邸发现了朱买臣的印绶："守邸惊，出语上计掾吏，皆醉，大呼曰：'妄诞耳'守邸曰：'试来视之'。其故人素轻买臣者入内视之，还走，疾呼曰：'实然'。坐中惊骇，白守丞，相推排陈列中庭拜谒。"

在这段史料中就明确地提到了"上计掾吏"，在当"上计掾吏"发现了朱买臣被任命为会稽太守的凭证即"印绶"以后，迅速地将这种情况在第一时间禀报给了"守丞"，其原因是"上计掾吏"是"守丞"的属员，因此在发现了朱买臣的真实身份以后，要将这一情况报告给自己的直接长官，其中的"上计掾吏"就是负责"上计"的主要官员之一。

至东汉时期，具体负责"上计"事务的官吏主要有"上计掾"和"上计吏"，而且往往将两者合称为"上计掾吏"。

《后汉书·度尚传》中记载：

"度尚字博平，山阳湖陆人也。家贫，不修学行，不为乡里所推举。积困穷，乃为宦者同郡侯览视田，得为郡上计吏，拜郎中，除上虞长。为政严峻，明于发擿奸非，吏人谓之神明。"

《后汉书·范式传》中记载：

"长沙上计掾史到京师，上书表式行状，三府并辟，不应。举州茂才，四迁荆州刺史。"

《续汉书·礼仪志》中记载：

"郡国上计吏以次前，当神轩占其郡国谷价，民所疾苦，欲神知其动静。孝子事亲尽礼，敬爱之心也。"

文献中提到的"上计吏"和"上计掾史"所指其职官是相同的，均是具体负责"上计"事务的，只是称呼不同而已。

通过以上研究，我们会发现，西汉时期负责郡国"上计"事务的主要长官是"守丞"和"长史"，而"上计吏"和"上计掾史"只是作为"守丞"与"长史"下属的具体事务的处理人员，每年在"上计"之时，他们需要跟随"守丞"和"长史"到汉代的中央政府所在地京师协助"上计"，至东汉时期，"上计掾史"开始逐渐成为郡国负责"上计"的专职人员。

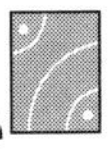

秦汉之际“上计”的内容虽然涉及的事务较多，范围相对来说比较广泛，但是为了加强对社会治安秩序的维护，“上计”之中有个非常重要的内容就是各地在其具体的管辖范围之内的治安情况如何，如《后汉书·百官志》中记载到各郡、国对各县、道的考核时：“秋冬遣无害吏案讯诸囚，平其罪法，论课殿最。岁尽，遣吏上计。”同书中的“县邑道侯”条刘昭注引胡广曰：“秋冬岁尽，各计县户口、垦田、钱谷入出、盗贼多少，上其集簿。丞尉以下，岁诣郡，课校其功。功多尤为最者，于庭慰劳勉之，以劝其后。负多尤为殿者，于后曹别责，以纠怠慢也。”

这是汉代郡、国依据“上计”具体情况对所属的县、道官吏考核的具体程序和办法，而汉政府对各郡、国的考核具体办法，也大体相似。而且汉代在“上计”之时，不但涉及各自辖区的户口、垦田、赋税等具体情况，关于社会治安稳定的“盗贼”情况也是考核的重要内容之一，看出汉代对治安的重视程度。

在“上计”的计簿之中，对各地的犯罪及断狱情况也要统计上报，《汉书·宣帝纪》中记载地节四年（公元前66年）九月，在诏书中就曾明确规定了：

> “令甲，死者不可生，刑者不可息，此先帝之所重，而吏未称。今系者或以掠辜若饥寒瘐死狱中，何用心逆人道也！朕甚痛之。其令郡国岁上系囚，以掠笞若瘐死者所坐名、县、爵、里，丞相、御史课殿最以闻。”

这是对在审讯罪犯时，由于审讯人员的过失原因而导致人犯死亡的情况下，那么相关的审讯官员在考核时要给予相应的行政处罚，而且这是以诏书的形式发布的，足以看出汉代政府对待社会治安的重视程度。

为了能够对汉代各地区社会治安的情况进行准确的了解，在“上计”时要上报具体的治安情况的时候，要将贵族和平民各自的违法犯罪情况进行分别的统计，《后汉书·百官志》中记载：

> “郡国岁因计上宗室名籍。若有犯法当髡以上，先上诸宗正，宗正以闻，乃报决。”

为了加强对社会治安的管理，汉代政府会在全国各地“上计”汇报考课完成以后，汉代政府则开始需要对全国各地区的违法犯罪的治安事件进行整体的汇总与统计，如《汉书·魏相传》中记载了魏相在汉宣帝时期担任丞相一职时，曾经给宣帝上书：

> “‘今边郡困乏，父子共犬羊之裘，食草莱之实，常恐不能自存，难以

动兵。军旅之后，必有凶年，言民以其愁苦之气，伤阴阳之和也。出兵虽胜，犹有后忧，恐灾害之变因此以生。今郡国守、相多不实选，风俗尤薄，水旱不时。案今年计，子弟杀父兄、妻杀夫者，凡二百二十二人，臣愚以为此非小变也。今左右不忧此，乃欲发兵报纤介之忿于远夷，殆孔子所谓吾恐季孙之忧不在颛臾而在萧墙之内也。愿陛下与平昌侯、乐昌侯、平恩侯及有识者详议乃可’上从相言而止。”

魏相在给宣帝的上书中就明确精准地提到了这一年之中发生的“子弟杀父兄、妻杀夫者”等影响社会治安的事件，一共统计数据为“凡二百二十二人”，这种准确的数字绝不是空穴来风，而是来源于全国各地在“上计”后，汉代中央政府据此所进行的相关数据汇总统计，这样汉代政府能够从整体上对全国社会治安形势进行整体的控制和把握。

汉代政府为了能够对各地区的具体情况有清晰的了解，一般在“上计”的过程中，不仅仅是光看“计簿”上的记载，而且中央政府负责“上计”的主管的官员还要对各地区前来汇报“上计”的官吏进行详细询问，如针对社会治安情况时，通常会询问到“问百姓所疾苦”“问今岁善恶孰与往年?”“问今年盗贼孰与往年?”“得无有群辈大贼?”① 等详细的情况，在经过详细地询问过后，要求地方负责“上计”的相关官员，对所提出的问题给予详细的回应与解答，即“对上”。

汉代政府则会依据各地相关“上计”官员的汇报及其“对上”的综合结果，对全国各地区的总体政绩情况进行一个总体的评价，考课结果评定为优者是为“最”，考课结果评定为劣者是为“殿”。

通过综合考核之后并课其“殿最”，汉代政府会依据“殿”“最”的最终政绩而定其赏罚。这种考课结果的“最”与“殿”也将会成为相关官员升迁、赏罚、罢黜的重要参考标准依据，汉代因此有许多人在考课中不但获得了“最”的成绩，而且因此也受到了当时汉代政府的奖赏或是升迁，如西汉时期，丙吉在为丞相时：“丙吉，字少卿，鲁国人……民斗相杀伤，长安令、京兆尹职所当禁备逐捕，岁竟丞相课其殿最，奏行赏罚而已。”② 又《续汉书·百官志》中记载：“司徒公一人。”本注曰：“凡四方民事功课，岁尽，则奏其殿最，而行赏罚。”

《汉书·韩延寿传》记载韩延寿为东郡太守时：

“延寿字长公，燕人也。霍光擢延寿为谏大夫，徙颍川。……数年，

① 范晔：《后汉书·百官志》，中华书局1965年版，第3562页，注引《汉旧仪》。
② 班固：《汉书·丙吉传》，中华书局1962年版，第3147页。

徙为东郡太守，……在东郡三岁，令行禁止，断狱大减，为天下最，入守左冯翊。”

《汉书·尹翁归传》记载了尹翁归：

“尹翁归字子兄，河东平阳人也，徙杜陵。翁归少孤，与季父居。为狱小吏，晓习文法。喜击剑，人莫能当。……高第入守右扶风，满岁为真。选用廉平疾奸吏以为右职，接待以礼，好恶与同之；其负翁归，罚亦必行。治如在东海故迹，奸邪罪名亦县县有名籍。盗贼发其比伍中，翁归辄召其县长吏，晓告以奸黠主名，教使用类推迹盗贼所过抵，类常如翁归言，无有遗脱。缓于小弱，急于豪强。豪强有论罪，输掌畜官，责以员程，不得取代。不中程，辄笞督，极者至自刭而死。京师畏其威严，扶风大治，盗贼课常为三辅最。”

《汉书·黄霸传》中记载：

“黄霸字次公，淮阳阳夏人也。霸为人明察内敏，又习文法，然温良有让，足知，善御众。……霸为颍川太守。……奸人去入它郡，盗贼日少。霸力行教化而后诛罚，务在成就全安长吏。……霸以外课内明，得吏民心，户口岁增，治天下第一，征京兆尹，秩二千石”。

《汉书·召信臣传》记载了西汉元帝时期，召信臣在担任南阳郡太守时的情况：

“召信臣字翁卿，九江寿春人。……超为零陵太守，病归。复征谏议大夫，迁南阳太守，其治如上蔡。信臣为人勤力有方略，好为民兴利，务在富之。躬劝耕农，出入阡陌，止舍离乡亭，稀有安居时。行视郡中水泉，开通沟渎，起水门提阏，凡数十处，以广溉灌，岁岁增加，多至三万顷。民得其利，蓄积有余。信臣为民作均水约束，刻石立于田畔，以防纷争。禁止嫁娶送终奢靡，务出于俭约。府县吏家子弟好游敖，不以田作为事，辄斥罢之，甚者案其不法，以视好恶。其化大行，郡中莫不耕稼力田，百姓归之，户口增倍，盗贼狱讼衰止。吏民亲爱信臣，号之曰召父。荆州刺史奏信臣为百姓兴利，郡以殷富，赐黄金四十斤。迁河南太守，治行常为第一，复数增秩赐金。”

韩延寿在担任东郡太守时，经过三年的努力治理，使得东郡出现了“断狱大减，为天下最”的情景，韩延寿也最终因为其治理的卓越政绩而被提拔任命为“左冯翊”；尹翁归在担任右扶风一职之后，经过辛苦的治理，出现了“京师畏其威严，扶风大治”的景象，当其在进行“上计”时，对其的评价是“盗贼课常为三辅最。”黄霸在担任颍川太守后，也出现了“得吏民心，户口岁增”的理想景象，并且在“上计”中获得了汉政府的“治天下第一”政绩的肯定，并且因为其出色的政绩而被“征京兆尹，秩二千石”。召信臣为南阳郡太守时，也同样经过自己的不断努力，使得南阳郡出现了“百姓归之，户口增倍，盗贼狱讼衰止”的情景，百姓取其号为“召父”，汉代政府为了表彰其突出的政绩，“赐黄金四十斤，迁河南太守”。在之后的“上计”之中也常常是“治行常为第一。”汉代政府也“复数增秩赐金”以示鼓励，汉代因为在考课中取得较好政绩而受到奖励和升迁的还有卜式①、儿宽②等人。

到了东汉时期，对于在“上计”时，能够取得“课殿最”的奖励也是依然存在的：“祭肜除偃师长，视事五年，县无盗贼，州课第一，迁襄贲令。时贼钞掠，肜到官，诛鉏奸猾，县界清静，诏书增秩一等，赐缣百疋，册书勉励。”③

祭肜在担任偃师县长时，由于其“州课第一”，因而不但被“迁襄贲令”，而且东汉政府还给予“诏书增秩一等，赐缣百疋，册书勉励”等赏爵和物质上的奖励。

与此情况相反，如果在“上计”中出现所管辖区域的户籍减少，汇报各项数据虚报不实，“上计”时以作弊手段进行欺骗时，汉代政府对待这种贪官污吏逃避考核和虚报政绩情况则要给予相应的严厉处罚，如《汉书·百官公卿表》中记载汉武帝时期，众利侯郝贤为上谷太守：

> “以上谷太守四从大将军击匈奴，首虏千级以上，侯，千一百户。五月壬辰封，二年，元狩二年，坐为上谷太守入戍卒财物，上计谩，免。”颜师古注曰：“上财物之计簿而欺谩不实。”

虽然汉代政府对待这种欺瞒的行为给予了严厉打击，但是这种情况经常是屡禁不止，徐干在其《中论》中就曾对这种情况有过记载，早在西汉武帝时期，各

① 《汉书·卜式传》中记载：“拜（卜）式缑氏令，缑氏便之；迁成皋令，将漕最。上以式朴忠，拜为齐王太傅，转为相。”

② 《汉书·儿宽传》中记载：“后有军发，左内史以负租课殿，当免。民闻当免，皆恐失之，大家牛车，小家担负，输租繦属不绝，课更以最。”

③ 李昉等：《太平御览》，中华书局，据上海涵芬楼影印宋本重印1960年版，卷267《职官部》65《良令长上》引《续汉书》，第1250页。

地在“上计”之时，就现了“流民愈多”而“计文不改”的“上计”欺骗不实的行为。

在“上计”中的欺骗行为最为典型的案例就属于汉宣帝时的王成了，《汉书·王成传》中记载：

> “王成，不知何郡人也。为胶东相，治甚有声。宣帝最先褒之，地节三年下诏曰：‘盖闻有功不赏，有罪不诛，虽唐、虞不能以化天下。今胶东相成，劳来不怠，流民自占八万余口，治有异等之效。其赐成爵关内侯，秩中二千石。’未及征用，会病卒官。后诏使丞相、御史问郡国上计长吏守丞以政令得失，或对言前胶东相成伪自增加，以蒙显赏，是后俗吏多为虚名云。”

在这之后，“上计”不实之风开始逐渐抬头，各郡、国的守、相，通常选任熟悉于上计计簿和善于作假之人担任“上计吏”，负责“上计”具体事务，对此种情况在《汉书·贡禹传》中则有明确的记载：

> “天下奢侈，官乱民贫，盗贼并起，亡命者众。郡国恐伏其诛，则择便巧史书，习于计簿，能欺上府者，以为右职。”

由于“上计”考核结果与地方官员的奖惩密切相关，所以在“上计”时欺谩上级，上下相匿情况越来越严重，于是这就导致了在西汉末年时“上计”制度开始逐渐遭到破坏，所谓的“计簿”往往已有名无实了，因此《汉书·宣帝纪》中记载了汉宣帝对此的无奈：

> “方今天下无事，摇役省减，兵革不动，而民多贫，盗贼不止，其咎安在？上计簿具文而已，务为欺谩，以避其课。三公不以为意，朕将何任！”

十一、设立街鼓和牖篇

汉代为了能够有效维护城市各个街区的治安环境与秩序的稳定，为了在治安事件发生之后，第一时间对犯罪分子的犯罪行为进行有效制止，也更是提醒相关治安人员和百姓对其进行有效抓捕，汉代政府在街道的边上曾设立“街鼓”，也就是“枹鼓”。

“枹”是击鼓用的木棒，这种鼓是报警之鼓，一旦在城市的闾里之中发生影响治安的犯罪事件时，在案发现场的目击者可以在最短的时间之内锤击“枹鼓”，起到了报警作用，因此“鼓大约是当时的报警工具，汉代城市内的官寺前皆有鼓，市中可能也有鼓，击鼓可以报警。”① 当鼓声响起，百姓在听见报警鼓响之后会依据具体实际情况出动，积极地将盗贼抓捕归案，因此我们能够看出，汉代的城市居民具有比较高的自我保护意识和互相救护的意识，这对于降低城市犯罪率，维护治安环境起到了较大的作用。

如《汉书·张敞传》中记载了张敞在治理长安时：

“京师寖废，长安市偷盗尤多，百贾苦之。上以问敞，敞以为可禁。……穷治所犯，或一人百余发，尽行法罚。由是桴鼓稀鸣，市无偷盗，天子嘉之。”

其中的“桴鼓稀鸣”就指的是这种报警作用的“枹鼓”，也从侧面说明了在张敞治理下的长安取得了良好的治安环境，但是等到张敞离任之后，却出现了“京师吏民解驰，枹鼓数起，而翼州部中有大贼，天子思敞功效，使使者即家在所召敞”的情景，在张敞出任和离任京兆尹时，长安治安前后对比变化之大，可见京师长安之难治程度和张敞个人能力之强。

《汉书·尹赏传》中则记载：

“永治、元延间，上怠于政，贵戚骄恣，红阳长仲兄弟交通轻侠，臧匿亡命。而北地大豪浩商等报怨，杀义渠长妻子六人，往来长安中。丞相御史遣掾求逐党与，诏书召捕，久之乃得。长安中奸滑浸多，闾里少年群辈杀吏，受赇报仇，相与探丸为弹，得赤丸者斫武吏，得黑丸者斫文吏，白者主治丧；城中薄暮尘起，剽劫行者，死伤横道，枹鼓不绝。”

在汉代的京师长安中聚集着一些不法分子，即所谓的“闾里少年”这些年轻人有时候又被称之为“恶少年”，当夜幕降临之时，这些“恶少年”就经常会做出杀人抢劫之事来，威胁着长安城的社会治安秩序，而且在其所杀之人中，却是当朝的一些文武官吏，至于其他普通百姓就更是可想而知了，由于有这些人员的存在，对当时的京师治安构成了极大的威胁，“枹鼓不绝”就是一个最好的明证，也说明了汉代城市中确实设有“枹鼓”，而且设置的数量应当是较多的，也说明汉代长安治理的难度之大，当夜晚到来之时，京师长安城中就会出现各处所设的“枹鼓”的警报声频传的景象。

① 张继海：《汉代城市社会》，社会科学文献出版社 2006 年版，第 308 页。

西汉在城市中设置的这种治安预警作用的“枹鼓”在王莽及东汉时期也是存在着的。在王莽执政时期，“盗贼”蜂起，可王莽还自欺欺人地认为：“惟设此壹切之法以来，常安六乡巨邑之都，桴鼓稀鸣，盗贼衰少，百姓安土，岁以有年，此乃立权之力也。”①《后汉书·董宣传》中记载：“（董宣）后特征为洛阳令……由是搏击豪强，莫不震栗。京师号为‘卧虎’。歌之曰：‘枹鼓不鸣董少平。’”

《后汉书·梁冀传》中也记载：

> “初，掖庭人邓香妻宣生女猛，香卒，宣更适梁纪。梁纪者，冀妻寿之舅也。寿引进猛入掖庭，见幸，为贵人，冀因欲认猛为其女以自固，乃易猛姓为梁。时猛姊婿邴尊为议郎，冀恐尊沮败宣意，乃结刺客于偃城，刺杀尊，而又欲杀宣。宣家在延熹里，与中常侍袁赦相比，冀使刺客登赦屋，欲入宣家。赦觉之，鸣鼓会众以告宣。宣驰入以白帝，帝大怒，遂与中常侍单超、具瑗、唐衡、左悺、徐璜等五人成谋诛冀。”

袁赦在发现有刺客之后，马上采取的行动是“鸣鼓会众以告宣”，说明“枹鼓”不但在案发后可以发出警报，而且在案发之前或案件发生进行之时，锤击“枹鼓”不仅可以起到预警的作用，而且还可以对犯罪分子的心理产生震慑作用，可以有效地降低治安事件所造成的严重危害性，袁赦的行为就具有这一特点和作用。

汉代政府为了加强对城市治安的维护，在街边特别设立了街鼓，便于治安事件发生后报警之用，也便于在案发前及案发过程中对犯罪分子的震慑作用，这种鼓在汉代的亭中也有所设置，东汉应劭《风俗通义》中有“亭长击鼓会诸庐吏”的记载，可见这种鼓在汉代基层社会维持社会治安的亭中也是存在着的。

这样“枹鼓”就起到了治安事件之前的预防和案发后的警报通知作用，可以在案发后的最短时间内，对罪犯进行迅速地抓捕，防止其逃脱，也将治安事件的危害降到最低。

汉代政府为了全方位地治理城市治安，不但推行什伍连坐制度，还设立举报告密文书的器具，即“缿筩”，“这是一种口颈相对较小的瓦器，由官员悬挂于通衢路口，接受居民检举告密。”②

① 班固：《汉书·王莽传》，中华书局1962年版，第4163页。
② 朱绍侯：《中国古代治安制度史》，河南大学出版社1994年版，第197页。

《汉书·赵广汉传》中记载：

“赵广汉字子都，涿郡蠡吾人也，故属河间。少为郡吏、州从事，……迁颍川太守。郡大姓原、褚宗族横恣，宾客犯为盗贼，前二千石莫能禽制。广汉既至数月，诛原、褚首恶，郡中震栗。……先是，颍川豪杰大姓相与为婚姻，吏俗朋党。广汉患之，厉使其中可用者受记，出有案问，既得罪名，行法罚之，广汉故漏泄其语，令相怨咎。又教吏为缿筩，及得投书，削其主名，而托以为豪桀大姓子弟所言。其后强宗大族家家结为仇雠，奸党散落，风俗大改。吏民相告讦，广汉得以为耳目，盗贼以故不发，发又辄得。一切治理，威名流闻，及匈奴降者言匈奴中皆闻广汉。……郡中盗贼，闾里轻侠，其根株窟穴所在，及吏受取请求铢两之奸，皆知之。”

颜师古注曰：“缿，若今之盛钱臧瓶，为小孔，可入而不可出。或缿或筩，皆为此制，而用受书，令投于其中也。”

赵广汉在出任为颍川太守之后，由于颍川地区的豪强势力比较强大，对当时颍川地区的社会治安与稳定构成非常大的威胁，为了能够巧妙地治理其势力，于是派人设立了“缿筩”，接受检举告密，然后利用告密信，使豪强大宗之间相互猜忌怨恨，最终使得颍川地区出现了“奸党散落，风俗大改。吏民相告讦，广汉得以为耳目，盗贼以故不发，发又辄得。……郡中盗贼，闾里轻侠，其根株窟穴所在，及吏受取请求铢两之奸，皆知之”的局面。

《汉书·酷吏传》中记载：

“王温舒，阳陵人也。少时椎埋为奸。已而试县亭长，数废。数为吏，以治狱至廷尉史。事张汤，迁为御史，督盗贼，杀伤甚多。……上闻之，以为能，迁为中尉。……吏苛察淫恶少年，投缿购告言奸，置伯落长以收司奸。”

文献中的“投缿购告言奸”的“缿”其实指的就是“缿筩”，说明王温舒也曾经设立过举报用的“缿筩”。

汉代政府为了维护城市社会治安，想尽一切办法，在道路上设立“缿筩”，鼓励百姓进行检举揭发和告密，用举报来维护社会治安秩序，这种方式和方法在汉代维护城市治安过程中起到过一定作用，而且该方法也被后代所继承，如唐朝著名的诗人刘禹锡在《答饶州元使君书》中就提到过：“缿筩之机或行，则奸不敢欺，此政之助也。”

十二、缉捕制度

汉代政府在维护城市治安中，有一个非常重要的环节就是在治安事件发生之后，对犯罪分子进行缉捕和捉拿，使犯罪分子归案伏法，维护汉朝的法律尊严。

汉代政府为了能够成功地将犯罪者缉捕归案伏法，汉代制定了一些相关法律法规，如前文曾提到过的“舍匿法”，对于胆敢收留藏匿罪犯的相关人员要给予严厉的处罚，如《汉书·季布传》中记载：

“季布者，楚人也。为气任侠，有名于楚。项籍使将兵，数窘汉王。及项羽灭，高祖购求布千金，敢有舍匿，罪及三族。”

这种“舍匿法”的制定给在逃犯罪分子造成诸多不便，使其没有藏匿之所，同时汉代还制定了“通行饮食”之罪法，使得罪犯在逃亡之中没有食品等物资的补给，使其没有足够的体力支撑其逃跑；犯罪分子在逃亡中由于没有出入关梁的“符传”，所以很难通过关口，因此这些相关法律法规的制定对于逃犯长时间的逃跑都是不利的，相反，这些规章制定的制定会为相关缉捕人员在抓捕罪犯时提供一定的便利条件。

汉代在追捕罪犯时，通常采用的主要方法是“逐迹”法，也就是追寻犯罪分子逃亡的踪迹，相关的办案人员则会依据某一线索，进行逐级排查所有相关的线索，《汉书·季布传》中对此就有明确的记载：

“季布者，楚人也。为气任侠，有名于楚。项籍使将兵，数窘汉王。及项羽灭，高祖购求布千金，敢有舍匿，罪及三族。布匿濮阳周氏，周氏曰：‘汉求将军急，迹且至臣家，将军能听臣，臣敢进计；即不能，愿先自刭’。”

其中明确提到了“迹且至臣家”，就是相关人员运用的“逐迹”办法对季布进行的追查，而且该方法也是十分有效的。

《汉书·游侠传》中记载：

“郭解，河内轵人也，温善相人许负外孙也。……解入关，关中贤豪知与不知，闻声争交欢。邑人又杀杨季主，季主家上书人又杀阙下。上闻，乃下吏捕解。解亡，置其母家室夏阳，身至临晋。临晋籍少翁素不知解，因出关。籍少翁已出解，解传太原，所过辄告主人处。吏逐迹至籍少翁，少翁自杀，口绝。久之得解，穷治所犯为，而解所杀，皆在赦前。”

郭解是汉武帝时期非常有名的“游侠”，当汉代政府对其进行缉捕之时“吏逐迹至籍少翁”，说明缉捕人员在抓捕郭解时也使用了“逐迹”办法，如果将籍少翁这一线索继续排查下去，一定会得知郭解的藏匿所在地点，面对这种情况于是才出现了“（籍）少翁自杀，口绝”的行为，籍少翁最后选择自杀灭口的办法，使得缉捕人员无法获得任何有效信息，也就无法继续使用“逐迹”办法追捕下去，追查的线索因此而出现了中断，但是这并没有因此导致郭解逍遥法外，因为文献中明确记载了“久之得解”，虽然抓捕的时间较长一些，但是最后依然将其抓捕归案。

《汉书·武五子传》中记载：

“太子据，卫皇后生。元狩元年立为皇太子，年七岁矣。初，上年二十九乃得太子，甚喜，……长安中扰乱，言太子反，以故众不附。太子兵败，亡，不得。太子之亡也，东至湖，臧匿泉鸠里。主人家贫，常卖屦以给太子。太子有故人在湖，闻其富赡，使人呼之而发觉。吏围捕太子，太子自度不得脱，即入室距户自经。”

汉武帝时期戾太子发动政变而最终失败，于是太子逃跑并藏匿于湖县泉鸠里，结果出现了“太子有故人在湖，闻其富赡，使人呼之而发觉。”这也是使用了“逐迹”搜查的办法。

汉代在缉捕罪犯时，往往还要发布相关缉捕文书，也就是“通缉文书”等相关的抓捕公告，汉代的这种抓捕公告主要依据户籍登记内容来的，在汉简中将其称为“逮书”。

敦煌悬泉汉简载：

狱所遝（逮）一牒：河平四年四月癸未朔甲辰，效穀长增谓县（悬）泉啬夫、吏，书到，捕此牒人，毋令泄漏，先阅知，得遣吏送……（A）/掾赏、狱史庆。(B)

I 0210①：54

居延汉简中对此也有相关的记载：

遝戍卒觻得安成里王福，字子文。敢以　遝书捕得福，盗械。

58·17，193·19

诏所名捕：平陵长藿里男子杜光，字长孙。故南阳杜衍，多□，黑色，肥，大头，少发，年可卌七、八，□□□□五寸，□□□杨伯。初亡时，驾騩牡马乘蓝轝车，黄车茵，张白车蓬，骑騩牡马。因坐役使流亡□户百廿三，擅置田监史，不法不道，丞相御史□执金吾，家属所，二千石奉捕。

183·13

在上面汉简中的“牒”和“逯（逮）书”，就是在抓捕罪犯过程由政府下发的缉捕文书，同时为了能够便于相关治安人员及百姓的周知，汉代常常将这种缉捕文书张贴于“亭”中。

“亭”的设置很早就已经存在，在战国时期主要设置在边境之上，起到监视敌情的作用，后来随着历史的发展，亭逐渐演变成为负责维护社会治安的地方警察机构。①

而到了汉代时期，“亭”在边地与内地均有设置，《汉书·百官公卿表上》：“大率十里一亭，亭有长。十亭一乡。”学术界对于文献中的“里”有着不同的解释，其中王毓铨先生认为：“十里一亭”之“里”是道里之“里”，是距离单位，不是地方行政单位乡里的“里”，也就是说每隔十里要设一亭。② 对此持有相同观点的学者还有张春树先生③、曲守约先生④以及日本学者曾我部静雄先生⑤，等等。

在史籍中曾经提到过许多人曾经担任过“亭长”一职：

《汉书·高帝纪上》：“高祖以亭长为县送徒骊山。”

《汉书·王温舒传》：“王温舒，阳陵人也。少时椎埋为奸。已而试县亭长。”

《汉书·朱博传》：“朱博字子元，杜陵人也。家贫，少时给事县为亭长。”

《后汉书·仇览传》：“县召补吏，选为蒲亭长。”

《后汉书·王忳传》：“后归数年，县署忳大度亭长。”

---

① 高恒：《秦汉地方警察机构——亭》，群众出版社1985年版，第98页。

② 王毓铨：《汉代“亭”与“乡”“里”不同性质不同系统说》，载《历史研究》1954年第2期，第134页。

③ 张春树：《汉代边地上乡和里的结构——居延汉简集论之二》，载《秦汉中古史研究论集》（大陆杂志史学丛书），大陆杂志社印行1970年版，第3辑第2册，第51页。

④ 曲守约：《汉代之亭》，载《秦汉史及中古史前期研究论集》（大陆杂志史学丛书），大陆杂志社印行1970年版，第1辑第4册，第50页。

⑤ ［日］曾我部静雄：《汉代的邮亭配置之研究》，载《秦汉史及中古史前期研究论集》（大陆杂志史学丛书），大陆杂志社印行1970年版，第1辑第4册，第55页。

《后汉书·吴汉传》："吴汉字子颜，南阳宛人也。家贫，给事县为亭长。"

《三国志·魏书·武帝纪》："太祖乃变姓名，间行东归。出关，过中牟，为亭长所疑，执诣县。"

学者们依据上述相关史料及相关文献的进行认真分析后，对"亭"的统属关系进行了厘清，朱绍侯先生认为："亭是都尉、县尉的派出机构，他并不统属于乡。"① 吴荣曾先生对此也认为："汉代的亭并不隶属于乡，其性质是禁盗贼，和掌管民政的乡里不同，和乡里是平行关系，亭、乡属于两个系统。"②

汉代的亭多是在县以下的交通要道上进行设置的，是维持汉代社会治安的重要机构，日本学者增我部静雄对此认为："亭就是如警察署似的一种维持治安的机关。"③ 我国学者刘海年先生对此就认为："亭的设置和某些职能类似现代的公安派出所。"④

因为汉代的亭多是设置在一些交通道路之上，所以过往的行人则会较多，于是一些欲让百姓知晓的诏书和政府公告，通常要张贴于亭中比较显眼的地方，所以《后汉书·王景传》中记载了东汉时期王景在出任庐江太守的时候，其所颁布的一些政令通常会张贴在亭中："遂铭石刻誓，令民知常禁。又训令蚕织，为作法制，皆著于乡亭。"

也正是由于亭所设置的地理位置独特所在，因此汉代在缉捕罪犯过程中，往往多将缉捕的文书张贴在亭中，不但给相关治安人员提供相关信息，也可以让过往的行人知晓犯罪分子的具体情况，有时候为了能够更加形象生动地知晓犯罪分子的体貌特征，还需要配上犯罪分子相关的个人画像，如《后汉书·齐武王传》中记载：

"齐武王演字伯升，光武之长兄也。性刚毅，慷慨有大节。自王莽篡汉，常愤愤，怀复社稷之虑，不事家人居业，倾身破产，交结天下雄俊。……伯升乃陈兵誓众，焚积聚，破釜甑，鼓行而前，与尤、茂遇育阳下，战，大破之，斩首三千余级。尤、茂弃军走，伯升遂进围宛，自号柱天大将军。王莽素闻其名，大震惧，购伯升邑五万户，黄金十万斤，位上公。使长安中官署及天下乡亭皆画伯升像于塾，旦起射之。"

---

① 朱绍侯：《汉代乡、亭制度浅论》，载《河南师大学报》1982 年第 1 期，第 15 ~ 16 页。

② 吴荣曾：《汉代的亭与邮》，载《内蒙古师范大学学报》2002 年第 4 期，第 57 页。

③ ［日］增我部静雄：《汉代的邮亭配置之研究》，载《秦汉史及中古史前期研究论集》（大陆杂志史学丛书），大陆杂志社印行 1970 年版，第 1 辑第 4 册，第 56 页。

④ 刘海年：《秦的治安机构及有关治安的法律规定》，群众出版社 1985 年版，第 64 页。

在王莽末年为了能够缉捕刘伯升，王莽曾下达命令“使长安中官署及天下乡亭皆画伯升像于塾”，画出了刘伯升的个人画像并且还将其张贴在长安城中各个办公场所及“乡亭”之中，主要的目的是为了便于人们知晓，有利于百姓按照画像进行对照，一旦发现好立即揭发举报，也让相关治安人员对照画像，对过往的行人进行排查，防止其逃脱，而“旦起射之”则是表达的一种泄愤之情。

也正因为如此，《后汉书·夏馥传》中记载：

“张俭亡命困迫，望门投止，莫不重其名行，破家相容。后流转东莱，止李笃家。……及党禁解，俭乃还乡里，后为卫尉，卒，年八十四。夏馥闻张俭亡命，叹曰：‘孽自己作，空污良善，一人逃死，祸及万家，何以生为！’乃自翦须变形，入林虑山中，隐姓名，为冶家佣，亲突烟炭，形貌毁瘁，积二三年，人无知者。馥弟静载缣帛追求饷之，馥不受曰：‘弟奈何载祸相饷乎！’党禁未解而卒。”①

东汉时期的夏馥在逃跑以后为了能够不被人们所认出来，于是“自翦须变形，入林虑山中，隐姓名，为冶家佣，亲突烟炭，形貌毁瘁”，也只有这样才改变了自己原来的容貌，这样就使得本人与原来与缉捕时的画像在相貌上不相符，这样就不会被别人认识和发现了，夏馥这样做最后所达到的效果是连自己的亲弟弟夏静都认不出来了，这也从另外一个侧面说明了东汉时期对罪犯缉捕的严密性。

另外《汉书·翟方进传》中记载：

“会北地浩商为义渠长所捕，亡，长取其母，与豭猪连系都亭下，商兄弟会宾客，自称司隶掾、长安县尉，杀义渠长妻子六人，亡。”

义渠长在抓捕浩商时，浩商却成功逃脱了，结果义渠长将逃犯的母亲抓住后关押在亭中，而且居然让浩商的母亲与亭中饲养的猪关押在一起，本以为由于亭中过往的人较多，见到的人也会很多，这样能够使得罪犯在“孝行”的感染之下会前来投案自首，这只是义渠长自己的主观想法罢了，但是这却是一种非常严重的侮辱事件，这对逃犯浩商来说是极大的羞辱和刺激，结果却激起浩商采取了极端化的报复手段，也就是史料中提到的“杀义渠长妻子六人”，这也从一个侧面

① 范晔：《后汉书·夏馥传》，中华书局1965年版，第2202页。

说明了亭在治安维护中的作用。

因为“亭”在抓捕罪犯的过程中起到了较大的作用，所以直到西晋时期，贺循还上书给晋怀帝，希望西晋政府能够仿照汉朝的“亭”的旧制，给予重视并建议重新设立：“案汉制十里一亭，亦以防禁切密故也。当今纵不能尔，要宜筹量，使力足相周。”①

① 房玄龄：《晋书·贺循传》，中华书局1974年版，第1827页。

第八章

汉代的治安预防

在研究城市治安的过程中，以往的研究者只关注治安事件发生之后如何进行处理，还有其具体的过程等，而对于治安事件爆发之前的预防则给予关注的不够，对此相关的研究也极其薄弱。

在治理城市治安环境时，最为理想的不仅是对治安事件的事后处理，而更为重要的则是事前对治安事件能够做到有效的预防，“为之於未有，治之於未乱”①这才是城市治安中最为理想的状态，只有将预防工作做好，才能达到《管子·牧民》中所认为的：“能备患於未形也，故祸不萌。”

汉代在治理城市治安的过程中，对于治安预防也是非常重视的，统治者希望能在最大程度上做到“安民”，故《史记·秦始皇本纪》中对此认为：

> “故先王见始终之变，知存亡之机，是以牧民之道，务在安之而已。天下虽有逆行之臣，必无响应之助矣。故曰：‘安民可与行义，而危民易与为非。’此之谓也。”

这种在治理城市治安中，对事前预防的重视明显是高明之举。

通过对汉代城市治安的研究，我们会发现，汉代在治安预防上也是有所认识和行动的，这种预防大体上可以分为两个层面，一个是物质层面上的，另一个则是思想层面上的，物质层面上的我们可以将其概括为“富安天下”；而思想层面上的则表现为思想道德的“教化”。

第一节　富安天下

我们通过研究一些影响城市治安及社会秩序稳定的诸多治安事件时，我们会

---

① 《老子·道德经》(诸子集成本（三)），中华书局1954年版，第39页。

发现，在大部分治安事件背后隐藏着一个深层的原因，就是百姓物质上异常贫困，无以生存，所以这些挣扎在死亡边缘上的百姓们最后也只能是铤而走险地去从事一些非法的行为，这种非法的行为有时候则会形成群盗。

《汉书·酷吏传》中记载：

> “大群至数千人，擅自号，攻城邑，取库兵，释死罪，缚辱郡太守、都尉，杀二千石，为檄告县趋具食；小群以百数，掠卤乡里者不可称数。”

因此，春秋时期齐国的管仲在其《管子·治国》篇中对此就有着深刻的认识：“凡治国之道，必先富民，民富则易治也，民贫则难治也。”意识到百姓在物质上的贫富与否，将直接关系到对国家统治秩序的影响。

在东汉末年时期，曾经有盗贼进入陈寔家中进行偷盗，陈寔对此认为是：“时岁荒民俭，有盗夜入其室，止于梁上……然此当由贫困。”[①] 盗贼最后被陈寔感化了，盗贼之所以进入陈寔家偷盗的原因竟然是“当由贫困”。

《汉书·王莽传》中也记载：

> “连年久旱，百姓饥穷，故为盗贼。”
>
> “谷常贵，边兵二十余万人仰衣食，县官愁苦。五原、代郡尤被其毒，起为盗贼，数千人为辈，转入旁郡。”
>
> “初，四方皆以饥寒穷愁起为盗贼，稍稍群聚，常思岁熟得归乡里。众虽万数，亶称巨人、从事、三老、祭酒，不敢略有城邑，转掠求食，日阕而已。”

《后汉书·王符传》中记载：

> “今察洛阳，资末业者什于农夫，虚伪游手什于末业。是则一夫耕，百人食之，一妇桑，百人衣之，以一奉百，孰能供之！天下百郡千县，市邑万数，类皆如此。本末不足相供，则民安得不饥寒？饥寒并至，则民安能无奸轨？奸轨繁多，则吏安能无严酷？严酷数加，则下安能无愁怨？愁怨者多，则咎征并臻。下民无聊，而上天降灾，则国危矣。”

我们通过对上述的史料分析可知，汉代普通百姓之所以从事偷盗抢劫的活

① 范晔：《后汉书·陈寔传》，中华书局1965年版，第2067页。

动，成为盗贼的最主要原因就是由于其贫困所导致的。

面对这种现实的情况，汉代的统治者和诸多的思想家对“富”与“盗”的内在关系上，有着深刻的认识：

《汉书·食货志》中记载：“贫者无以自存，起为盗贼。”

《汉书·董仲舒传》中记载：“贫者穷急愁苦，穷急愁苦而上不救，则民不乐生。民不乐生，尚不避死，安能避罪。”

《汉书·贾谊传》中记载：“饥寒切于民之肌肤，欲其亡为奸邪，不可得也。”

《汉书·魏相传》中记载：“饥寒在身，则亡廉耻，寇贼奸宄所繇生也。”

《汉书·严助传》中记载：“居者无食，行者无粮。民苦兵事，亡逃者必众，随而诛之，不可胜尽，盗贼必起。”

《汉书·元帝纪》中记载：“元元大困，流散道路，盗贼并兴。”

《汉书·鲍宣传》中记载：“民流亡，去城郭，盗贼并起。”

《后汉书·王莽传》中记载：“贫者不厌糟糠，穷而为奸。”；“皆曰愁法禁烦苛，不得举手。力作所得，不足以给贡税。闭门自守，又坐邻伍铸钱挟铜，奸吏因以愁民。民穷，悉起为盗贼。”

《贾谊集·无蓄》中记载：“民非足也，而可治之者，自古及今，未之尝闻。”

《淮南子·齐俗训》中记载：“夫饥寒并至，能不犯法干诛者，古今之未闻也。”“夫民有余即让，不足则争。让则礼义生，争则暴乱起。”

《淮南子·诠言训》中记载“为治之本，务在于安民；安民之本、在于足用。”

由此我们可以看出，要想维护城市治安秩序及国家统治的整体稳定，必须保证百姓在物质上的“富”，也就是要使得百姓有一定生存基础，即《管子·牧民》所谓的：“仓廪实，而知礼节；衣食足，而知荣辱。”

如果在“谷食乏绝，不能忍饥寒”① 状况之下来谈论如何保持城市治安秩序和国家整体的统治秩序，只能是空中楼阁，水中之月，想要达到比较稳定的社会秩序也就无从谈起，因此《汉书·食货志》中对此认为：

① 黄晖：《论衡校释·治期篇》（《新编诸子集成》第一辑），中华书局1990年版，第771页。

“民不足而可治者，自古及今，未之尝闻。……则畜积足而人乐其所矣。可以为富安天下。”

所谓的“富安天下”，其实质就是保障百姓生存的物质基础条件，怎样才能达到这一点呢，《三国志·魏书·杜畿传》给出了解决的办法：“安民之术，在于丰财。丰财者，务本而节用也。”认为要想达到让百姓安定生产生活的关键之处在于让百姓有生产生活的物质基础，其达到这种目的的主要手段就是发展农业生产，因此要想让百姓有一定的经济基础就要做到：“务民于农桑，薄赋敛，广畜积，以实仓廪，备水旱。”①

汉代历代统治者对农业生产都给予了高度的重视。

《汉书·文帝纪》中记载：

“二年春正月丁亥，诏曰：‘夫农，天下之本也，其开籍田，朕亲率耕，以给宗庙粢盛’。”

“二年九月后，又下诏：‘农，天下之大本也，民所恃以生也，而民或不务本而事末也，故生不遂。朕忧其然，故今兹亲率群臣农以劝之。其赐天下民今年田租之半’。”

“十二年三月以后，文帝诏曰：‘道民之路，在于务本。朕亲率天下农，十年于今，而野不加辟。岁一不登，民有饥色，是从事焉尚寡，而吏未加务也。吾诏书数下，岁劝民种树，而功未兴，是吏奉吾诏不勤，而劝民不明也。且吾农民甚苦，而吏莫之省，将何以劝焉？其赐农民今年租税之半。’”

《汉书·景帝纪》中记载：

“春正月，诏曰：‘间者岁比不登，民多乏食，夭绝天年，朕甚痛之。郡国或硗狭，无所农桑系畜；或地饶广，荐草莽，水泉利，而不得徙。其议民欲徙宽大地者，听之。’”

汉景帝“后元二年夏四月，诏‘朕亲耕，后耕桑……欲天下务农蚕，素有畜积，以备灾害……吏以货赂为市，渔夺百姓，侵牟万民。县丞，长吏也，奸法与盗盗，甚无谓也。其令二千石各修其职；不事官职耗乱者，丞相以闻，请其罪。’”

① 班固：《汉书·食货志》，中华书局1962年版，第1131页。

在汉代以农业生产为基础的小农其生存状态又如何呢？晁错曾经对汉代农民的真实生活状态有过细致地分析：

“晁错复说上曰：‘今农夫五口之家，其服役者不下二人，其能耕者不过百亩，百亩之收，不过百石。春耕夏耘，秋获冬藏，伐薪樵，治官府，给徭役。春不得避风尘，夏不得避暑热，秋不得避阴雨，冬不得避寒冻。四时之间，亡日休息。又私自送往迎来，吊死问疾，养孤长幼在其中。勤苦如此，尚复被水旱之灾，急政暴虐，赋敛不时，朝令而暮改。当具有者半贾而卖，亡者取倍称之息。于是有卖田宅，鬻子孙，以偿责者矣。’”①

汉代这种标准的“五口之家”的小农，在汉代具有一定代表性，小农一家人在每年中都非常辛劳，即使这样，如果一旦遇上一些自然灾害及增加赋税，则其生存状态就极其令人担忧，在这种生存状态之中的百姓，想要他们不做出违法的事情来，是非常困难的，这对汉代维护城市秩序是极其不利的。

于是汉代政府出于发展农业生产，稳定社会秩序等方面的考虑，对农业生产非常重视，所以在汉初时期就实行了“与民休息”政策。

《汉书·文帝纪》对此就记载了当时的诏令：

“农，天下之大本也，民所恃以生也，而民或不务本而事末，故生不遂。朕忧其然，故今兹亲率群臣农以劝之。其赐天下民今年田租之半。”

在减轻赋税上还曾实行过“什伍税一”，甚至是“三十税一”。

汉代为了大力发展农业生产，实行所谓的“富民”政策，汉代各级地方政府及相应的官吏都大力鼓励农业生产的发展，这样在汉代出现了一批所谓的“循吏”，如召信臣、黄霸、王景、杜诗等人。

《汉书·循吏传》中记载：“其化大行，郡中莫不耕稼力田，百姓归之，户口增倍，盗贼狱讼衰止。吏民亲爱信臣，号之曰召父。”形成了“前有召父，后有杜母”的赞誉。

为了能够更好地发展农业生产，汉代还积极推广新的农业生产技术，如赵过在发明“代田法”时就曾积极推广。

《汉书·食货志》中对此记载：

---

① 班固：《汉书·食货志》，中华书局1962年版，第1132页。

“二千石遣令长、三老、力田及里父老善田者受田器，学耕种养苗状。民或苦少牛，亡以趋泽，故平都令光教过以人挽犁。过奏光以为丞，教民相与庸挽犁。率多人者田日三十亩，少者十三亩，以故田多垦辟。”

在上面的史料中提到了“力田”，汉代发展农业生产的一个具体表现之一就是在基层社会设有“力田”一职，“力田”最早设置于惠帝四年（公元前191年），《汉书·惠帝纪》中记载：“举民孝第、力田者复其身”；《汉书·高后纪》中记载高后元年（公元前187年）时“初置孝第、力田”；《后汉书·明帝纪》中记载：赐爵“三老、孝悌、力田人三级。”本注曰：“三老、孝悌、力田，三者皆乡官之名。三老高帝置，孝悌、力田，高后置。”

由以上史料我们可以看出，汉代“力田”一职的设置时间大约是在汉惠帝和高后时期。

汉代“力田”一职的职责就是劝导、督促百姓努力从事农业生产，《汉书·文帝纪》中记载了汉文帝于十二年（公元前168年）曾经下达的诏令：

“孝悌，天下之大顺也；力田，为生之本也；三老，众民之师也。……以户口率置三老、孝悌、力田常员，令各率其意以道民焉。”

《后汉书·肃宗孝章帝纪》中也记载：“力田，勤劳也。……勉率农功。”说明“力田”为百姓在农业生产中起到了积极的表率作用，使得农业生产得到良好发展。

汉代为了鼓励农民积极发展农业生产，除了设置有相关的人员外，也鼓励农民辛勤劳作，防止农民因其懒惰而最后导致农业上的歉收，农民的勤劳和懒惰与否，对农业的产量有着直接的影响，“治田勤谨，则亩益三斗，不勤，则损亦如之。”①

汉代政府为了让百姓能在物质上得到保障、能够丰衣足食，所以对农田垦种和家畜饲养都做了非常细致的量化规定，如在《汉书·循吏传》中记载：“劝民务农桑，令口种一树榆、百本薤、五十本葱、一畦韭，家二母彘、五鸡。”颜师古注曰：“每一口即如此种也”“每一家则如此养之也。”我们可以看出，汉代对于普通小农家庭的要求与量化是非常细致的，细致到了猪和鸡具体饲养的数量都有具体的要求，而且要求每个农民家庭尽量都要按规定去达到。

---

① 班固：《汉书·食货志》，中华书局1962年版，第1124页。

这种细致的规定到了东汉时期也同样存在，“耕织种收，皆有条章。”[①] 这种量化的规定就是直到三国时期也同样存在“渐课民畜牸牛、草马，下逮鸡豚犬豕，皆有章程。”[②]

这充分说明了两汉政府为了能够在最大程度上保障百姓的物质生活，均制定了详细的规定，而且这种规定为后代所继承和延续。

农业生产对季节性要求较强，因此汉代政府要求农民在土地耕种时，一定要做到勿违农时，否则会对农业的生产影响较大。

只有这样才能够达到《汉书·食货志》中所希望的：

> “力耕数耘，收获如寇盗之至。还庐树桑，菜茹有畦，瓜瓠果蓏殖于疆易。鸡豚狗彘毋失其时。女修蚕织，则五十可以衣帛，七十可以食肉。”

《敦煌悬泉汉简·四时月令诏条》中也有类似的记载：“□劝耕种，以丰年□，盖重百姓之命也。故建义和，立四子，……时以成岁，致憙……。”这说明了农民在农业的耕种和家畜饲养上都要注意季节性，这对于增加收获是大有帮助的。

为了能够在最大程度上保障百姓生存的物质基础，汉代政府对粮食的储备工作也非常重视，平时注重粮食的仓储准备工作，当灾害发生之时，就可以保障百姓的粮食供给问题，这对城市治安的维护及“富安天下”是有利的，“夫积贮者，天下之大命也。……今殴民而归之农，皆著于本，使天下各食其力，末技游食之民转而缘南亩，则畜积足而人乐其所矣。可以为富安天下。”[③] 只有平时做好粮食的储积才能会“虽有凶旱水溢，民无饥馑。”[④] 只有从根本上保障百姓生存的物质基础，才能最终实现避免“兵旱相乘，天下大屈，有勇力者聚徒而衡击，罢夫羸老易子而咬其骨”[⑤] 等不利于社会治安等诸多情况的发生。

由于“富民”与“治安”之间存在着内在的密切联系，因此，《汉书·贾山传》中才会出现“衣食多于前年而盗贼少”的情况，这也是一种必然的现象。

由上可知，汉代为了加强对城市治安秩序的防控，对农业生产是非常重视的，重视百姓的衣食等基本生存问题，因此“富民”是汉代社会治安在物质上的基础保障。

汉代在治理城市治安的预防中，除了物质上的“富民”以外，还有思想道德

---

① 范晔：《后汉书·循吏列传》，中华书局 1965 年版，第 2482 页。
② 陈寿：《三国志·魏书·杜畿传》，中华书局 1959 年版，第 496 页。
③ 班固：《汉书·食货志》，中华书局 1962 年版，第 1130 页。
④ 阎振益、锺夏：《新书校注·礼》（《新编诸子集成》本），中华书局 2000 年版，第 216 页。
⑤ 班固：《汉书·食货志》，中华书局 1962 年版，第 1129 页。

层面的“教化”，但是这种“教化”往往是最容易被人们所忽视的，《汉书·贾谊传》曰：

“凡人之智，能见已然，不能见将然。夫礼者禁于将然之前，而法者禁于已然之后，是故法之所用易见，而礼之所为生难知也。”

在社会治安的治理中，教化的功能要远大于刑罚所起到的作用，贾谊对此就有一个清醒的认识，认识到了教化在治安维护中的特殊作用。

第二节　道德教化

《论语·子路》中记载：

“子适卫，冉有仆。子曰：‘庶矣哉！’冉有曰：‘既庶矣，又何加焉？’曰：‘富之。’曰：‘既富矣，又何加焉？’曰：‘教之’。”

我们通过孔子与弟子冉有之间的对话，可以分析出“庶”“富”“教”三者之间的内在逻辑关系，说明孔子认为要想推行“教化”，其前提条件就是要先“民富”，当达到了“民富”以后，也就是在百姓处于衣食无忧的状态之后，就需要加强道德教化了。

于是《孟子·滕文公上》中记载：

“人之有道也，饱食暖衣、逸居而无教，则近于禽兽。圣人有忧之，使契为司徒，教以人伦：父子有亲，君臣有义，夫妇有别，长幼有序，朋友有信。”

在汉代社会中，对于“富”和“教”两者内在的关系上也是持有同样的观点：

《汉书·董仲舒传》中记载：

“天令之谓命，命非圣人不行，质朴之谓性，性非教化不成；人欲之谓情，情非度制不节。”

“凡以教化不立而万民不正也。夫万民之从利也，如水之走下，不以教

化堤防之，不能止也。……古之王者明于此，是故南面而治天下，莫不以教化为大务；立大学以教于国，设庠序以化于邑，渐民以仁，摩民以谊，节民以礼，故其刑罚甚轻而禁不犯者，教化行而习俗美也。”

《汉书·礼乐志》中记载：“今海内更始，民人归本，户口岁息，平其刑辟，牧以贤良，至于家给，既庶且富，则须庠序、礼乐之教化矣。”

《后汉书·张纯传》载：“时，南单于及乌桓来降，边境无事，百姓新去兵革，岁仍有年，家给人足。纯以圣王之建辟雍，所以崇尊礼义，既富而教者也。”

《后汉书·王符传》中记载：

“夫贫生于富，弱生于强，乱生于化，危生于安。富而不节则贫，强而骄人则弱，居理而不修德则乱，恃安而不慎微则危矣。是故明王之养民，忧之劳之，教之诲之，慎微防萌，以断其邪。故《易》美节以制度，不伤财，不害民。”

《潜夫论·务本》中记载：“凡为治之大体，莫善于抑末而务本，莫不善于离本而饰末。夫为国者以富民为本，以正学为基。民富乃可教，学正乃得义，民贫则背善，学淫则诈伪，入学则不乱，得义则忠孝。故明君之法，务此二者，以为成太平之基，致休征之祥。”

在这些史料中，学者们的观点都一致地认为在百姓衣食等生存有物质保障前提之下，才可以对百姓推行礼乐道德教化，而且也才可能得到较好的效果，否则“不先富而教之，其道无由。”①

汉代政府为了加强对百姓教化的推行，汉代在基层社会中设置了所谓的“三老”一职，其主要的职责是主管教化的推行，“三老掌教化。凡有孝子顺孙，贞女义妇，让财救患，及学士为民法式者，皆扁表其门，以兴善行。”②“三老”是汉代基层社会中的“道德楷模”，是汉代政府在基层社会树立的道德榜样，起到劝善乡里、淳化民风的监督与表率作用，所以统治者之所以重视三老是因为要通过有传统影响的乡官的民师身份和教诲作用以稳固封建统治的社会基础。③

汉代政府设置“三老”一职之外，在基层社会还设置“孝悌”一职，“孝悌”也是倡导推行教化之人，“孝梯，天下之大顺也；力田，天下为生之本也；三老，众民之师也；廉吏，民之表也……令各率其事以导民焉。”④

① 房玄龄：《晋书·石苞传》，中华书局1974年版，第1003页。
② 范晔：《后汉书·百官志》，中华书局1965年版，第3624页。
③ 刘修明：《两汉乡官三老浅探：中国封建制和村社关系的一个问题》，载《文史哲》1984年第5期，第32~34页。
④ 班固：《汉书·文帝纪》，中华书局1962年版，第124页。

这里很明白地强调了“三老”“孝悌”等相关乡里人员的教化职责，教化就是造舆论、搞宣传，通过三老对臣民进行教化。①

“三老”和“孝悌”在百姓中推行教化宣传之时，如果教化实际效果不理想，那么“三老”“孝悌”等人员摆脱不了相关的责任，如《汉书·司马相如传》中记载：“故遣信使，晓喻百姓以发卒之事，因数之以不忠死亡之罪，让三老孝弟以不教诲之过。”颜师古注曰：“让，责也。责其教诲不备也。”这种道德教化效果不理想，其相关的责任人则会受到相应责备，“让三老孝弟以不教诲之过”就是最有说服力的依据，因此“三老”“孝悌”受到相关的责备也就不难理解了。

汉代政府在推行教化之时，基层社会中的“乡啬夫”也有其教化的职责，《汉书·韩延寿传》中记载：

“延寿不得已，行县至高陵，民有昆弟相与讼田自言，延寿大伤之，曰：‘幸得备位，为郡表率，不能宣明教化，至令民有骨肉争讼，既伤风化，重使贤长吏、啬夫、三老、孝弟受其耻，咎在冯翊，当先退。’是日移病不听事，因入卧传舍，闭阁思过。一县莫知所为，令丞、啬夫、三老亦皆自系待罪。”

韩延寿在担任左冯翊时一职时，按照惯例行县至高陵之时，遇到了两个兄弟争夺土地的事件，韩延寿认为，兄弟争夺土地这是教化推行不力所导致的，最后结果是“令丞、啬夫、三老亦皆自系待罪。”这里面“待罪”者就有“啬夫”一职，这就说明了汉代在基层社会推行教化时，如果教化的效果不理想，那么不仅“三老”等人员需要承担失教之责，“啬夫”同样也要承担连带责任，通过“自系待罪”就是最好的说明。

“啬夫”负责对百姓的推行教化的例子还有东汉时期担任“啬夫”一职的爰延，其在担任啬夫一职时就出现了“仁化大行，人但闻啬夫，不知郡县”② 的非常理想的教化效果。

汉代基层社会中的“亭”，有时候也要担负起对百姓的教化任务，如《后汉书·循吏传》中记载了在东汉时期曾出任“蒲亭长”的仇览，曾遇到过陈元的母亲向其状告自己的儿子不孝顺罪状，于是作为“亭长”的仇览，亲自到其陈元家中“因为陈人伦孝行，譬以祸福之言。元卒成孝子。”而且仇览对教化问题也

① 吉书时：《略论汉代的三老》，载《北京师范大学学报》1983 年第 6 期，第 59 ~ 64 页。
② 范晔：《后汉书·爰延传》，中华书局 1965 年版，第 1618 页。

是非常重视的，在其任亭长期间，“农事既毕，乃令子弟群居，还就黉学。……期年称大化。”①

陈元最后成为孝子，并且呈现出“期年大化”的局面，都是作为“亭长”的仇览推行教化的结果。

教化推行的好，社会治安情况就会好治理，反之亦然，所以《汉书·严安传》中记载：“教失而伪……是以天下之民逐利无已，犯法者众。”因此，推行教化是对社会治安维护的一种无形手段，其作用也是不可忽视的。

我们依据汉代教化的具体内容，可以将汉代的教化大致概括为“德治”“孝治”“礼治”等几大方面。

一、“德治”

汉代立国之初，就开始总结秦灭亡原因，从而认识到了“德治”的重要性，于是汉代历代统治者都强调“以德治国”，用“德”来教化百姓、淳化民风，《潜夫论·德化》曰：

> “人君之治，莫大於道，莫盛於德，莫美於教，莫神於化。道者所以持之也，德者所以苞之也，教者所以知之也，化者所以致之也。”

到汉武帝时期，儒学大师董仲舒又依据阴阳五行等学说中的“阳主阴辅”的理论，认为：

> “天道之大者在阴阳。阳为德，阴为刑；刑主杀而德主生。是故阳常居大夏，而以生育养长为事；阴常居大冬，而积于空虚不用之处。以此见天之任德不任刑也。”②

提出了“德主刑辅”的治国理论思想，认为在维护治安中主要依靠“德”，主要依靠教化，而不能仅仅单独依靠“刑”，董仲舒认为，“德教”才是治国的根本，而所谓的“刑法”也只能作为一种辅助的手段。

同时认为“任德不任刑”是天意的表现，所以“王者承天意以从事，故务德教而省刑罚。”③ 于是董仲舒提出了“秋冬行刑”学说和主张，《春秋繁露·阳

---

① 范晔：《后汉书·循吏列传》，中华书局1965年版，第2480页。
② 班固：《汉书·董仲舒传》，中华书局1962年版，第2502页。
③ 班固：《汉书·礼乐志》，中华书局1962年版，第1031页。

尊阴卑》中详细论述了春夏主生养，而秋冬则是主杀伐的自然观：

> “人生而天而取化于天，喜气取诸春，乐气取诸夏，怒气取诸秋，哀气取诸冬，四气之心也。四肢之名各有所处，如四时；寒暑不可移，若肢体。肢体移易其处，谓之壬人；寒暑移易其处，谓之败岁；喜怒移易其处，谓之乱世。明主正喜以当春，正怒以当秋，正乐以当夏，正哀以当冬。是故春气暖者，天之所以爱而生之；秋气清者；天之所以严而成之；夏气温者。天之所以乐而养之；冬气寒者，天之所以哀而藏之。故四时之比，阴阳理人之法也。阴，刑气也，阳，德气也。阴始于秋，阳始于春。”

认为在一年四季之中，春夏季节应以“阳”为主，这是万物生长的时节，所以这时期是不宜刑杀的；而秋冬时节则以“阴”为主，这是万物凋零的时期，而在这时期则应该实施刑罚，进行清理狱讼。

汉代在进行“德治”统治的时候，非常注重导民以德，在对百姓进行“德化”和“德育”时，为了能够给百姓在道德上形成引领和模范作用，因此要求汉代统治在道德上能够达到至德之人，达到《论语·颜渊》中所说的：“君子之德风，小人之德草，草上之风必堰”的境地。

《汉书·武帝纪》中记载：

> “建元元年夏四月，诏：‘古之立教，乡里以齿，朝廷以爵，扶世导民，莫善于德。’”
>
> “元朔元年，冬十一月：‘公卿大夫，所使总方略，一统领，广教化，美风俗也……令二千石举孝廉，所以话元元，移风易俗也。’”

于是汉代的统治者也积极努力地使自己能够达到这一标准，希望自己真正能够做到以身垂范，所以在汉代君主的一些诏书之中，我们经常能够见到以德治国和以德自律的一些主张和见解，“朕闻之，天生民，为之置君以养治之。人主不德，布政不均，则天示之灾以戒不治。”① 其中提到了“人主不德”，被认为这是一件非常严重的事情，对统治秩序会构成严重的威胁与破坏，这也从侧面说明了汉代君主在这方面具有一定的自觉性。

汉代政府对道德教化的作用较为注重，因为德化不仅可以化解百姓之间的纷争与矛盾，更为重要的是还能够达到《韩非子·心度》所主张的“治民者，禁

---

① 班固：《汉书·文帝纪》，中华书局1962年版，第116页。

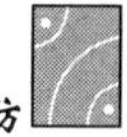

奸于未萌”的理想效果。

故《汉书·董仲舒传》对此认为：

“凡以教化不立而万民不正也。夫万民之从利也，如水之走下，不以教化堤防之，不能止也。是故教化立而奸邪皆止者，其堤防完也；教化废而奸邪并出，刑罚不能胜者，其堤防坏也。古之王者明于此，是故南面而治天下，莫不以教化为大务。”

把“教化”作用比喻为河道的堤防，而将人们的各种行为比喻为河水，正常情况下，河水需要用堤防进行约束，而人们的日常行为则需要依靠教化的力量来进行规范，只有在道德教化作用之下才能从根本上预防危害社会治安事件的发生。

因此，汉代政府要求各级政府的相关官员，要充分发挥在道德教化中的作用，如《汉书·宣帝纪》中记载：“遣使者持节诏郡国二千石谨牧养民而风德化”。

但是如果在对百姓推行教化之后，百姓的行为没有因教化而改变者，这时候就需要运用法律手段来维护社会的稳定及治安秩序了，“若受教之后而不改奸状者，不得复有所容矣。”①

二、“孝治”

中国古代“孝”的观念起源较早，早在殷商时期就已经产生了，至西周与春秋时期，“孝”开始作为一种道德观念被当时的人们所接受，《说文》对其解释为：“孝，善事父母者，从老省，从子。子承老也。”

由此看来，“孝”其最初的含义是指对父母的赡养、对长辈的尊敬和追念自己的祖先。

汉代立国之后，统治者们则大力倡导“孝”，而且汉代号称是以孝治天下的，《汉书·昭帝纪》中记载：“朕闻劳以官职之事，其务修孝弟以教乡里。”

在日常生产和生活中，要求百姓在对待自己的父母、长辈之时要尽孝道，认为：“夫孝，百行之冠，众善之始也。”② 实现的手段则是“古之立孝，乡里以齿，朝廷以爵，扶世导民，莫善于德。然即于乡里先耆艾，奉高年，古之道

① 范晔：《后汉书·阳球传》，中华书局1965年版，第2498页。
② 范晔：《后汉书·江革传》，中华书局1965年版，第1303页。

也。”①

汉代政府为了发挥“孝”在百姓中的教化作用，对具有孝行者，汉代政府则要给予各种褒奖及赞扬，如可以给予“复除”与“赐帛”等不同的奖励办法，以示彰显汉代政府对“孝”的鼓励和重视。

《汉书·惠帝纪》中记载惠帝四年“春正月，举民孝悌力田者复其身”这之中所谓的“孝”就是特指具有“孝行”值得褒扬的人，而政府给予的相应奖励是“复其身”，就是免除具有孝行者的赋税和劳役、徭役等。

对孝子赐帛的奖励早在汉文帝时期就已经存在了，《汉书·文帝纪》中记载了汉文帝十二年时曾下达诏书：“遣谒者劳赐三老、孝者帛人五匹，悌者、力田二匹，廉吏二百石以上率百石者三匹。”在这以后汉代政府经常对具有孝行者给予赐帛赏赐，《汉书·武帝纪》中记载汉武帝元狩元年（公元前122年）诏曰：

“皇帝使谒者赐县三老、孝者帛，人五匹；乡三老、弟者、力田帛，人三匹；年九十以上及鳏、寡、孤、独帛，人二匹，絮三斤；八十以上米，人三石。有冤失职，使者以闻。县、乡即赐，毋赘聚。”

《汉书·元帝纪》中记载元帝初元元年（公元前48年）：

“赐宗室有属籍者马一匹至二驷，三老、孝者帛五匹，弟者、力田三匹、鳏、寡、孤、独二匹，吏民五十户牛、酒。”

在政府这些赏赐之中，我们除了能够见到在基层社会负责教化的“三老”之外，还经常能够见到的就是“孝者”，为了鼓励和提倡孝行，汉政府除了奖励孝者以“复除”与“赐帛”之外，同时还积极地推荐孝子入仕，也就是岁举“孝廉”一科，将“孝”开始纳入汉代政府选官制度之中。

将孝行纳入选举制度其肇始于汉文帝时期，该制度最终确立则是在汉武帝时期，《汉书·武帝纪》中记载：

“元光元年冬十一月，初令郡国举孝廉各一人。”颜师古注曰：“孝谓善事父母者。廉谓清洁廉有廉隅者。”

这之中所谓的“孝”，其实就是指的孝子，“廉”则所指廉吏，西汉时期的

① 班固：《汉书·武帝纪》，中华书局1962年版，第156页。

这种“举孝廉”制度被后来的东汉政府所继承和发展，东汉时期开始依据某一地区总的人口数量来设置“孝廉”的人选比例和数额。

>“（汉和帝）时，大郡口五六十万举孝廉二人，小郡口二十万并有蛮夷者亦举二人，帝以为不均，下公卿会议。鸿、司空刘方上言：‘凡口率之科，宜有阶品，蛮夷错杂，不得为数，自今郡国率二十万口岁举孝廉一人，四十万二人，六十万三人，八十万四人，百万五人，百二十万六人。不满二十万二岁一人，不满十万三岁一人。’帝从之。”①

为了能够推崇孝行，汉代在基层社会中还特别设有“孝悌”等人员，“孝悌”人员在文献中最早对其记载的是在汉惠帝四年（公元前191年），《汉书·惠帝纪》中记载：“举民孝弟力田者，复其身”，以免除徭役为奖励措施。

《汉书·高后纪》高后元年（前187年）又诏：

>“初置孝弟力田二千石者一人”。颜师古注曰：“特置孝弟力田官而尊其秩，欲以劝厉天下，令各行本务。”

《汉书·文帝纪》中记载：

>“其遣谒者劳赐三老、孝者帛人五匹，悌者、力田二匹……以户口率置三老孝悌力田常员。”

以上史料说明在汉初就已经设置了“孝悌”，其被任命者应是在孝行上非常突出的人，汉政府希望其行为能够在百姓中起到模范表率的示范作用。

>“孝悌，天下之大顺也。力田，为生之本也。三老，众民之师也。廉吏，民之表也。……而以户口率置三老孝悌力田常员，令各率其意以道民焉。”颜师古注曰：“计户口之数以率之，增置其员，广教化也。”②

“孝悌”的设置是依据本地区人口总量并按照比例来设置的，“三老”的设置在某种程度上也是对孝重视的一种体现，“尊养三老，视孝也。”③《后汉书·

① 范晔：《后汉书·丁鸿传》，中华书局1965年版，第1268页。
② 班固：《汉书·文帝纪》，中华书局1962年版，第124～125页。
③ 班固：《汉书·贾山传》，中华书局1962年版，第2330页。

桓帝纪》中记载："孝廉、廉吏皆当典城牧民，禁奸举善，兴化之本。"察举孝廉是为民表率，对汉政府稳固社会统治具有较重要的意义。

汉代为了提倡"孝"，在社会形成良好的风气，不但对具有"孝行"者给予各种奖励，同时也对社会中的各种"不孝"者的行为给予相应的制裁与处罚，如在《二年律令·贼律》中就制定了相关惩处措施：

> "子牧杀父母，殴詈泰父母、父母叚（假）大母、主母、后母，及父母告子不孝，皆弃市。"
>
> "贼杀伤父母，牧杀父母，欧（殴）詈父母，父母告子不孝，其妻子为收者，皆锢，令毋得以爵偿、免除及赎。"

《二年律令·告律》中也有相关记载：

> "杀伤大父母、父母，及奴婢杀伤主、主父母妻子，自告者皆不得减。子告父母、妇告威（婆婆）公，奴婢告主、主父母妻子，勿听而弃告者市。"

说明在汉代的相关法律条文中，如果一旦出现子女对父母等在内的长辈存在"不孝"的行为，那么对其处罚则是较重的，轻则禁锢，重则要给予弃市的严厉处罚。

在实际的司法程序中，如果出现子女等晚辈对长辈存在所谓的"不孝"行为，则禁止以自告减罪，如果发生了子女告发父母，汉代政府对此则不予受理，这充分说明汉代对伦理秩序的重视，也体现出了对"孝"的重视程度。

在汉代的现实社会生活中，如果一旦出现子女等"不孝"的行为，则通常会依据相关的法律规定给不孝者定以重罪，给予相关的严厉处罚，如《汉书·衡山王传》中记载了衡山王刘赐长子："（刘）爽坐告王父不孝，皆弃市。"因为衡山王的长子刘爽状告自己父亲，这种行为在汉代是不被认可的，于是被定性为"不孝"，最终的结果是刘爽因为这种"不孝"的行为，最后竟被处以"弃市"的重刑处罚。

两汉政府为了治理城市治安秩序，稳固统治秩序，于是通过奖励和惩罚等手段来稳定以家庭为主的基层社会组织结构，希望能够起到淳化民风、规范个人行为的目的，从而达到长治久安的目标。

汉代政府在推行教化的过程中，注重发挥学校在教化中的特殊作用，于是汉代在京师设置了太学，基层社会组织中则设置有序、庠等，在这些众多的学校之

中，《孝经》一科的开设通常是定制：

"郡国曰学，县、道、邑、候国曰校。校、学置经师一人。乡曰庠，聚曰序。序、庠置《孝经》师一人。"①

这表明汉政府将《孝经》作为培养人才必修的课程之一，在"孝道"的教化上从小就开始灌输这种观念。

汉政府在重视和推行"以孝治天下"时，孝的观念开始在汉代产生了潜移默化的影响，对汉代城市社会治安的预防也产生了积极而深远的影响，即所谓"导民以孝，则天下顺。"②

三、"礼治"

关于礼的起源，荀子曾给出过解释：

"礼起于何也？曰：人，生而有欲，欲而不得，则不能无求；求而无度量分界，则不能不争。争则乱，乱则穷。先王恶其乱也，故制礼义以分之，以养人之欲，给人之求。使欲必不穷乎物，物必不屈于欲，两者相持而长，是礼之所起也。"③

认为人从出生以后就有欲望，如果有欲望却得不到满足，那么人就不能没有追求，如果一味追求而不知道加以控制，那么就难免与人之间发生争斗，如果产生了争斗，那么对社会治安就会产生重要的影响，所以礼主要控制人的私欲，控制人们因私欲而引起的纷争。

汉代政府为了维护城市治安及稳固统治秩序时，除了积极地提倡"孝治"之外，还积极提倡"礼治"，《礼记·曲礼》中记载：

"道德仁义，非礼不成；教训正俗，非礼不备；分争辨法，非礼不决；君臣上下，父子兄弟，非礼不定；宦学事师，非礼不亲；班朝治军，莅官行法，非礼威严不行；祭祀鬼神，非礼不诚不庄。"

---

① 班固：《汉书·平帝纪》，中华书局1962年版，第355页。

② 班固：《汉书·宣帝纪》，中华书局1962年版，第250页。

③ 沈啸寰、王星贤：《荀子集解·礼论》（《新编诸子集成》第一辑），中华书局1988年版，第346页。

《左传》中也记载：

“礼，所以经国家，定社稷，序民人，得后嗣者也。”

因此我们可以看出，礼对西周时期的政治、司法、军事、伦理乃至家庭生活等诸多方面，都具有重要的规范调节作用。

《论语·为政》中记载了孔子对礼的认识：

“道之以政，齐之以刑，民免而无耻；道之以德，齐之以礼，有耻且格。”

认为用刑法来约束百姓不是根本的治国之道；而用道德来诱导，用礼教来规范约束百姓，那么百姓就会因此而产生廉耻之心了，有了廉耻观念后，百姓就不会做出违背礼法、触犯法律的治安事件来，这样社会就会形成上下有序、谦卑礼让的体系，这样就便于统治。

荀子在《荀子·王霸》篇中对此也持有相似的观点：

“国无礼则不正。礼之所以正国也，譬之犹衡器之于轻重也，犹绳墨之于曲直也，犹规矩之于方圆也，既错之而人莫能诬也。”

这其中的“礼”其实质就是以维护封建社会等级制度为内容的行为规范，把君臣、上下、尊卑、长幼等用“礼”的形式进行固定，并在推广之中使得百姓逐渐形成一种日常的行为习惯，从而自觉来遵守。在用“礼”进行统治百姓时，其作用与功能有时候是刑罚所不具有的，所发挥作用的时间也是更为长久的。

《汉书·贾谊传》中记载：

“凡人之智，能见已然，不能见将然。夫礼者禁于将然之前，而法者禁于已然之后。是故法之所为用易见，而礼之所为生难知也。若夫庆赏以劝善，刑罚以惩恶，先王执此之政，坚如金石，行此之令，信如四时，据此之公，无私如天地耳，岂顾不用哉！然而曰‘礼云礼云’者，贵绝恶于未萌，而起教于微眇，使民日迁善远罪而不自知也。”

贾谊认为“礼”的功能，其优势在于将某一违法行为在发生之前，就已经将其遏制在萌芽状态之中；而法律的作用通常则是对已经发生的不法行为进行事后

处理，并给予相应的惩罚。

正是因为如此，人们常常容易见到的是法律在维护治安中所发挥的作用，而“礼”的作用却让人不容易觉察到，所以要想维护社会的整体秩序，降低社会犯罪率，达到维护国家长治久安的终极目的，那么只有强化礼义的教化功能，政府在施政的过程中就要施行仁政，并辅之刑罚，充分发挥“礼”与“刑”的各自优势，并相互配合，才能从根本上稳固统治秩序。

正是因为“礼”在维护治安中具有独特的作用，因此汉代的统治者们对在社会中推行礼乐教化是极为重视的，如汉武帝对“礼”的功能就非常强调，这在《汉书·武帝纪》中就曾记载了其下达的诏书：

“盖闻导民以礼，风之以乐。今礼坏乐崩，朕甚闵焉。故详延天下方闻之士，咸荐诸朝。其令礼官劝学，讲议洽闻，举遗举礼，以为天下先。”

到了东汉时期，东汉政府对“礼”的教化也同样非常重视，王充对此认为刑罚与法度虽然重要，但是礼义却更为重要，“礼”是治国的纲纪及堤防，因此王充在《论衡·非韩》中认为：“国之所以存者，礼义也。民无礼义，倾国危主。”认为“礼”的教化力量对维护社会秩序有着不可或缺的作用，一旦礼制沦丧，那么国家纲纪就会败坏，随之而来的就是稳定的社会秩序无法维护。

使社会上“礼”的教化推行的效果好，那么百姓的整体道德水平就会有很高的提升，百姓的行为就不会触发法律，这样影响城市治安的诸多犯罪违法事件就会减少，这样一来就会使得良好的社会秩序得以被维护，国家长治久安的目的也能从根本上实现。

在“礼”的教化作用之下，百姓们就会逐渐产生羞耻之感，其日常的行为就会得到较好的规范，就会远离非法事件，汉代社会中的许多案例能够说明这一问题，如《后汉书·独行列传》中记载：

“乡里有盗牛者，主得之，盗请罪曰：‘刑戮是甘，乞不使王彦方知也。’烈闻而使人谢之，遗布一端。或问其故，烈曰：‘盗惧吾闻其过，是有耻恶之心。既怀耻恶，必能改善，故以此激之。’后有老父遗剑于路，行道一人见而守之，至暮，老父还，寻得剑，怪而问其姓名，以事告烈。烈使推求，乃先盗牛者也。”

这位乡里的盗牛者虽然我们今天无法知晓其姓名，但是他的行为确实值得我们后人学习，先前有偷牛的行为，但是他在礼乐教化之下，已经开始逐渐产生了羞耻之感，应当说盗牛者对自己先前的盗牛偷窃行为表示悔过，不久之后，在路上见到有谁的剑被遗落在路上，这位先前的盗牛者不是将剑直接拿走，而是“行道一人见而守之”，在原地等待失主前来寻找，好将宝剑归还给失主。虽然从这件事情整体发展来看，我们不能从史料中看出盗牛者受过“礼”的教化，但是我们通过他的前后行为对比，可以推测出他在盗牛后是受过“礼”的教化和熏染的，否则就不会后来有“拾剑不昧”的举动了。

《后汉书·淳于恭传》中也记载：

> “（淳于恭）家有山田果树，人或侵盗，辄助为收采。又见偷刈禾者，恭念其愧，因伏草中，盗去乃起，里落化之。”

说明在“礼”的教化之下，对于规范百姓的日常行为是有利的，最后出现了“里落化之”的良好效果，这充分说明了“礼”能从根本上遏制和预防犯罪的发生，因此《汉书·董仲舒传》中才会有：“故圣王已没，而子孙长久安宁数百岁，此皆礼乐教化之功也”的深刻认识。

用刑罚来惩治犯罪者，只能起到威慑的作用，用礼来教化百姓，则可以起到刑罚所不能达到的目的，“礼”可以规范百姓的行为，可以从根本上形成百姓对自己行为的约束力，并且“礼”的教化最为可贵的地方就在于“然而曰礼云礼云者，贵绝恶于未萌，而起教于微眇，使民日迁善远罪而不自知也。”① 说明“礼”对于治安事件可以积极预防于事前，而法通常则只能是事后消极给予相应的处罚与补救。

---

① 班固：《汉书·贾谊传》，中华书局1962年版，第2252页。

第九章

汉代城市治安的特点

第一节　具有时代性

汉代在城市治安的治理与维护之中，具有一定的阶段性和时代性，汉代初期的治理过程崇尚无为而治，到了西汉中后期，在城市治安上开始逐渐出现儒家化的趋势，而且开始重用一些酷吏，特别是在汉武帝执政时期更是如此，并且随着“罢黜百家，独尊儒术”之后，儒家思想在汉代社会中得以发展壮大，开始形成了德、刑、礼、法的综合治理模式，对汉代城市治安进行了全面的治理。

到了汉昭帝和汉宣帝执政时期，则出现了“王霸皆杂”的主导思想，并为儒家综合治理城市治安提供了政治理论基础，开始出现儒吏主政，这时期涌现出大量的儒家型的官员，使得汉代城市治安开创了儒家化局面。

在汉代城市治安的治理及社会统治秩序的维护中，儒家思想开始成为司法断案的依据和标准，城市治安的维护与预防逐渐形成了以儒家宣扬的社会秩序作为常态，并且最终以这种综合治理手段减少犯罪率，使得城市治安能够得到较好控制，实现汉代基层的社会稳定，这些对东汉及后世的地方治理产生了深远的影响。

第二节　全方位防控

汉代为了能够有效地维护城市治安秩序，建立一种稳固的统治秩序，汉代在治安上建立了一种全方位式的治理和防控体系。

首先，在治理上，改变了秦代社会仅仅依靠刑罚来维护统治秩序的局面，虽然汉代并没有放弃依靠法律等惩罚手段，但是在实际中却不是唯一的治理手段与方法，汉代统治虽然也看到了惩罚等手段在维护城市治安中的作用，但是同时也看到了其局限性，所以汉代统治改变了以往的治理模式，开始依靠德治、依靠道德礼义的教化功能来进行规范百姓的日常行为，注重百姓自身对其行为的内在审视与约束，在城市治安上能将事后的惩治与事前预防相互结合，既有事前的礼乐道德教化的预防，又有事后的法律手段上的严厉惩治。

在城市治安防控的事前预防上，汉代政府中的各级官吏自上而下地积极推行礼乐道德教化，采用教化的手段使得百姓能够自觉遵守相关的法律法规，在这种教化的熏染之下百姓就可以安分守己，使得诸多影响治安的事件能够防患于未然，礼乐道德的教化对稳定统治秩序来讲，不但可治标，更为重要的还是可以治本，达到标本兼治的效果，这是汉代在城市治安中对后世具有重要的借鉴与影响之处，也是特别值得肯定的地方。

汉代在维护城市治安时，从中央到地方均配备了相关的治安官员，而且分工较为明确、细致，从京师皇帝的安全保卫工作，京师城门的管控、保卫京师地区安全军队的驻守，到州、郡、县等基层社会相关治安官员的设置都非常周密。

汉代还制定了诸多维护城市治安的相关法律法规，并且还积极地调动百姓参与城市治安的维护中，如舍匿法、什伍连坐法、禁止通行饮食法，等等，从闾里的围墙、里门的设置到街鼓、“缿筩”的设立也都是非常周密的，所以说，汉代建立了运用多种手段的事前预防与事后处理，各项制度相互配合，多层面、多角度、全方位、立体的城市治理防控体系。

第三节　治安权与行政权交叉重叠严重

汉代时期的行政体系与我们今天有较大的不同与差异，如今，基本上是行政、司法、治安三者相互独立，然而，在汉代却是各级政府部门将诸多职能集于一身，既负责治理百姓、督促生产、淳化民风，又要维持当地的社会治安秩序，这样就使得治安管理权在汉代没有形成一个完整独立的系统，例如，县廷：“皆掌治民，显善劝义，禁奸罚恶，理讼平贼，恤民时务。秋冬集课，上计于所属郡国。”① 说明汉代的县级政府部门不但有“皆掌治民”的治理民事的权力，还有“显善劝义”的教化职能，同时还要肩负着“禁奸罚恶，理讼平贼”的治安维护职能，由此我们可以知道，汉代县级政府所负责的具体事务是非常庞杂的，是将多种职责和权限集于一身的。

这种情况究其根本原因，应是汉代时期的官吏在治安权与行政权上存在着严

① 范晔：《后汉书·百官志五》，中华书局1965年版，第3622～3623页。

重的交叉重叠现象，汉代各级政府的官员行政权力是相当宽泛的，对各种事务都需要进行负责处理，诸职兼于一身。

这里举一些基层社会中的相关官吏，如乡啬夫，其具体的职责："主知民善恶，为役先后，知民贫富，为赋多少，平其差品。"① 说明啬夫要具体负责劳役徭役的安排、赋税的征收、生产的督促、教化的宣传等诸多职责以外，还要负责具体的治安事务，如《急就篇》就明确记载了啬夫的治安职责："攻击劫夺槛车胶，啬夫假佐扶致牢。"说明乡啬夫不但平时要督促生产、征收赋税等，同时还要维护治安。

说明乡啬夫等汉代基层社会的官员，往往没有独立的治安权，而且这种治安权通常也往往与行政权处于一种模糊的状态关系，城市闾里中的"什长"与"伍长"也同样如此，除了"相率以孝弟，不得舍奸人。闾里阡陌有非常，吏辄闻知"② 等维护治安职责以外，还具有"及务耕桑，节用殖财，种树畜养，去食谷马"③ 督促经济生产等管理百姓的行政权，基层社会的官吏处于这种情况，汉代政府中的其他各级官员往往也呈现这种状态，使得治安管理权经常处于交叉重叠模糊的境地。

由此可见，汉代治安权和行政权重叠交叉现象较为严重，使得在治安管理上没有建立一套独立的警治系统。

---

① 范晔：《后汉书·百官志五》，中华书局1965年版，第3624页。
② 班固：《汉书·韩延寿传》，中华书局1962年版，第3211页。
③ 班固：《汉书·黄霸传》，中华书局1962年版，第3629页。

第十章

汉代城市治安的得与失

第一节　汉代城市治安的成功经验

汉代政府在治理城市治安环境中，制定了相当严密细致的法律法规，对在维护城市治安秩序中出现的各种情形，在法律上均给予了相关的立法规定，考虑的可谓是相当周全，从相互监督举报、案发后的报警、对罪犯的缉捕、在缉捕中对百姓的各项规定，如舍匿法、通行饮食法等相关的规定，可谓规定得非常详细，这对案件的侦破和犯罪分子的缉捕归案伏法是非常有利的。

对于维护治安中的过程，对办事不利的相关人员也要给予一定的惩罚，而且这种处罚的规定也是相当详细。

同时，在治安人员的设置上也考虑得较为周密，从政府所在地的京师，到基层社会的郡、县乃至闾里中的什、伍之长等都有相关治安人员的设置，这样就建立了由中央到地方，全方位立体式的联动治理体系。

汉代统治者为了更好地维护城市治安统治秩序，在方法上改变了秦朝专任酷法刑杀的方法，开始懂得发挥礼乐道德教化的功能在维护治安秩序中的作用，在汉代社会中任命各级政府相关人员负责教化，这样在百姓中实现了全面推行道德教化，从而在根本上规范了百姓的日常行为，这样就会使得百姓能够远离法律的制裁。

汉代在城市社会的治安治理中，能够有效地做到事前预防与事后的惩治相互结合，而且以事前治安预防为主，这是汉朝能够有400余年国运的深层原因，这也是值得后世借鉴与学习的地方。

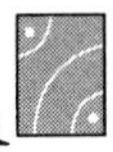

第二节　汉代城市治安不足之处

一、“孝行”与复仇的矛盾

汉代政府为了维护城市社会治安，在事前的预防上特别提倡推崇“孝”，“孝”的提倡对于稳定社会统治秩序中发挥了不可或缺的作用，然而在孝的观念影响之下，却导致了汉代社会中的复仇之风较为盛行，为汉代统治秩序的稳定带来了极大的负面影响。

我国早在先秦之际儒家就特别倡导血亲复仇，形成“父之仇弗与共戴天，兄弟之仇不反兵，交遊之仇不同国”① 的观念，这种复仇的思想观念在《春秋公羊传》中也有所体现：“礼：父母之仇，不共戴天；兄弟之仇，不同国；九族之仇，不同乡党。”

儒家的这种复仇之风与汉代大力推行孝行相互结合，这样就助推了复仇之风在汉代的盛行，这种复仇观念与孝开始相结合，使得两汉时期的复仇成为严重影响城市治安和整体统治秩序的问题之一。

纵观两汉时期其民风较为强悍，再受到复仇风气的影响，于是汉代百姓逐渐形成了睚眦必报性格，汉代在复仇之中的参与者不仅仅是男性的专利，受此影响，就连女性也积极参与其中，在这些复仇的行为中，有的是为父母、为兄弟报仇的；还有的则是为亲戚、朋友报仇的，等等，在复仇手段与方式上除了对仇家亲自手刃以外，还有借客报仇或者是借交复仇的，有时还会出现花钱雇人进行复仇的，这种情况在《汉书·酷吏列传》中就曾有明确记载：

> “闾里少年群辈杀吏，受赇报仇，相与探丸为弹，得赤丸者斫武吏，得黑者斫文吏，白者主治丧；城中薄暮尘起，剽劫行者，死伤横道，桴鼓不绝。”颜师古注曰：“或有自怨于吏，或受人赇赂报仇雠也。”

上面史料中的“受人赇赂报仇雠也”，就是指复仇者由于某些原因不便于亲自去复仇，于是花钱雇用其他人去复仇的行为，在汉代社会上复仇之风的影响之下，于是出现了专门为人复仇的刺客，他们在接受别人的钱财之后，为雇主进行

① 孙希旦：《〈礼记集解〉·曲礼上》，中华书局1989年版，第87页。

复仇活动。

由于汉代对“孝”给予了较高的推崇，当时百姓心理上对此也给予了认同与支持，所以在某种程度上助长了复仇在汉代的盛行。

因复仇而在当时社会显名者大有人在，例如，东汉时期的著名酷吏阳球：

> “阳球字方正，渔阳泉州人也。家世大姓冠盖。球能击剑，习弓马。性严厉，好申韩之学。郡吏有辱其母者，球结少年数十人，杀吏，灭其家，由是知名。”①

汉代著名的烈女赵娥为父报仇事迹也广为传颂，再如三国时期的韩暨，为了给自己的父兄报被陷害之仇，在当时社会名声鹊起：

> “韩暨字公至，南阳堵阳人也。同县豪右陈茂，谮暨父兄，几至大辟。暨阳不以为言，庸赁积资，阴结死士，遂追呼寻禽茂，以首祭父墓，由是显名。”②

以上阳球、赵娥、韩暨等三人通过复仇之后，能够在当时社会中出现“显名”，充分说明在“孝”的观念影响下，复仇已经在汉代的百姓思想中逐渐形成一种趋同的认同感和价值观念，于是在汉代社会上普遍支持和赞赏复仇者的手刃仇人的行为。

这种价值观念助长了汉代复仇之风后，对汉代的社会治安构成了巨大的影响，鲍宣就曾经对此指出，汉代百姓有“七死”和“七亡”，其中就将“怨仇相残”列为“七死”原因中的第五死因，而第六和第七则分别是“岁恶饥饿”“时气疾疫”，复仇相杀能够排在这些自然灾害之前，充分说明了复仇对汉代社会的治安秩序已经构成了极大的威胁。

这种复仇风气盛行的局面与汉代时期人们对复仇行为的价值认同是相关联的，由于复仇不利于城市治安及总体社会秩序的稳定，因此至东汉时期，东汉政府对此问题的严重性已经开始逐渐引起了重视，对复仇者的这种复仇行为给予极力禁止。

桓谭于是提出了相关建议曰：

> “今人相杀伤，虽已伏法，而私结怨仇，子孙相报，后忿深前，至于灭户

---

① 范晔：《后汉书·阳球传》，中华书局1965年版，第2498页。
② 陈寿：《三国志·韩暨传》，中华书局1959年版，第677页。

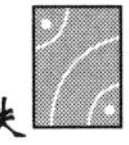

殄业，而俗称豪健，故虽有怯弱，犹勉而行之，此为听人自理而无复法禁者也。今宜申明旧令，若已伏官诛而私相伤杀者，虽一身逃亡，皆徒家属于边，其相伤者，加常二等，不得雇山赎罪。如此，则仇怨自解，盗贼息矣。”①

认为这种复仇的行为对当时的社会治安已经构成了严重的威胁，对此严重的情况需要坚决给予杜绝，史料中的“申明旧令”就证明了在东汉中期以前就已经开始对复仇行为制定了相关的禁止法令了，虽然这种法令制定了，但是在实际的执行过程中，其情况却不理想，复仇之风依然没有能够禁止。

到了东汉末期及三国之际，这种复仇行为在当时社会中仍然大量存在，如曹操平定冀州时就曾经明确下令曰：“令民不得复私仇。”② 到三国魏文帝四年时，曾下诏曰：“敢有私复仇者皆族之。”③

这就从一个侧面证明了整个东汉时期政府虽然明令禁止复仇，但是执行效果也不是很理想，这种复仇余风对三国时期也造成了严重的影响，说明三国时期的复仇是直接承袭西汉、东汉而来的。

纵观两汉时期的政府，虽然积极提倡“孝行”，但对“孝行”所带来的复仇等负面影响却是尽力去禁止，但从实际的结果来看，汉政府对这一问题的处理常处于矛盾之中，显得软弱无力，对后世也产生了较为深远的影响。

二、“富民”政策执行效果不理想

汉代政府在维护城市治安中虽然已经认识到“富民”政策在治安预防上具有重要的作用，而且也深刻地认识到了百姓生存的物质保障与社会整体稳定的内在关系与影响，于是汉代政府积极地实行“富民”政策。

但是汉代在推行这种“富民”政策时，虽然政府的主观愿望是好的，农民也辛勤劳作，但是在实际中所取得的效果有时候确实不尽如人意，并不能使百姓真正达到衣食丰足，《汉书·食货志》中就对此载：

“今农夫五口之家，其服役者不下二人，其能耕者不过百亩，百亩之收不过百石。春耕夏耘，秋获冬臧，伐薪樵，治官府，给繇役；春不得避风尘，夏不得避暑热，秋不得避阴雨，冬不得避寒冻，四时之间亡日休息；又私自送往迎来，吊死问疾，养孤长幼在其中。勤苦如此，尚复被水旱之灾，

① 范晔：《后汉书·桓谭传》，中华书局 1965 年版，第 958 页。
② 陈寿：《三国志·魏书·武帝纪》，中华书局 1959 年版，第 27 页。
③ 陈寿：《三国志·魏书·文帝纪》，中华书局 1959 年版，第 82 页。

急政暴［赋］，赋敛不时，朝令而暮改。当具有者半贾而卖，亡者取倍称之息，于是有卖田宅鬻子孙以偿责者矣。”

这段史料充分说明在汉代，作为“五口之家”的这种最具代表性的小农家庭，在一年中的春、夏、秋、冬四季不停地辛勤劳动，没有片刻的休息时间，但是就这样的努力也并没有富裕起来，没有达到衣食无忧的状态，而常常是入不敷出，甚至有时候还需要卖子女来偿还债务，百姓的这种生活与生存状态极为担忧，这也是汉代百姓真实的生活写照。

到了西汉中期后，农民的境遇更是逐渐恶化，特别是在新朝王莽改革失败后导致了大量的小农破产四处流亡，“故贫民常衣牛马之衣，而食犬彘之食。”① 这就是当时生活在下层百姓真实生活的反映，因此汉代时期百姓生活状态并不是很理想的，缺衣少食是经常的状态，所以汉代时期的百姓往往是“父子夫妇终年耕芸，所得不足以自存。”② 这与汉代政府推行的“富民”政策显得格格不入。

三、什伍连坐制度负面影响

汉代政府为了能够动员一切力量来参与城市治安及整体的社会秩序的维护，在法律上曾明确规定了百姓之间需要“居家相察，出入相司。”③ 需要承担相互监督和连带责任的连坐制度。

这种相互监督的连坐制度，在维护治安上虽然有利于相互监督和纠举揭发，降低犯罪率，但该制度也具有一定的负面影响，就会出现一种“一人有辜，举宗拘系”④ 的局面，这对维持城市社会的稳定是不利的。

因此《后汉书·左雄传》中对此记载：“寇贼连年，死亡太半，一人犯法，举宗群亡。”当宗族之中一旦出现有人触犯了法律，那么整个宗族为了防止因连坐制度而受到相应的处罚，所以在没有办法的情况下，整个宗族就通常会一起出逃流亡。

而且这种什伍连坐制度的负面作用所带来的影响有时甚至达到了：

“文诛假法，以陷不辜，累无罪，以子及父，以弟及兄，一人有罪，州里惊骇，十家奔亡。若痈疽之相泞，色淫之相连，一节动而百枝摇。诗云：

① 班固：《汉书·食货志》，中华书局 1962 年版，第 1137 页。
② 班固：《汉书·王莽传》，中华书局 1962 年版，第 4110 页。
③ 王利器：《盐铁论校注·周秦》（《新编诸子集成》第一辑），中华书局 1992 年版，第 584 页。
④ 班固：《汉书·成帝纪》，中华书局 1962 年版，第 318 页。

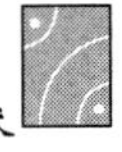

‘舍彼有罪，沦胥以铺。’痛伤无罪而累也。非患铫耨之不利，患其舍草而芸苗也。非患无准平，患其舍枉而绳直也。”①

这种局面的出现对社会治安秩序是极其不利的，不利于社会整体秩序的稳定。

除此以外，在维护城市治安中经常会有犯罪分子逃离犯罪现场，于是相关人员就需要对其进行迅速抓捕，有时候这种抓捕罪犯的行动会对百姓的正常生产和生活构成影响与干扰，这种情况在《汉书·鲍宣传》中就曾被鲍宣总结为汉代百姓的“七亡”之一，也就是所谓的“部落鼓鸣，男女遮列，六亡也。”颜师古注曰：“言闻桴鼓之声以为有盗贼，皆当遮列而追捕。”

由此我们可以看出，汉代政府在维护城市治安及整体统治秩序的过程中存在诸多的不足之处，有些法律法规及相关的制度有时候则会对治安造成一定的不利影响，但是我们不能因此抹杀了汉代在维护城市治安中的长处，汉代能有长达400多年的统治时间，这应当与其成功的城市治安的治理有着巨大的关系。

① 王利器：《盐铁论校注·申韩》（《新编诸子集成》第一辑），中华书局1992年版，第580页。

参考文献

[1] 司马迁:《史记》,中华书局 1959 年版。

[2] 班固:《汉书》,中华书局 1962 年版。

[3] 范晔:《后汉书》,中华书局 1965 年版。

[4] 房玄龄:《晋书》,中华书局 2003 年版。

[5] 李民、王健:《尚书译注》,上海古籍出版社 2004 年版。

[6] 杨天宇:《礼记译注》,上海古籍出版社 1997 年版。

[7] 左丘明:《国语》,上海古籍出版社 1998 年版。

[8] 陈寿:《三国志》,中华书局 1959 年版。

[9] 孙诒让:《周礼正义》,中华书局 1987 年版。

[10] 黎翔凤:《管子校注》,中华书局 2004 年版。

[11] 何宁:《淮南子集释》,中华书局 1998 年版。

[12] 孙星衍:《汉官六种》,中华书局 1990 年版。

[13] 王利器:《盐铁论校注》,中华书局 1992 年版。

[14] 陈奇猷:《韩非子集释》,上海人民出版社 1974 年版。

[15] 睡虎地秦墓竹简整理小组:《睡虎地秦墓竹简》,文物出版社 1990 年版。

[16] 张家山二四七号汉墓竹简整理小组:《张家山汉墓竹简》,文物出版社 2001 年版。

[17] 谢桂华等:《居延汉简释文合校》,文物出版社 1983 年版。

[18] 班固:《白虎通德论》,上海古籍出版社 1990 年版。

[19] 徐天麟:《东汉会要》,上海古籍出版社 1978 年版。

[20] 徐天麟:《西汉会要》,上海人民出版社 1977 年版。

[21] 高文:《汉碑集释》,河南大学出版社 1997 年版。

[22] 周天游:《八家后汉书辑注》,上海古籍出版社 1986 年版。

[23] 王先谦:《汉书补注》,中华书局 1983 年版。

[24] 王先谦:《后汉书集解》,中华书局 1983 年版。

[25] 贾谊:《贾谊集》,上海人民出版社 1976 年版。

[26] 黄本骥：《历代职官表》，上海古籍出版社 1980 年版。
[27] 王符：《潜夫论笺》，中华书局 1979 年版。
[28] 杜佑：《通典》，中华书局 1996 年版。
[29] 郑樵：《通志二十略》，中华书局 1995 年版。
[30] 中科院考古所：《武威汉简》，文物出版社 1964 年版。
[31] 王利器：《风俗通义校注》，中华书局 1981 年版。
[32] 王利器：《新语校注》，中华书局 1997 年版。
[33] 陈直：《三辅黄图校证》，陕西人民出版社 1980 年版。
[34] 马端临：《文献通考》，中华书局 1986 年版。
[35] 沈约：《宋书》，中华书局 1974 年版。
[36] 刘向：《战国策》，上海古籍出版社 1985 年版。
[37] 杨伯峻：《春秋左传注》，中华书局 1981 年版。
[38] 李昉：《太平御览》，中华书局 1960 年版。
[39] 杨鹤皋：《董仲舒的法律思想》，群众出版社 1985 年版。
[40] 李伟民：《法学辞源》，黑龙江人民出版社 2002 年版。
[41] 梁治平：《法律的文化解释》，三联书店 1998 年版。
[42] 周天游：《古代复仇面面观》，陕西人民出版社 1992 年版。
[43] 马大英：《汉代财政史》，中国财政经济出版社 1983 年版。
[44] 金景芳：《古史论集》，齐鲁书社 1981 年版。
[45] 张继海：《汉代城市社会》，社会科学文献出版社 2007 年版。
[46] 周长山：《汉代城市研究》，人民出版社 2001 年版。
[47] 王彦辉：《汉代豪民研究》，东北师范大学出版社 2001 年版。
[48] 瞿兑之：《汉代风俗制度史》，上海文艺出版社 1991 年版。
[49] 吴曾德：《汉代画像石》，文物出版社 1984 年版。
[50] 信立祥：《汉代画像石综合研究》，文物出版社 2000 年版。
[51] 金春峰：《汉代思想史》，中国社会科学出版社 1987 年版。
[52] 蔡枢衡：《中国刑法史》，中国法制出版社 2005 年版。
[53] 陈鸿彝：《中国治安简史》，群众出版社 1998 年版。
[54] 文物考古队：《汉简研究文集》，甘肃人民出版社 1984 年版。
[55] 陈梦家：《汉简缀述》，中华书局 1980 年版。
[56] 杨鹤皋：《淮南子与刘安的法律思想》，群众出版社 1986 年版。
[57] 杨鸿年：《汉魏制度丛考》，武汉大学出版社 1985 年版。
[58] 杨鹤皋：《贾谊的法律思想》，群众出版社 1985 年版。
[59] 程树德：《九朝律考》，中华书局 2006 年版。

[60] 马小红:《礼与法: 法的历史连接》, 北京大学出版社 2004 年版。
[61] 陈直:《居延汉简研究》, 天津古籍出版社 1988 年版。
[62] 江士杰:《里甲制度考略》, 商务印书馆 1944 年版。
[63] 臧云浦、朱崇业:《历代官制、兵制、科举制表释》, 江苏古籍出版社 1997 年版。
[64] 葛剑雄:《西汉人口地理》, 人民出版社 1986 年版。
[65] 陈直:《两汉经济史料论丛》, 陕西人民出版社 1980 年版。
[66] 马新:《两汉乡村社会史》, 齐鲁书社 1997 年版。
[67] 徐复观:《两汉思想史》, 华东师大出版社 2001 年版。
[68] 黄绶:《两汉行政史手册》, 中州古籍出版社 1991 年版。
[69] 侯外庐:《中国思想通史》, 人民出版社 1957 年版。
[70] 王孝通:《中国商业史》, 商务印书馆 1998 年版。
[71] 湖南博物馆:《马王堆汉墓研究》, 湖南人民出版社 1981 年版。
[72] 于振波:《秦汉法律与社会》, 湖南人民出版社 2000 年版。
[73] [日] 崛毅:《秦汉法制史论考》, 法律出版社 1988 年版。
[74] [日] 大庭修:《秦汉法制史研究》, 上海人民出版社 1991 年版。
[75] 卜宪群:《秦汉官僚制度》, 社会科学文献出版社 2002 年版。
[76] 文物考古所:《秦汉简牍论文集》, 甘肃人民出版社 1989 年版。
[77] 叶孝信:《中国民法史》, 上海人民出版社 1993 年版。
[78] 安作璋、熊铁基:《秦汉官制史稿》, 齐鲁书社 1984 年版。
[79] 马彪:《秦汉豪族社会研究》, 中国书店出版 2002 年版。
[80] 庞天佑:《秦汉历史哲学思想研究》, 社会科学出版社 2002 年版。
[81] 王子今:《秦汉社会史论考》, 商务印书馆 2006 年版。
[82] 林剑鸣等:《秦汉社会文明》, 西北大学出版社 1985 年版。
[83] 吕思勉:《秦汉史》, 上海古籍出版社 1983 年版。
[84] 于迎春:《秦汉士史》, 北京大学出版社 2002 年版。
[85] 高敏:《秦汉史探讨》, 中州古籍出版社 1998 年版。
[86] [日] 冨谷至:《秦汉刑罚制度研究》, 广西师范大学出版社 2006 年版。
[87] 李玉福:《秦汉制度史论》, 山东大学出版社 2004 年版。
[88] 叶孝信:《中国民法史》, 上海人民出版社 1993 年版。
[89] 栗劲:《秦律通论》, 山东人民出版社 1985 年版。
[90] 韩星:《儒法整合: 秦汉政治文化论》, 社会科学出版社 2005 年版。
[91] 俞荣根:《儒家法思想通论》, 广西人民出版社 1998 年版。
[92] 孔令纪《中国历代官制》, 齐鲁书社 1993 年版。

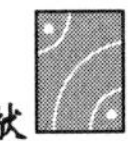

［93］魏国库：《中国历代刑法浅谈》，江西人民出版社 1985 年版。
［94］俞伟超：《先秦两汉考古学论集》，文物出版社 1985 年版。
［95］张凤仙等：《中国监狱史》，群众出版社 2004 年版。
［96］邱永明：《中国监察制度史》，华东师大出版社 1992 年版。
［97］曹旅宁：《张家山汉律研究》，中华书局 2005 年版。
［98］戴均良：《中国城市发展史》，黑龙江人民出版社 1992 年版。
［99］程幸超：《中国地方行政制度史》，四川人民出版社 1992 年版。
［100］崔永东：《中国法律思想史》，北京大学出版社 2004 年版。
［101］张晋藩：《中国法律史》，法律出版社 1995 年版。
［102］张晋藩：《中国法律的传统与近代转型》，法律出版社 1997 年版。
［103］杨鸿烈：《中国法律思想史》，上海书店 1984 年版。
［104］李光灿、张国华：《中国法律思想通史》，山西人民出版社 2001 年版。
［105］叶孝信：《中国法制史》，北京大学出版社 1990 年版。
［106］蒲坚：《中国法制史》，光明日报出版社 2001 年版。
［107］瞿同祖：《中国法律与中国社会》，中华书局 2003 年版。
［108］王立民：《中国法制史》，上海人民出版社 2004 年版。
［109］张晋藩：《中国官制通史》，中国人民大学出版社 1992 年版。
［110］杨向奎：《中国古代社会与古代思想研究》，上海人民出版社 1962 年版。
［111］李剑农：《中国古代经济史稿（先秦两汉卷）》，武汉大学出版社 1991 年版。
［112］杨宽：《中国古代都城制度史研究》，上海古籍出版社 1993 年版。
［113］陈智勇：《中国古代社会治安管理史》，郑州大学出版社 2003 年版。
［114］朱绍侯：《中国古代治安制度史》，河南大学出版社 1994 年版。
［115］张兆凯：《中国古代司法制度史》，岳麓书社 2005 年版。
［116］杨树达：《汉书窥管》，科学出版社 1955 年版。
［117］陈直：《汉书新证》，天津人民出版社 1988 年版。
［118］李亚农：《中国的封建领主制和地主制》，上海人民出版社 1961 年版。
［119］徐喜辰：《井田制度研究》，吉林人民出版社 1984 年版。
［120］唐长孺：《魏晋南北朝史论拾遗》，中华书局 1983 年版。
［121］王仲荦：《魏晋南北朝史》，上海人民出版社 2003 年版。
［122］甘肃省文物考古研究所：《敦煌汉简》，中华书局 1991 年版。
［123］陈昌文：《汉代城市的治安与组织管理》，载《安徽师大学报》1998 年第 3 期。
［124］陈鸿彝：《汉代京师的治安管理》，载《江苏公安专科学校学报》

1998 年第 2 期。

[125] 赵浴沛：《汉代居延地区社会治安初探》，载《河南省政法管理干部学院学报》2005 年第 4 期。

[126] 王彩元：《对治安概念的理性思考》，载《中国公安大学学报》2003 年第 2 期。

[127] 展万程：《关于治安概念的再探讨》，载《浙江公安高等专科学校》2005 年第 3 期。

[128] 宫志刚：《治安本质论》，载《中国公安大学学报》2004 年第 2 期。

[129] 邱乐安：《治安学基本理论研究》，载《中国公安大学学报》2005 年第 1 期。

[130] 陈鸿彝：《中国古代的大治安》，载《中国公安大学学报》2000 年第 2 期。

[131] 陈鸿彝：《中国古代治安的历史分期》，载《江苏公安专科学校学报》1996 年第 1 期。

[132] 曹文安：《论社会治安防控体系的构建》，载《山东警察学院学报》2006 年第 3 期。

[133] 彭拥兵：《论治安预警机制》，载《湖南科技学院学报》2006 年第 1 期。

[134] 黄义军：《关于汉代"亭"的几个问题》，载《中国历史地理论丛》2006 年第 4 期。

[135] 丁福林：《关于汉代属国的几个问题》，载《苏州科技学院学报》2003 年第 2 期。

[136] 王爱清：《关于秦汉里与里吏的几个问题》，载《社会科技缉刊》2006 年第 4 期。

[137] 韩国河：《汉长安城规划思想辨析》，载《郑州大学学报》2001 年第 9 期。

[138] 陈昌文：《汉代城市规划及城市内部结构》，载《史学月刊》1999 年第 3 期。

[139] 周长山：《汉代的城郭》，载《考古与文学》2003 年第 2 期。

[140] 周长山：《汉代的里》，载《大同职业技术学院学报》2001 年第 6 期。

[141] 吴荣曾：《汉代的亭与邮》，载《内蒙古师范大学学报》2002 年第 8 期。

[142] 张功：《汉代郡县关系探析》，载《青海师范大学学报》2003 年第 4 期。

[143] 杨际平：《汉代内郡的吏员构成与乡、亭、里关系》，载《厦门大学学报》（哲社版）1998 年第 4 期。

［144］权东计：《论汉长安城规划营建思想》，载《西北工业大学学报》2004 年第 12 期。

［145］陈乃华：《论汉代的市》，载《山东师大学报》2001 年第 2 期。

［146］减知非：《秦汉里制与基层社会结构》，载《东岳论丛》2005 年第 11 期。

［147］张伟、曾宪波：《由汉画看汉代城市建设与布局结构》，载《南都学坛》1997 年第 4 期。

［148］张弘：《中国封建社会城市市场管理综观》，载《济南大学学报》2003 年第 4 期。

［149］涂明凤：《秦汉户籍制度的管理机制与功能》，载《湖北警官学院学报》2006 年第 1 期。

［150］沈惠章：《论构建和谐城市进程中的外来人口及其治安行政管理》，载《吉林公安高等专利学校学报》2006 年第 4 期。

［151］张俊民：《敦煌悬泉汉简释文选校补》，载《敦煌学辑刊》2001 年第 1 期。

［152］沈刚：《张家山汉简·二年律令所见汉初国家对基层社会的控制》，载《新出土文物研究》2004 年第 10 期。

［153］汪桂海：《简犊所见汉代边塞檄巡制度》，载《中国边疆史地究》2006 年第 9 期。

［154］减知非：《简犊所见汉代乡部的建制与职》，载《史学月刊》2006 年第 5 期。

［155］周振鹤：《西汉地方行政制度的典型实例》，载《学术月刊》1997 年第 5 期。

［156］全晰纲：《道德教育与汉代乡治》，载《学术论坛》2000 年第 5 期。

［157］张金光：《论汉代的乡村社会组织——弹》，载《史学月刊》2006 年第 3 期。

［158］浦建兴：《中国古代社区基层治安管理的特点》，载《上海公安高等专科学校学报》2000 年第 4 期。

［159］袁刚：《秦汉县政府机构设置与行政职能》，载《南都学坛》2000 年第 3 期。

［160］朱绍侯：《汉代乡、亭制度浅论》，载《河南师大学报》1982 年第 1 期。

［161］［日］东晋次：《东汉的乡里社会及政治的变迁》，载《南都学坛》1989 年第 2 期。

［162］薛军力：《从汉代地方行政体制的演变看中央和地方的关系》，载《天津师大学报》1990 年第 5 期。

［163］高长、刘汉东：《简评中国历代官制、简表》，载《山西师大学报》1988 年第 1 期。

［164］马新：《两汉乡村管理体系述论》，载《山东大学学报》1997 年第 1 期。

［165］减知非：《先秦什伍乡里制度初探》，载《人文杂志》1994 年第 1 期。

［166］熊必军、冷鹏飞：《析汉代重三老》，载《湖南教育学院学报》2000 年第 4 期。

［167］陈鸿彝：《中国古代治安体制草创于春秋战国时期》，载《江苏公安专科学校学报》1997 年第 2 期。

［168］张晓政：《西汉太守与治乱兴衰》，载《决策探索》2013 年第 10 期。

［169］刘敏：《汉代循吏群体性产生的原因和影响》，载《湖湘论坛》2014 年第 2 期。

［170］雷戈：《两汉郡守的教化职能——秦汉意识形态建制研究之一》，载《史学月刊》2009 年第 2 期。

［171］裘锡圭：《湖北江陵凤凰山十号汉墓出土简犊考释》，载《文物》1974 年第 7 期。

［172］马王堆汉墓帛书整理小组：《马王堆三号汉墓出土驻军图整理简报》，载《文物》1976 年第 1 期。

后　记

2004年，本人在吉林大学攻读硕士研究生期间，就对汉代社会治安问题的研究比较感兴趣，于是从那时候就开始着手进行收集、整理有关汉代社会治安的资料，但是由于受到硕士论文篇幅的限制等问题，因此，硕士毕业论文主要集中探讨了汉代的乡里基层社会的治安问题，而对汉代城市社会治安问题的研究却只能暂时搁置下来，这也成为我的一个“心病”。

2007年，到牡丹江师范学院工作后，在科研领域也主要是继续研究汉代社会治安的相关问题，为了能够对汉代城市社会的治安进行一个全面地梳理与研究，于是在已有研究资料的基础上，又认真收集和查阅资料，经过认真撰写，时至今日终于将本书完成，对汉代社会的城市治安进行多层次、多角度的分析。

由于受到本人学识和能力等因素的限制，所以在本书完成之日，内心还是比较惶恐的，书中难免有谬误之处，也希望各位专家学者给予批评和指正。

在本书的完成过程中，得到了家人的大力支持与鼓励，同时也得到了经济科学出版社张立莉编辑的大力帮助与鼓励，在此一并表示衷心感谢与敬意！

关荣波

2019年4月于牡丹江